MINERVA
はじめて学ぶ教職
10

吉田武男
監修

教育課程

根津朋実
編著

ミネルヴァ書房

監修者のことば

　本書を手に取られた多くのみなさんは，おそらく教師になることを考えて，教職課程をこれから履修しよう，あるいは履修している方ではないでしょうか。それ以外にも，教師になるか迷っている，あるいは教師の免許状だけを取っておく，さらには教養として本書を読む方も，おられるかもしれません。

　どのようなきっかけであれ，教育の営みについて，はじめて学問として学ぼうとする方に対して，本シリーズ「MINERVA はじめて学ぶ教職」は，教育学の初歩的で基礎的・基本的な内容を学びつつも，教育学の広くて深い内容の一端を感じ取ってもらおうとして編まれた，教職課程向けのテキスト選集です。

　したがって，本シリーズのすべての巻によって，教職に必要な教育に関する知識内容はもちろんのこと，それに関連する教育学の専門領域の内容もほとんど網羅されています。その意味では，少し大げさな物言いを許していただけるならば，本シリーズは，「教職の視点から教育学全体を体系的にわかりやすく整理した選集」であり，また，このシリーズの各巻は，「教職の視点からさまざまな教育学の専門分野を系統的・体系的にわかりやすく整理したテキスト」です。もちろん，各巻は，教育学の専門分野固有の特徴と編者・執筆者の意図によって，それぞれ個性的で特徴的なものになっています。しかし，各巻に共通する本シリーズの特徴は，文部科学省において検討された「教職課程コアカリキュラム」の内容を踏まえ，多面的・多角的な視点から教職に必要な知識について，従来のテキストより大きい版で見やすく，かつ「用語解説」「法令」「人物」「出典」などの豊富な側注によってわかりやすさを重視しながら解説されていることです。また教職を「はじめて学ぶ」方が，「見方・考え方」の資質・能力を養えるように，さらには知識をよりいっそう深め，そして資質・能力もよりいっそう高められるように，各章の最後に「Exercise」と「次への一冊」を設けています。なお，別巻は別の視点，すなわち教育行政官の視点から現代の教育を解説しています。

　この難しい時代にあって，もっと楽な他の職業も選択できたであろうに，それぞれ何らかのミッションを感じ，「自主的に学び続ける力」と「高度な専門的知識・技術」と「総合的な人間力」の備わった教師を志すみなさんにとって，本シリーズのテキストが教職および教育学の道標になることを，先輩の教育関係者のわれわれは心から願っています。

2018年

吉 田 武 男

はじめに

　この本のタイトルは，「教育課程」である。「カリキュラム」と呼ぶほうが，わかりやすいかもしれない。近年は新聞などで，「教育カリキュラム」という用例もある。「どうしてわざわざ〈教育〉をつけるんだ？〈教育〉ではないカリキュラムって，何？」と，私は疑問に思う。この用例は，「教育課程」が業界用語であり，普段なじみがないために編み出されたのであろう。

　私の専門は，「カリキュラム開発，カリキュラム評価」，広く言えば，カリキュラム研究である。カリキュラムの定義は「経験の総体」である，などと言われても，多くの読者はピンとこないだろう。本書『教育課程』の内容は，カリキュラム研究の基礎部分にあたる。なぜ「総合的な学習の時間」を実施するのか。「教科書」が各校で違っているのに，どうして同じ問題で入試をするのか。長い間，「道徳」が教科でなかった理由は何か。これらはいずれも，「教育課程」と深くかかわる問いである。ただし「教育課程」は，具体物とは限らない。時間割や学校行事，各種の計画は，確かに教育課程の一部だが，教育課程そのものとは言えない。

　教職科目で「教育課程」を扱う場合，初回から 3 回目の講義くらいまでは，「こういう内容を現場の教師が知っているとは思えない」と，（失礼な）感想を漏らす受講生がいる。教師向けの各種の研修や講習でも，「こういう内容は研究者向けで，せいぜい管理職だけが知っていればいい」「現場の教師にとっては，教室で使えない，役に立たない知識ばかりだ」といった，厳しいお言葉を頂戴することがある。どちらも，内容以前に，教える私の力量に難があるからかもしれない。とはいえ，「教育課程」の内容は，免許校種を問わず必修である。内容への賛否はともかく，公教育の教師が「知らない」とは言えないことがらのはずだ。

　ここで，「進学塾や予備校の教師と，学校の教師との違いは何か」という問いを考えてみる。答える人の立場により，解答はさまざまであろう。思いつく解答を並べれば，「教員免許の有無」「公立の教師なら公務員だから，民間の社員と公務員との区別」「給料」「教える中身」「採用試験」「勤務時間」「定年」などであろうか。

　私の答えは，「教育課程」である。学校の教師は，教えたいことを手当たり次第，好き勝手に教えるわけにはいかない。「学校の教師として，教えるべき最低限のことがら」は，国がガイドラインを決めているからだ。かといって，学校の教師の教えることがらは一から十まで国のガイドラインに従うべきかとなると，そうとも言い切れない。多彩な学校行事，長期休業の期間の違い，各地域の特色ある教育など，国のガイドラインに細かく書かれていないことは，多々ある。

　教育内容について国が決めるガイドラインを，学習指導要領という。学習指導要領が変更（改正や改訂という）されると，多くのことがらに影響する。詳しくは本書の各章にあるが，教科書や入学試験が変わる。教員免許も変わる場合があるし，各学校の実践も変わる。そして教職課程の科目や内容も，対応して変わる。2017（平成29）年から順次改訂された新学習指導要領に合わせ，「教職課程コアカリキュ

はじめに

ラム」（2017年11月17日）が定められた。この「教職課程コアカリキュラム」の16ページ，「教育課程の意義及び編成の方法（カリキュラム・マネジメントを含む。）」に，本書は対応した内容となっている。以下の表に，対応関係を示す。

全体目標	学習指導要領を基準として各学校において編成される教育課程について，その意義や編成の方法を理解するとともに，各学校の実情に合わせてカリキュラム・マネジメントを行うことの意義を理解する。							
一般目標	（1）学校教育において教育課程が有する役割・機能・意義を理解する。			（2）教育課程編成の基本原理及び学校の教育実践に即した教育課程編成の方法を理解する。			（3）教科・領域・学年をまたいでカリキュラムを把握し，学校教育課程全体をマネジメントすることの意義を理解する。	
到達目標	1）学習指導要領・幼稚園教育要領の性格及び位置付け並びに教育課程編成の目的を理解している。	2）学習指導要領・幼稚園教育要領の改訂の変遷及び主な改訂内容並びにその社会的背景を理解している。	3）教育課程が社会において果たしている役割や機能を理解している。	1）教育課程編成の基本原理を理解している。	2）教科・領域を横断して教育内容を選択・配列する方法を例示することができる。	3）単元・学期・学年をまたいだ長期的な視野から，また幼児，児童及び生徒や学校・地域の実態を踏まえて教育課程や指導計画を検討することの重要性を理解している。	1）学習指導要領に規定するカリキュラム・マネジメントの意義や重要性を理解している。	2）カリキュラム評価の基礎的な考え方を理解している。
本書における章								
第1章	○	○	○	○				
第2章				○	○	○		
第3章	○		○	○	○			
第4章	○		○			○	○	
第5章	○							
第6章		○	○		○			
第7章		○	○		○			
第8章			○				○	○
第9章	○	○	○					
第10章	○	○		○				
第11章		○	○	○				
第12章	○				○	○	○	
第13章				○	○	○		

　本書の執筆者は，編者がお世話になった方々であり，日本カリキュラム学会，日本特別活動学会をはじめ，各学会などで活躍されている。このたび恐るおそる執筆をお願いしたところ，快くお引き受けいただいた。「この方に，この章をぜひ」と構想し，完成を楽しみにじっくり待つというのは，編者でなければ味わえない，実に貴重な経験だった。改めて，厚く御礼申し上げる。

　ミネルヴァ書房編集部の河野菜穂様には，この間，いろいろとお気遣いいただいた。記して謝意を表したい。

2019年1月

編著者　根津朋実

監修者のことば
はじめに

第1章　教育課程とカリキュラム …………………………… 1
　1　教育課程とは ……………………………………………… 1
　2　カリキュラムとは ………………………………………… 5
　3　教育課程づくりとカリキュラムづくり ………………… 10

第2章　カリキュラムの類型論 …………………………… 15
　1　教科カリキュラムとその展開 …………………………… 15
　2　経験カリキュラムとその展開 …………………………… 18
　3　日本における教育課程の基本構造 ……………………… 21
　4　教科・領域の再編例 ……………………………………… 24

第3章　教育課程と学習指導要領 ………………………… 29
　1　学習指導要領の意義 ……………………………………… 29
　2　新学習指導要領の概要 …………………………………… 36
　3　各学校における教育課程編成 …………………………… 39

第4章　教育課程行政の基礎知識 ………………………… 43
　1　教育課程行政の全体像 …………………………………… 43
　2　教育行政機関の役割と相互関係 ………………………… 46
　3　学校の教育課程の展開を支える条件整備をめぐる諸制度 …… 50

第5章　教科書と学習指導要領 …………………………… 55
　1　教科書制度の概要 ………………………………………… 55
　2　教科書検定のしくみ ……………………………………… 57
　3　道徳科の教科書の誕生 …………………………………… 60
　4　教科書検定のこれから …………………………………… 63

第6章　総合的な学習の時間の成果と課題 ……………… 67
　1　総合的な学習の時間の背景と変遷 ……………………… 67
　2　総合的な学習の時間の特徴 ……………………………… 71
　3　標準時数・単位数と実施上の例外・代替措置 ………… 74
　4　実践事例 …………………………………………………… 75

  5 実践に向けて ………………………………………………………………… 79

第7章 小学校外国語教育の展望 ……………………………………………… 81
  1 小学校への外国語導入の経緯 ………………………………………… 81
  2 「総合的な学習の時間」としての部分的導入 ………………………… 83
  3 「外国語活動」の必修化──「総合的な学習の時間」から「領域」へ … 85
  4 「外国語科」の必修化──「領域」から「教科」へ ………………… 89

第8章 カリキュラム・マネジメントの理解 …………………………………… 95
  1 教育課程とカリキュラムとの違い …………………………………… 95
  2 カリキュラム・マネジメント登場の背景 …………………………… 96
  3 学習指導要領等にみるカリキュラム・マネジメント ……………… 98
  4 カリキュラム評価とは ………………………………………………… 100
  5 なぜカリキュラムを評価するのか …………………………………… 102
  6 カリキュラム評価の方法 ……………………………………………… 104

第9章 高等学校の多様な教育課程 …………………………………………… 109
  1 高等学校における教育課程の前提としての「単位制」 …………… 109
  2 高等学校における3種類の「課程」 ………………………………… 112
  3 高等学校における3種類の「学科」 ………………………………… 115
  4 新しいタイプの高等学校 ……………………………………………… 119
  5 高等学校の多様な教育課程を支える制度 …………………………… 121

第10章 学習指導要領の変遷(1)──戦後復興からゆとり路線まで ……… 125
  1 試案・学習指導要領に基づく民主的な教育の模索──経験主義の時代 … 125
  2 学習指導要領の告示化と系統性の重視 ……………………………… 129
  3 高度経済成長下における「教育の現代化」 ………………………… 132
  4 「ゆとり」路線への転換 ……………………………………………… 135

第11章 学習指導要領の変遷(2)──グローバル化と学力観の転換 ……… 139
  1 生涯学習社会の到来と新学力観の提示 ……………………………… 139
  2 基礎・基本重視の「生きる力」育成とその批判 …………………… 141
  3 グローバルな知識基盤社会における「確かな学力」 ……………… 145
  4 「資質・能力」育成のいっそうの重視へ …………………………… 148

第12章 教育課程をめぐる今日の動向(1)──教育課程の研究校制度 …… 153
  1 日本における教育課程の開発と研究とは …………………………… 153
  2 代表的な教育課程の研究制度(1)──研究開発学校制度 …………… 156

  3 代表的な教育課程の研究制度(2)——教育課程特例校制度……………………160
  4 教育課程の開発研究の成果から学ぶ………………………………………………165

第13章 教育課程をめぐる今日の動向 (2)——多文化共生……………167
  1 今日の学校が抱える課題——外国につながりのある子どもをめぐって………167
  2 外国につながりのある子どもをめぐる教育課程……………………………………170
  3 多文化共生を目指す教育課程——大阪市立御幸森小学校の実践を中心に………173
  4 多文化共生を目指す教育の実現に向けて——教育課程の現状と課題……………177

付 録（学校教育法（抄）／学校教育法施行規則（抄）／地方教育行政の組織及び運営に関する法律（抄）／小学校学習指導要領総則）

索 引

第1章
教育課程とカリキュラム

〈この章のポイント〉
「教育課程」とは何であろうか。それは，学校で何をどのような順序で教えていくかの基本枠組みや計画表を意味する言葉として使われてきた。では，同様の意味で使われることの多い「カリキュラム」とは，同じなのか違うのか。「教育課程」は「カリキュラム」の単なる訳語ではない。本章では，両用語のもとでどのようなことが研究され，また実践されてきたかを見ていくことで，学校で教え，学ぶことが学校内部の仕組みとともに社会的要因（政治・経済・文化の構造）に規定されていることを学ぶ。

1 教育課程とは

1 公的枠組みとしての教育課程／プランとしての教育課程

　教師を目指す学生たちに「教育課程」という用語の説明を求めたことがある。多く共通していた説明は，年間の活動計画や学年ごとの教える内容といったものであった。では，「教育課程」と「カリキュラム」との違いは何かと聞いたところ，「カリキュラム」の翻訳が教育課程だとの答えが大半であった。さらに「カリキュラム」と「教育内容」の違いについては，同義のものと理解していた。

　これらは，教える内容そのもの，あるいはそれらを教える順番に配列したプランを教育課程＝カリキュラムと理解するものである。この理解の仕方は，一面では間違っていない。学校教育は，意図・目的をもって計画された組織的な営みである。教育課程はまさにその性格を表したものであると言える。実際，多くの学校や教師たちは，「教育課程」を学習指導要領に基づいた年間教育計画として理解している。

　また，歴史的事実から見ても，カリキュラム＝教育活動の計画という捉え方は，この用語が登場した当初から存在している。「カリキュラム（curriculum）」は，もともと「走る（currere）」というラテン語から派生した言葉である。そこから，決められた走路＝学習者が辿る学習の道筋を意味する言葉として「カリキュラム」が教育用語として定着してきた。その最初は，16世紀末から17世紀初めのヨーロッパの大学であると言われているが，「カリキュラム」は，学

▷1　1582年のライデン大学（オランダ）や1633年のグラスゴー大学（スコットランド）の記録に「カリキュラム」が記録されているのが始まりだと言われている。

習者が「それに沿って進んで」いかなければならないものとして，さらに「完了」しなければならないものとして登場してきたのである（ハミルトン，1998，52〜55ページ）。

日本では，「教育課程」という用語は，curriculumの翻訳であり，戦後定着していった言葉である。戦前は，「学科課程」や「教科課程」という表現が使われていた。それが「教育課程」へと変化したのは，教科のみならず教科外も含めて教育計画に含むべきという理由からである。

教育課程とカリキュラムが同義に扱われるのは，この教育計画という意味においてである。ただし，このなかにも2つの意味が込められてきた。一つは，公的枠組みという定義である。学習指導要領は，この公的枠組みとしてのカリキュラム（ナショナル・カリキュラム）として理解できよう。学習指導要領の記述は，教える順序や単元計画そのものを示したものではなく，学校教育の目標，教科の枠組みやその目標・内容（教科によっては大枠で示されている），時間数等の枠組みを示している。

もう一つは，教育活動のプランとしての「教育課程」という意味である。先ほど述べたように，こちらが一般的には教育課程の意味としてイメージされるものであろう。例えば，「教育課程編成」というと各学校が小学校6年間なり中学・高等学校各3年間なりの教育目標や教育活動計画を策定することを意味している。また教師レベルでは，年間の学習指導計画を作成するイメージとして捉えられている。

2　行政用語として登場した「教育課程」

「カリキュラム」という用語は，宗教改革後のヨーロッパの大学における大学改革のなかで，秩序づけられた連続的な教育を行うために登場した。

他方，日本では，明治以降，国家による上からの近代化が急速に進められていき，その要請から学校教育制度も整備されていった。1872（明治5）年の「学制」の制定によって，国家による教育の制度化＝近代学校教育制度が始まる。小学校の発足にあたって着手されたことは，教育内容の整備と教授方法の確立であった。その一つが，学制発布の翌月に交付された「小学教則」である。この「小学教則」には，教科の設定，各教科の配当時間，教科書，教授法が示されており，実質的な教育活動計画としての教育課程として機能していた（今野・柴田，1979）。「教育勅語」（1890年）発布後，1891（明治24）年に制定された「小学校教則大綱」では，修身を筆頭とする国家主義的な教育内容が徹底され，教材の取り上げ方についても厳しく統制されていた。そして，これにしたがって，各学校では教授細目を作成するように徹底させられていた（稲垣・佐藤，1996）。

以上のように，戦前においては，学科課程（教育課程）とは国家が定めた教

則そのものであり，国の教育行政の用語として使われていたのである。

戦後は，戦前の国家主義教育への反省から教育の民主化が進められるなか，各学校・教師が地域や子どもの実態に合わせて「教育課程」を創り出すことが強調された。その方向性を示したのが，1947（昭和22）年に初めて策定された学習指導要領であった。その序論には次のような一文がある（文部省，1947）。

> この書は，学習の指導について述べるのが目的であるが，これまでの教師用書のように，一つの動かすことのできない道をきめて，それを示そうとするような目的でつくられたものではない。新しく児童の要求と社会の要求とに応じて生まれた教科課程をどんなふうにして生かして行くかを教師自身が自分で研究して行く手びきとして書かれたものである。

この一文にあるように，学習指導要領はあくまで教師自身の手引きとして位置づけられており，そのために「試案」という表現が付されていたのである。

戦後，国が学習指導要領を策定し，そのなかで「教育課程」という用語が使われたことは，この用語に新たな意味が与えられたことを意味する。それは，学校・教師が自ら創り出す具体的な教育活動計画という意味である。これは，戦前のように，国が示す教育課程が唯一の「教育課程」なのではなく，それを踏まえて学校・教師が編成するものも「教育課程」と呼ぶようになったということを意味する。教育実践用語としての側面であり，「カリキュラム」という表現に置き換えて同義に使われる。

しかし他方で，相変わらず教育行政用語として使われることが多い。学校教育法施行規則第52条には，「小学校の教育課程については，この節に定めるもののほか，教育課程の基準として文部科学大臣が別に公示する小学校学習指導要領によるものとする」と規定されている。また，学習指導要領の総則の冒頭には，「各学校においては，教育基本法及び学校教育法その他の法令並びにこの章以下に示すところに従い，児童の人間として調和のとれた育成を目指し，児童の心身の発達の段階や特性及び学校や地域の実態を十分考慮して，適切な教育課程を編成するものとし，これらに掲げる目標を達成するよう教育を行うものとする」と述べられている。

教育行政の文書では，「カリキュラム」は使用されず，「教育課程」のみが使われている。また，各学校で「教育課程」という言葉が使われる場合も，学校教育法（および施行規則）→学習指導要領→各学校の教育課程という，教育行政システムにおいて必置のものという位置づけで使用されているのが現状である。

▷2　2017（平成29）年3月に告示された新学習指導要領では，「カリキュラム・マネジメント」という形で例外的に「カリキュラム」が使われた。

3　教育課程の3つのレベル

公的枠組みと教育活動プランという2つの意味をもつことからもわかるように，教育課程を創るということは，いくつかの層をなしている。日本の制度の

現状では，次の３つの層から考えることができる（城丸，1992）。

　第一に，国家レベルで決定される教育課程である。日本の場合，学習指導要領がこれにあたる。国際的動向においては，学校教育を所管する行政官庁が提示する公的枠組みとしての教育課程は，各学校の教育課程編成の大綱的基準というのが基本的性格である。

　第二に，学校レベルで編成される教育課程である。これは，各学校で年間教育計画として編成・開発されるものをさす。日本においては，研究開発学校を除き，学習指導要領に定められた教科の枠組みや内容，時間数に沿ってつくられることになる。

　第三に，個々の教師レベルで自らの授業づくり・学級づくりのために計画する教育課程である。具体的には，単元計画や指導計画をさす。学習指導要領から学校レベルの教育課程へと具体化されても，それを実際の教育活動として展開していくのは個々の教師である。教師は，目の前の子どもの姿や学級のなかの関係性を理解し，そのうえで教育実践を構想していくのである。国や学校レベルの教育課程を教室の児童生徒に応じてつくりかえ，生きた形にデザインしなおすことが教師に求められる役割であると言える。

　以上のような３つの区分を理解することにより，教育課程は国から各教師へと下ろされるものではなく，教師が主体的に創り出していくものへと理解され直されるのである。

4 「教育課程」をめぐる主要な問題

　「教育課程」を研究するということはどういうことだろうか。それは，基本的に「学校で何を，いつ，どのような順序で教えるのが妥当か」という問題の研究である。これは，さらに以下の４つほどの課題として理論的にも実践的にも研究されてきた（柴田，2010，17ページ）。

⑴誰が学校の教育課程を編成するのが妥当かという編成主体，その組織・権限に関する問題
⑵何を教育内容として選択し，構成するかという基本原理の問題
⑶各教科の内容と教科外活動の内容をどのように関連付け，教育課程を構造化するかという問題
⑷教育課程をどのように評価し，改善するかという問題

　これらの研究課題は，もちろん第２節で説明する「カリキュラム」の研究においても追究されてきたものである。しかし総じて，日本において「教育課程」という用語で検討されてきたことは，行政用語としても実践用語としても，計

画レベルや構成要素（目標，教育内容，教材）レベルのものが主流であったと言えよう。

2　カリキュラムとは

1　学びの履歴としてのカリキュラム

　第1節では，学校教育において「教育課程」という用語が使用される領域を説明してきた。図1-1の①教育行政用語としては，基本的に「教育課程」のみを使用する。②の教育実践用語としては，「教育課程」「カリキュラム」双方が同じ意味で使われる。この場合の「教育課程」は，curriculumの翻訳である。第2節では，「カリキュラム」という用語でのみ特徴的に研究されてきた③の「分析概念としてのカリキュラム」について解説していく。

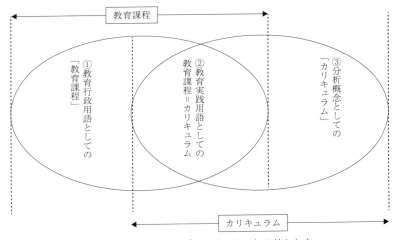

図1-1　「教育課程」「カリキュラム」の使われ方
出所：筆者作成。

　まず，ある授業エピソードから始めてみたい。『ごんぎつね』という物語は，古くから国語の教科書に掲載されている読み物であり，貧しい農民の兵十ときつねのごんとがわかり合えないまま悲劇に終わることを主題として理解させる授業が主流とされてきた。以下は，その『ごんぎつね』で兵十がごんを鉄砲で撃ち殺してしまう場面での子ども同士のやりとりである。ごんの「おれは，ひきあわないな」という言葉をめぐって，なぜそのような気持ちをもったのかをクラス全体で読み取っている。そんななか，ムーという男の子が「つまんない」と発言する（鈴木，2005，112～119ページ）。

ノンコ「ムーちゃんはこのお話が嫌いなんだって……。ね，後はムーちゃんが言って」
ムーはのそっと立ち上がって言いはじめた。

> ムー「ごんはさ，自分がやったことを自分から兵十に言わないし，兵十は誰がくれたのかは考えているけれど，自分から突き止めるっていうか，動かないで，加助に『神様の仕業だ』って言われて，『うん』でしょう。それで最後はドスンだもん。おかしいよ。つまんない。（中略――筆者）二人とも，なんていうか，弱いでしょう。弱い同士がどうしてこうなんなくちゃいけないの？　やっぱ，あわないよ」

　ここに登場するムーは，友達とかかわろうとすると避けられていた経験のある子どもである。そうした背景をもつムーは，兵十とごんが二人とも弱い立場の存在であるのに，自分から不思議なことを突き止めたり動いたりしないことで起きた悲劇と読んでいる。「弱いもの同士がわかり合うことの大切さ」を訴える物語としてこの話を読んでいるのである。ここには，ムーという子どもが置かれた生活文脈からの読み取りがある。

　さて，みなさんにも同じような経験はないだろうか。授業は目的をもって計画された組織的な営みである。教えるべき内容（教科内容）を学習者につかみ取らせるために，教師は教材を研究する。そして，この部分を理解させるためにこの発問を提示しようと授業を構想していく。そこには，教育内容を決める側，教える側の論理が強く反映されていく。このことは，学習指導要領のレベルでも，教師の単元計画のレベルでも言えることである。しかし，他方で学習者の側では，その意図や目的とは異なる次元で別の要素を学び取っている場合がある。

　このような問題は，20世紀に入る頃にはすでに認識され始める。近代学校教育制度の始まりとともにつくり出された，「カリキュラム」に埋め込まれた教え一辺倒の論理を捉え直し，「学習経験の総体」としてのカリキュラム観へと転換しようとする議論が登場する。

　そのルーツとして影響をもつのが，ジョン・デューイ（J. Dewey, 1859～1952）であろう。デューイは，学習を「経験の再構成」として捉えた。つまり，知識の獲得は，行動主義心理学が前提とするように刺激と反応の強化として生じるのではなく，自らの経験を土台として，学習者自身のなかで再構成されて成立するものだとしたのである。例えば，「あ」という文字は，「あいすくりーむ」の「あ」であり，「あんぱんまん」の「あ」である，というように，その子どもの経験を背景にしながら構築されるものなのである。

　このように見ると，「カリキュラム」は，教える側の意図・目的・手立てだけでなく，子どもの側の学習経験において初めて成立するものだと考えられるのである。これが「カリキュラム」を「学習経験の総体」として捉えるという意味である。

　また，1970年代に入ると同じように学習経験の総体として「カリキュラム」を再定義しようとする動きが活発化する。「カリキュラム（curriculum）」の語

源「currere」は，走路そのものを意味する言葉であったが，次第に走路を歩んだ後にできる「履歴」を含意するものになっていく（佐藤，1996，4ページ）。「curriculum vitae」が「履歴書」を意味することからもその意味は理解できるだろう。「再概念主義者（reconceptualist）」と呼ばれる研究者たちは，こうした観点から，目的・意図をもって客観的に構成されたカリキュラムに対して，学習者によって個人的に経験される世界を「currere」と呼び，「カリキュラム」概念を再定義している（米村，1994）。これらはどちらかというと，カリキュラムの「客観性」を問い直す分析的な概念として使用されているものの，学習者の視点をカリキュラムの研究に組み込む重要な問題提起であった。

2　ヒドゥン・カリキュラム

　学校において学んでいるのは，意図的・明示的に組織された教育課程＝カリキュラムだけではない。カリキュラムは意図しないところで無意識のうちに別の内容を教え学ぶという暗黙の機能を果たしている。これは，顕在的カリキュラムに対して，「ヒドゥン・カリキュラム（潜在的カリキュラム：hidden curriculum）」と呼ばれる。

　学校生活のいろいろな場面を思い出してみよう。筆者はある小学校を訪問していた際，このような場面に遭遇したことがある。授業後の休み時間，子どもたちはそれぞれ自由に教室や廊下で過ごしていた。そこに校内放送がかかった。そのとたん，子どもたちはその場ですぐ座り（いわゆる体操座り・体育座り），放送が終わるまで座ったままの姿勢で話を聞いていた。その後，全校集会があり体育館に移動する際も，驚くほど無言で移動していた。聞けば，その県では全県的にこうした「ルール」が見られるらしい。

　こうした学校のルールは，程度の差はあれ存在する。例えば，小学校や中学校ではさまざまな行事でしっかり整列させられるような場面がなかっただろうか。地域によっては男女別の列という場合もある。こうしたルールを設定する学校や教師から見れば，子どもたちに指導しているのは，静かに話を聞く態度やきれいに並ぶという行動であると意識されている。子どもの側も意識的にはそのように理解して行動する。しかし，こうした場面で無意識のうちに教え学んでいる内容は，規律なのである。「教師の言うことは守らなければならない」という権力への適応，対処方略を学んでいるのである。あるいは，単に男女を別に整列させているだけのつもりが，無意識に性別を男女によって区分する規範を学ばせていることになるのである。

　このように，学校教育は，意図的に教育課程＝カリキュラムを計画し，知識や技能を教えるだけでなく，身体行動を通じて社会の権力関係を身体化していく場としても捉えられるのである。

3 カリキュラムの政治学

① カリキュラムの潜在的機能

ただし，この場合の隠れた内容は，教師や学習者個々人の「主観」によって決められるものではない。隠れた内容は社会的な視点で見れば，「隠された」内容であり，特定の政治的イデオロギー的な方向づけがなされている。この問題をより鮮明に可視化しようとするのが，カリキュラムの政治学である。

一つの例として新学習指導要領の記述に注目してみよう。新学習指導要領には第6学年の社会科の目標の一つとして，「①我が国の政治の考え方と仕組みや働き，②国家及び社会の発展に大きな働きをした先人の業績や優れた文化遺産，我が国と関係の深い国の生活やグローバル化する国際社会における我が国の役割について理解するとともに……」（下線①，②は筆者）と掲げられている。

まず下線①について考えてみよう。「我が国の政治の考え方」とは何だろうか。一見わかりやすい表現の一方で，日本国内にも多様な政治的立場が存在する。個々人の政治的信条のレベルでも多様であり，「我が国の」と確定して教えられるものなのだろうか。多様性をそのまま教えることが意図されているならこの目標規定に問題はないかもしれないが，現実的にはそうではない。国は学習指導要領に基づいた教科書検定制度を設けているが，その教科書検定基準は，閣議決定された政府の統一見解がある場合，それらに基づいた記述がされていることを求めている（文部科学省，2013）。すなわち，「我が国の政治の考え方」とは，そのときの政権政党の政治の考え方を強く反映することになるのである。

また，下線②については，取り上げる歴史上の人物として小学校学習指導要領には42人が記載されている。この42人を取り上げることが妥当かどうかということも議論があるだろうが，むしろ「誰が取り上げられていないか？」ということ，そしてその線引きの基準は学問的に妥当なのかどうかということを問うてみる必要がある。そのように見直してみる時，こうした歴史学習が，施政者（権力者）を中心に歴史を教えていること（民衆の歴史の排除），男性の人物が9割以上（女性はたったの3人）であること，取り上げる範囲が明治維新の立役者まで（現代史が扱われない）といった問題が浮かび上がってくる。

これらは何を意味するのだろうか。教育的観点から選択されたはずの教科内容が，同時に権力者の視点（社会的論争を扱わないことも含めて）から切り取られ，支配的な社会規範から選び取られているということである。学校で何を教えるかを決定するのは，教育的な議論だけではない。その社会の文化，政治，経済に関する権力構造に規定されながら決められていくのである。

カリキュラム政治学は，学校教育における教育内容が設定される基準を社会

の不平等な構造的要因と結びつけて，その政治性を明らかにしてきた。教科内容を決定することは，可能な選択からある目標や内容を排除することでもある。何をどのように教え学ぶかという問いは，政治性の視点から考えると，社会の支配的な権力関係が反映するものとして理解されるのである。

② カリキュラム政治学の理論

このような研究アプローチがどのように発展してきたかを簡単に辿っておきたい。理論的な変遷としては，1960年代から，学校教育が社会の平等な配分機関となっておらず，むしろ既存の不平等を維持・再生産しているということが問題にされ始める。一つの理論的立場は，新旧マルクス主義の立場からの問題提起である。アメリカのボウルズ（S. Bowls）とギンタス（H. Gintis）は，経済構造の階級的・階層的な生産関係を反映した人間関係が日常的に組み込まれることで，学校は資本主義社会における労働力の再生産装置としての機能を果たしていると分析した（ボウルズ・ギンタス，1986）。例えば，校長と教師，教師と子どもの上下関係は，労働の現場における上司と部下の上下関係と対応している（「対応理論」）と主張した。また，1970年代には，構造主義的マルクス主義者のルイ・アルチュセール（L. Althusser）などによって，「イデオロギー」や「文化」の自律性に注目した再生産論が展開していく。ボウルズらの主張が経済的生産関係を絶対視しているのに対し，アルチュセールの主張は，人々が支配的な経済関係に統制されながらも，イデオロギーや文化のレベルでは「主体的に」行動しており，まさにそのことを通して主体的に権力関係が遂行されていることを強調するものであった。学校は，支配階級の価値や利益と合致した文化を通して，イデオロギーを再生産する機関であると主張したのである。

しかし，構造的な視点による再生産論に対しては，学校の外側にある社会的不平等と学校を通した社会的地位の正当化というインプットとアウトプットの関係が問題にされただけで，学校内部の要因が無視されているとして，教育社会学からの問題提起がなされる。これが学校教育の再生産構造を問うもう一つの理論的立場である。イギリスのバジル・バーンスティン（B. Bernstein）やフランスのピエール・ブルデュー（P. Bourdieu）らに始まるカリキュラムの社会学的研究が展開していく。彼らは，学校で採用される教育内容や教育方法が子どもたちの家庭での文化的営みや言語使用と連続しているか否かが決定要因となっていることを提示することで，社会構造の再生産メカニズムを学校内部の要因から明らかにしたのである。

さらに，アメリカのマイケル・アップル（M. Apple）は，ブルデューやバーンスティンらの社会学的研究を引き継ぎながらも，それらが学校内部で生じている学習者の抵抗や主体性を捉えていないとして，アントニオ・グラムシ（A. Gramsci）のヘゲモニー概念やカルチュラル・スタディーズの知見を取り入れ

ながら，能動的に作動する再生産のメカニズムを分析した（アップル，1992）。アップルの研究が影響を与えた学校カリキュラムづくりの実践も存在するが，彼自身の批判的カリキュラム研究の重点は，カリキュラムを通してどのような権力関係が織りなされているのかを明らかにする分析研究に置かれてきたと言ってよい。

それに対して，不平等な現状の批判的分析にとどまらず，その権力関係の編み直しのための教育を提言するカリキュラムの政治学研究も展開している。アメリカにおいてヘンリー・ジルー（H. A. Giroux）やピーター・マクラーレン（P. McLaren）らが主導してきた批判的教育学（critical pedagogy）は，パウロ・フレイレ（P. Freire）の解放的教育学を理論的基盤としながら，教師と子どもが学びを通して既存の不平等な社会構造に対する批判的認識を形成し，意識と行動の変革を試みる教育実践の創造を主張している。また，カナダやオーストラリアで展開している批判的リテラシー教育は，現実を批判的に読むために，現実とそれを表現するテクスト（言語，言説）との対応を読み解くことを教育実践の課題として主張している。どのような言葉と意味の選択が行われているか，それによってどのような人々が表現され，また排除されているのかを分析することで，「現実」を構築する言説の複数性を事実と照らして分析できる技法を形成し，現実社会に批判的にアクセスするためのツールを獲得させようとしている。

以上，「カリキュラム」という用語で特徴的に追究されてきた3つの研究主題について説明してきた。これらは，いずれも1960〜70年代に登場している点が共通している。それは，近代学校教育制度のみならず近代社会そのものの矛盾が露呈し，問い直しが始まる時期なのである。自由や平等による人々の解放を約束する近代社会であったはずが，さまざまな制度や科学技術が逆に人々を不自由・不平等にしてしまう。同じように，身分や出自にかかわらず「学校で頑張れば報われる」という近代学校の基本理念が疑われ始めるのがこの時期である。こうした時期に，教育課程＝カリキュラムをどう創るかだけでなく，「そもそも学校内部のプロセスでは何が起きているのか？」「カリキュラムは学校と社会をどうつないでいるのか（またつないでいないのか）？」という，「カリキュラム」そのものを批判的に問い直す研究が生み出されたのである。

3 教育課程づくりとカリキュラムづくり

1　教え，学ぶことの社会的意味

ここまで，「教育課程」と「カリキュラム」という用語でどのような学校教

▷3　例えばインターネットなどの情報通信技術の発展は私たちの社会生活を飛躍的に便利にしていると言えるが，逆に個々人のあらゆる情報が一気に漏れ出すリスクも負う社会になっているとも言えるのである。生活を便利にするためのシステムが，逆に生活そのものを縛るという現象がさまざまな場面で起きている。

育の問題が論じられてきたのかを解説してきた。「教育課程」は，学校で何を教えるかの計画レベルや構成要素（目標，教育内容，教材）レベルの議論が主であり，教育行政用語や教育実践用語として使用されてきた。他方，「カリキュラム」という言葉は，教育政策や教育実践の場というよりは学術用語として使用されてきた。特に学校で教え学ぶ営み自体を対象化し，批判的に問い直す類いの研究は「カリキュラム」を使用してきた。

　これら2つの用語は，教師が教育実践を進めていくうえでどのような意味をもつのだろうか。教師は，授業を構想し，実践していく存在である。また同時に，中央集権的な教育行政システムのなかでは，政策が下ろされてくる末端に位置している。では，教師にとって必要な言葉は「教育課程」だけなのだろうか。そうではない。「カリキュラム」の研究と「教育課程」を創造していく研究とは別々の問題と捉えるべきではない。一つの事柄を別の側面から捉えようとしてきたのである。したがって，「カリキュラム」の研究から明らかにされてきたことを踏まえつつ，「教育課程」を研究していくという姿勢が教師の豊かな授業づくりにおいて大切である。

　「カリキュラム」の研究が提示してきた最も重要な知見は，学校での教え，学ぶ営みが社会的営みであるということであろう。学校で私たちは教室という限定的な空間で学んでいる。授業で遂行される教師と子ども，子ども同士のコミュニケーションは，外見的には，教科書や教材を媒介に交わされているだけに見えるが，それは同時に教科内容や教材がもつ文化的，政治的，経済的文脈と子どもの側のさまざまな経験，背景との相互作用・交渉の過程でもあるのだ。このような構造が浮かびあがることによって，教師の役割は，子どもが授業過程にもち込んでくるものから学校で教える内容を問い直し，創り変えていくことへと転換されていくのである。

2　カリキュラム研究の成果を活かした教育課程づくりへ

　最後に，カリキュラムの批判的な問い直しをどのように教師の教育課程づくりへとつなげるかについて，2つのアプローチを示したい。

　一つは，「学びの履歴」として「カリキュラム」を捉える視点を教育課程づくりへとつなげる実践である。第2節で再概念主義者による「カリキュラム」概念の捉え直しについて説明したように，この立場は，学習者の側の主観による意味づけの世界を重視する。

　小学校教師の本谷宇一は，国語において教師が解釈した読みを「どう読ませるか」に文学の授業が重点を置いてきたことに対し，子どもが作品のそれぞれの場面を「どう読むか」「何を読み取るか」に力点を置いた授業づくりを行っている。本谷は，子どもたちが自分の読みや思いを土台に授業に参加できるよ

う，自らの問い（わからなかったこと，みんなで考えたいこと）を学習カードという形にまとめ，それをもとに読みを交流させていく授業を展開している（本谷, 2011）。以下は，『きつねの窓』の授業での一場面である。

> 司会：わからなかったこと，みんなで考えたいことを発表してください。
> 松本：「あんなすばらしい花畑と，しんせつなきつねのみせと…」というところでなんで…となっているのか。
> 司会：何か話が続いているんじゃないの…意見のある人
> 内田：この…は，多分，指のことだと思うんですけども，親切なきつねということはお茶とかのことで，多分，指のことははいっていなくて，…は指のことを心の中で…。
> 子ども：秘密にしておきたいってことかな。
> 岡本：とってもいいことだったから秘密にしておきたかった。
> 新藤：ほかにもいいたいことがあったんじゃないのかな。
> （中略――筆者）
> 私（教師）：今大きく分けて二つ出ているわけ。一つは，たくさん書くときにいちいち書かないで，…と書くことは文章でよくあるじゃないかと新藤君はいっている。あと一つは指のこと，秘密にしておきたいとかすばらしいことだから心にしまっておきたいということで書いていないのではないかという。で松本さんはどちらの意見に納得できるの。
> 松本：秘密とかすばらしいことだから書いていないんじゃないのという風に理解していました。
> （以下略――筆者）

　本谷が指摘するように，国語の読みの授業では，教師が読ませたいことへ向かって子どもの読みを引き出そうとしていく展開が主流である。教育する側の意図へと個人の読みを収斂させていこうとする。本谷の実践ではこれを反転させている。まず子ども個々の主観的な読みから出発し，それをめぐって個人の読み→全体での読み深め→納得・合意という学習プロセスを組織している。本谷は，子どもが個々にこだわりをもって読むポイントを大切にしながら，かつ個人の読みを公的な読みへと展開していくことで，主観的な読みに終わらない授業構成を実現している。

　もう一つのアプローチは，本谷の実践にもその要素が存在するが，教科内容の編み直しを図るタイプの実践である。すなわち，教科内容について特定の理解のみを教えるのではなく，それをめぐる複数の主張を教えていくことで特定の利害やイデオロギーに方向づけることを回避するアプローチである。ドイツには，「ボイテルスバッハ・コンセンサス」という政治教育の原理が設定されており，その一つに「論争性の原則」がある。それは，「学問と政治の世界において議論があることは，授業においても議論があることとして扱う」という原則である（近藤, 2005）。つまり，ある事柄をめぐって対立する意見が存在する場合，その両方を学習者に提示していくということである。複数の見方を学

んだうえで，学習者に事実に即した判断を委ねる発想である。こうした考え方に学ぶ必要がある。

Exercise

① 小学校の新学習指導要領・社会科において記載されている歴史上の人物で女性は誰か確認してみよう。また，その他に政治性が見られる教科内容は何か考えてみよう。
② 自分の学校生活を思い出し，どのような「ヒドゥン・カリキュラム」が存在したか考えてみよう。

📖次への一冊

アップル，M. W., 浅沼茂・松下晴彦訳『教育と権力』日本エディタースクール出版部，1992年。
　学校を社会的不平等の再生産装置として悲観的に捉える見地に対し，学校内部で教師や生徒たちが発揮している主体性に着目し，権力関係への「抵抗」の余地を探究している。

フレイレ，P., 小沢有作・楠原彰・柿沼秀雄・伊藤周訳『被抑圧者の教育学』亜紀書房，1979年（新訳としてフレイレ，P., 三砂ちづる訳『被抑圧者の教育学——50周年記念版』亜紀書房，2018年もある）。
　教育者が知識を一方的に詰め込む教育を「銀行型教育」と批判し，それに代わって，教師と学習者が対話的関係のなかで生活現実を認識していく「課題提起型教育」を提唱した。

デューイ，J., 宮原誠一訳『学校と社会』岩波書店，1957年。
　デューイは，学校は地域社会の縮図でなければならないとし，自らシカゴ大学に付属実験学校を設立。子どもの「学習経験の総体」としてのカリキュラムづくりを実践した。本書は，その実験学校での実践をもとに子どもの生活と主体性を中心とした教育の理論を提起している。

ハミルトン，D., 安川哲夫訳『学校教育の理論に向けて——クラス・カリキュラム・一斉教授の思想と歴史』世織書房，1998年。
　近代学校教育がいかに始まったか，どのように現在のようなクラスでの一斉教授が始まったか，カリキュラムはどのような社会背景から生み出されたのかを歴史的に理解するための必読の書。

アップル，M. W.・アウ，W.・ガンディン，L. A. 編，長尾彰夫・澤田稔監修『批判的教育学事典』明石書店，2017年。
　アップルのカリキュラム政治学以後，多様な社会運動や不平等問題へと展開していった批判的教育研究の到達点を集約した論文集。単なる批判的分析にとどまらず，実践的，社会運動的な問題提起がなされている。

引用・参考文献

アップル, M. W., 浅沼茂・松下晴彦訳『教育と権力』日本エディタースクール出版部, 1992年。

稲垣忠彦・佐藤学『授業研究入門』岩波書店, 1996年。

近藤孝弘『ドイツの政治教育――成熟した民主社会への課題』岩波書店, 2005年。

今野喜清・柴田義松編著『教育課程の理論と構造』学習研究社, 1979年。

佐藤学『カリキュラムの批評――公共性の再構築へ』世織書房, 1996年。

柴田義松『柴田義松教育著作集3 教育課程論』学文社, 2010年。

城丸章夫『城丸章夫著作集第8巻 教育課程論・授業論』青木書店, 1992年。

鈴木和夫『子どもとつくる対話の教育――生活指導と授業』山吹書店, 2005年。

ハミルトン, D., 安川哲夫訳『学校教育の理論に向けて――クラス・カリキュラム・一斉教授の思想と歴史』世織書房, 1998年。

ボウルズ, S.・ギンタス, H., 宇沢弘文訳『アメリカ資本主義と学校教育――教育改革と経済制度の矛盾』岩波書店, 1986年。

本谷宇一『子どもが「発問」する学びの教室――「学習材」で変わる国語の授業』一光社, 2011年。

文部省「学習指導要領（試案）一般編」1947年。＊これまでの学習指導要領は, 国立教育政策研究所のウェブサイトで公開されている。https://www.nier.go.jp/guideline/（2017年12月1日閲覧）。

文部科学省「教科書改革実行プラン」2013年。http://www.mext.go.jp/b_menu/houdou/25/11/__icsFiles/afieldfile/2013/11/15/1341515_01.pdf（2017年12月1日閲覧）。

米村まろか「currere:『カリキュラムに潜む主観的行為の探究』」『カリキュラム研究』第3号, 1994年, 81～92ページ。

第2章
カリキュラムの類型論

〈この章のポイント〉
　そもそもカリキュラムの「中身」は，何でできているのだろう。素朴な解答として，「教科。カリキュラムは，各教科をまとめた時間割や計画だから」を想定できる。しかしこの解答では物足りない。カリキュラムは「教科ではないもの」も含むからである。本章では，教科カリキュラムと経験カリキュラムという立場に代表される，カリキュラムの類型論を学ぶ。関連して，日本の教育課程の構造や教科再編の動向も紹介する。教育課程とカリキュラムとの異同や，カリキュラム概念の多様性を述べた第1章を思い出しながら，読み進めてほしい。

1　教科カリキュラムとその展開

1　教科カリキュラムの基本的な特徴

　教科という言葉は，読者になじみがあるはずだ。読者が通ってきた小学校，中学校，高等学校の時間割は，その大半が教科名で埋まっていたのではないか。大学受験の時にどの教科を選択するか，悩んだ読者もいるだろう。それでは，教科の「定義」はご存じだろうか。教育学において教科は，「学校で教授される知識・技術などを内容の特質に応じて分類し，系統立てて組織化したもの」（今野ほか編，2003）などと定義されてきた。
　小学校から高等学校まで日本の学校教育は，基本的に学問の体系を主軸にして，教科という単位で学習内容を組織する，「教科カリキュラム」を主に採用してきた。法制度上，そのように枠組みを設定してきたからである。ここで言う教科カリキュラムとは，教育内容に着目した場合の代表的な類型である。すなわち，「学習内容の基礎として，科学，技術，道徳，芸術などにわたる既成の文化遺産の中から教育的価値のあるものを選択し，それぞれの領域に対応した教科・科目を設定し，学問の論理的な知識体系を学習者の発達段階等に合わせて，教科内容を構成する」（天野，2004a，170ページ）カリキュラムをさす。
　教科カリキュラムの要点は，ある教科の背後には特定の学問分野（親学問）が存在するという，教科と学問との対応関係にある。例えば教科「理科」は，主に物理学，化学，生物学，地学という各学問分野に立脚して設定される。他

▷1 例外として、小学校第1学年〜第2学年の「生活科」がある。生活科は厳密には学問体系と結びついていないが、導入時から教科の扱いである。

教科も、基本的には同じである。各学問分野を学ぶにあたり、ある立場から主要概念や法則、スキルなどが取捨選択され、それらを学校教育向けに再構成し、教科内容が組織化される。また、教科の内容は、初歩的な事項からより高度で専門的な事項という具合に、系統的（systematic）に順序立てて学ぶ。すなわち、基礎から積み上げて順番に学ぶことが、基本原則とされる。

教科カリキュラムは、学問の体系を最も重視する。そのため、「これだけは学んでおくべき」という学問的知識やスキルを、教科内容として事前に設定・配列しやすい。ゆえに、教科カリキュラムは教科書を容易に準備できる。各地域の生活状況や子どもの興味などによって学問の体系自体が変わることはなく、主な内容は普遍的、抽象的、形式的である。したがって、「一般的」な発達段階を考慮し、「匿名」の学習者を想定して、学問の体系に基づいた教科書を作成できる。実際、系統的に編集された教科書を使えば、大勢の学習者を相手に、一斉かつ計画的な教授が可能となり、きわめて効率的である。また、教科書の構成に沿えば、各種の計画も立てやすい。だからこそ、この類型が広く伝統的に採用されてきたとも言える。

2 教科カリキュラムに属する諸類型

教科カリキュラムと一口に言っても、いくつかの型がある。最も典型的で狭義の教科カリキュラムが、「①分離教科カリキュラム」である。この類型の課題を乗り越えるため、「②相関カリキュラム」や「③融合カリキュラム」が枝分かれ（派生）してきた。それぞれの特徴は次のとおりである。なお、【　】内の各類型の定義は、天野（2001, 16〜17ページ）から引用した。

① 分離教科カリキュラム（separate subject curriculum）

【個々の教科の背後にある学問の論理的知識体系をただちに教科の内容とし、教科相互の間にはなんらの関連も考慮されない多教科並列のカリキュラム】である。この類型の場合、学問領域の発達・分化が進むにつれて、教科は細分化・並列化される傾向が強まることになる。

この類型は、高等学校の時間割を見るとイメージしやすい。高等学校の場合、「教科」（例：地理歴史科）をさらに細かく分けた「科目」（例：世界史、日本史、地理）が設定され、いずれも母体となる学問分野に基づく。教科と科目をまとめて「教科目」ともいう。各分野の知識やスキルを体系的・系統的に教えられる反面、分野相互のつながりを失いやすいという課題がある。

② 相関カリキュラム（correlated curriculum）

【教科の区分を踏襲しつつ、学習効果の向上のため、教科の間の相互関連を図ったカリキュラム】である。この類型の場合、教科目の垣根を低くして、2つ以上の教科目を相互に関係づけ、その学習内容に関連をもたせようとする。

考えられるケースとして，地理と歴史のような類似の教科間の相関，国語と歴史のようなやや異質の教科間の相関，教科とクラブ活動というような教科と教科外の相関などがある（安彦，1990）。小学校・中学校の『学習指導要領（平成29年告示）解説総則編』の付録6「現代的な諸課題に関する教科等横断的な教育内容についての参考資料」も，この類型に該当する。

③ 融合カリキュラム（fused curriculum）

【教科の学習を中心とするが，問題の範囲を覆う教科の間の境界を撤廃したカリキュラム】である。この類型の場合，いくつかの教科目の間に共通の要素を見出し，より広い観点から学習内容の統一性を新たにつくろうとする。

類似の教科目を融合したものとして，中学校の社会科（例：歴史，地理，公民）や，理科（例：第一分野，第二分野），国語（例：現代文，古文・漢文）などがあげられる。ただし，社会科として融合しても，歴史，地理，公民を別個に扱っていれば，厳密にはこの類型とは言えない。テーマ学習などのように，何らかの新しい観点を定め，統一的に学習内容が組織・配列される必要がある。なお，類似の教科目間だけでなく，異質な教科目間の融合もありうる。

3　教材単元との関連

教科カリキュラムと密接に関連する用語として，「教材単元」がある。これは「系列的に配列された教材の一区分であって，例えば教科書の第1課，第2課というようなまとまり」（文部省，1951）をさす。カリキュラムの最小単位は「単元」（unit）であり，「はじめに内容ありき」という教科カリキュラムの考え方は，教室レベルで日々の具体的な実践を組み立てる時にも採用されてきた。教材単元の基本的な特徴を，表2-1に示す。教育方法としては，ヘルバルト学派による段階教授法と，親和性が高い。

教科カリキュラムと教材単元に共通して，(1)学問分野相互のつながりや，(2)

▷2　ヘルバルト（J. F. Herbart）は，主に19世紀に活躍したドイツの教育学者。彼自ら提唱した四段階教授法（明瞭，連合，系統，方法）や，他の学者らによる改良版の五段階教授法（分析，総合（統合），連合，系統，方法。または予備，提示，連結（比較），総括，応用）が，広く知られる。

表2-1　教材単元の特徴

考え方	〈はじめに内容ありき〉，内容のまとまりを基盤に単元を構成
単元名	一般的に，内容で表現される（「水溶液の性質」など）
手続き	①教師が価値があると認め，子どもに身につけさせたいと考える内容を決定する ②子どもの認識過程をイメージしながら，その内容を子どもの内に実現するのに適した活動（教材）を論理的・経験的に導き出す ③導入の工夫などによって，それを子どもにとって意味のあるものにしようとする
強み	・必要な時期に必要な内容を自在に指導でき，指導内容の系統性が決定的な意味をもつ場合は有利である
弱み	・教師の都合で導き出した活動を子どものものにするのは至難の業である ・教え込みになりかねず，教えたが学んでいないという状況を生み出しやすい ・時間とともに「剥落」しやすい学びに陥りやすい

出所：奈須（2002）をもとに作成。

学問と実社会・私生活との結びつきが失われやすく，教師による学問的知識やスキルの伝達が強調されるため，(3)暗記・暗唱の学びを誘発しやすい，という課題がある。学習者からすれば，「なぜこれを学ぶ必要があるのか」と，学びの意味や必然性などを見出しづらいという課題も指摘されてきた。

歴史的には，学問分野相互のつながりを生み出そうとする努力や，子どもを動機づけるための努力がなされてきた。他方，現代社会で高度化・複雑化する課題の発見・解決に向け，分野間連携・融合や産学官連携など，学問のあり方や構造自体も変わりつつある。さらには知識爆発の時代において，伝統的な学問体系に立脚し続ける限界は，今後も問われる必要があろう。

2　経験カリキュラムとその展開

1　経験カリキュラムの基本的な特徴

読者の経験上，「学校では教科を学ぶことが当然だ」と思っているかもしれない。もしその種の認識をもっているなら，ぜひ改めてほしい。歴史的に，教科カリキュラムの問題や課題などを，根本から見直す挑戦がなされてきた。その代表が，「経験カリキュラム」である。すなわち「子どもの興味，関心，欲求を出発点にして生活経験を据え（スコープとシークェンスをとり），現実の問題解決の活動を主軸にして編成する」（天野，2004b，175ページ）カリキュラムである。主にデューイ（J. Dewey）の思想と，その系譜に基づく。

経験カリキュラムの要点は，子ども（児童）を出発点にし，子ども（児童）を中心に据えてカリキュラムを組み立てようとするところにある。教科カリキュラムが「学問中心／教師中心」と呼ばれるのに対し，経験カリキュラムは「生活中心／子ども（児童）中心」と特徴づけられる。

当然だが，子どもはたった一人では育たないし，「タブラ・ラサ（tabula rasa：白紙）」の状態で学校に通うわけでもない。それぞれの地域や家庭などでさまざまな生活経験を積み，それらの経験に根ざした独自のメンタルモデルを構築している。日本国内でも地域や家庭の状況は異なり，各自が抱える問題や課題も違う。したがって経験カリキュラムでは，固有名詞をもった人格的存在として一人ひとりの子どもを捉え，子どもの具体的な生活現実に即しながら，よりよい家庭生活や社会生活を送るための学びが追求されることになる。

教育内容の組織の仕方に注目すれば，経験カリキュラムは社会や生活の問題を主題として教育内容を組織する，「課題による組織」と特徴づけられる（佐藤，1996）。例えば，「環境」「平和」「人権」「生と死」「性」「労働」「健康」「福祉」などの課題が，主題（テーマ）や問題として設定・組織されやすい。いず

▷3　産学官連携
産業界，学界，行政の三者による連携のこと。「産」は産業を営み経済活動に直結する営利企業・非営利団体，「学」は大学などの各種の教育研究機関，そして「官」は国や地方公共団体および関連機関を，それぞれ意味する。

▷4　19世紀末から20世紀初頭，プラグマティズムの哲学者デューイは，旧教育から当時のいわゆる「新教育」への移行を，天文学での天動説から地動説への歴史的な変革にたとえた（デューイ，1998／2002，96ページ）。現在このたとえは，「（教育の）コペルニクス的転回」として知られる。

れも社会的に重要であるが、伝統的な学問体系による「教科による組織」では、十分に扱いきれない。

経験カリキュラムでは、子どもの身近な生活現実から活動的かつ問題解決的に学べるように、これらの主題や問題を構成（デザイン）する。例えば、クリスマスにケーキを食べることは世俗的なイベントとして普及し、楽しみにする子どもも多い。その楽しさの裏側には、大量廃棄という実態も存在する。ここを手がかりに問題解決学習（problem-solving learning）を進めれば、地球規模の食糧危機という社会問題にまで、学びを発展しうる可能性がある。このように経験カリキュラムは、子どもの学びの過程に現実的・社会的な意味を与え、生きて働く批判的思考力や問題発見・解決能力を育もうとする。

2 経験カリキュラムに属する諸類型

教科カリキュラムと同じく、経験カリキュラムにもいくつかの類型がある。最も典型的で狭義の経験カリキュラムは、「①経験中心カリキュラム」である。ほかにも、「②コア・カリキュラム」や「③広領域カリキュラム」が提唱されてきた。それぞれの特徴を以下に示す。なお、前節同様、【 】内の各類型の定義は、天野（2001, 16～17ページ）から引用した。

① 経験中心カリキュラム（experience-centered curriculum）

【一切の教科の存在は認めず、子どもの興味と目的をもった活動からなる総合的な単元で全体が組織される】カリキュラムである。「生成カリキュラム（Emergent Curriculum）」と呼ばれることもあり、「毎日の子どもの生活経験の中から、その時、その場で教師と子どもが価値ある経験を選び出し、それを協力・共同してカリキュラム化」（安彦, 2002, 88ページ）しようとする。

プロジェクト単位で学びが展開される場合も多く、ヒツジを実際に飼育し、毛を刈り、糸を紡ぎ、服を作るという「羊毛の服づくり」の例などが知られる。この例では、子どもは一連の活動を通じ、衣料に関する科学的な知識を得ながら、人間の歴史的な進歩を体験的に学ぶことになる。

② コア・カリキュラム（core curriculum）

【生活現実の問題解決を学習する『中核課程』と、それに必要な限りで基礎的な知識や技能を学習する『周辺課程』からなる】カリキュラムである。中核課程は経験カリキュラムで、周辺課程は各教科で構成するという特徴をもつ。

日本でも第二次世界大戦後に取り入れられ、コア・カリキュラム運動が起こった。「桜田プラン」（本書の第10章を参照）や「明石附小プラン」（兵庫県明石女子師範附属小学校）などが名高い。「明石附小プラン」では、単元「明石市の復興に協力しよう」が組まれ、中核課程として「明石市の戦災状況を調査する」などの諸活動、周辺課程として「文学」「音楽」「美術」「言語」「数量」な

▷5 近年、いくつかの大学で、語「コア・カリキュラム」が使われる。たいていは「共通必修科目」程度の意味にとどまる。もともと語「コア・カリキュラム」は、経験カリキュラムの一類型として普及してきた。歴史的な経緯からみると、近年の用法は原義とは異なる。

ど，カテゴリーごとに諸活動で必要となる知識・技能が組織・配列された。
③ 広領域カリキュラム（broad-field(s) curriculum）

【教科の枠組みを取り払って，広（領）域で教育内容が再編成されたカリキュラム】である。教科カリキュラムにおける「融合カリキュラム」と似ているが，経験カリキュラムに位置づける場合，子どもの生活や経験をベースにして，少数の大きな領域で内容をまとめて示そうとする。

この類型に近いのは，幼稚園や保育所，認定こども園といった，就学前のカリキュラムである。教科は存在せず，「健康」「人間関係」「環境」「言葉」，そして「表現」の5領域からなる。各領域の内容は，子どもの生活や遊びを通し，相互に関連をもたせながら総合的に展開される。

3 経験単元との関連

経験カリキュラムと密接に関連する語として，「経験単元」がある。これは，「児童・生徒の当面している問題を中心にして，その解決に必要な価値ある学習活動のまとまり」（文部省，1951）をさす。経験単元の基本的な特徴を，表2-2に示す。教育方法としては，20世紀初頭の新教育運動の展開により，さまざまな単元学習の様式が提唱されてきた（佐藤，1990）。教材単元（表2-1）と比較し，両者の違いに注目しながら理解を深めてほしい。

経験カリキュラムと経験単元に共通する課題として，(1)子どもと社会の必要を重視するために，人類が創造してきた学問や文化のもつ体系を軽視すること，(2)教科の系統的取扱いが周辺に追いやられまたは閑却され，その結果，基礎学力が低下すること，(3)子どもの自由や創意を重視するあまり，努力や紀律を軽視すること，(4)子どもの自発性・自主性に対する教師の指導性の位置づけが不十分であることが，それぞれあげられる（長谷川，2001；天野，2004b）。教

表2-2 経験単元の特徴

考え方	〈はじめに子どもありき〉，子どもにとって意味のある問題解決活動のまとまりを基盤に単元を構成
単元名	一般的に，子どもの活動で表現される（「ビオトープを作ろう」など）
手続き	①子どもの求め（夢，願い，気がかり等）を特定する ②それに応じるカタチで活動を組織する ③その展開途上において出会う切実な問題の子どもによる自力解決を促す ④結果的に教師から見て教育的に価値ある内容が学ばれるようにする
強み	・子どもの活動への意欲は高い ・学びも切実なものになりやすい ・学ばれた内容は定着が良く，活用の効く，生きて働く学力になりやすい
弱み	・指導内容がもつ内在的で論理的な系統に即した指導を求める場合は不向き ・活動から価値ある内容へと迫る勘どころを押さえていないと「活動あって学びなし」（はいまわる経験主義）や放縦に陥る

出所：奈須（2002）をもとに作成。

師に求められる力量の高さや評価の難しさも、課題とされてきた。これらを乗り越えるための努力は、今も続けられている。

以上、教科カリキュラムと経験カリキュラムのそれぞれを概説してきた。歴史的にみれば、教科カリキュラムが抱える問題や課題を克服するために、経験カリキュラムが提案されてきた。ただし、どちらが「良い／悪い」というものではない。教材単元と経験単元に関しても、学習活動の単位を子どもの学習過程に求める点では共通する（奈須、2002）。重要なのは、それらを目的に応じて使い分け、組み合わせることである（安彦、2002）。

3 日本における教育課程の基本構造

1 教育課程の基本構造

表2-3に日本の教育課程の構造を示し、カリキュラムの諸類型との関係を考える。なお本節で扱う教育課程の構造は、2017年・2018年告示の新学習指導要領に基づくため、読者の経験とは異なる箇所がある。

小学校と中学校は、「教科」「特別の教科」「教科外活動」を基本構造とする。その他の欄に示した「小中一貫教科等」は、「義務教育学校」「併設型小中一貫校」「連携型小中一貫校」に限り、開設が認められている。この教育課程上の特例により、特色ある教育課程の編成が可能となっている。

高等学校は「教科」と「教科外活動」とを基本構造とするが、小中学校とは異なり、「教科」が「各学科に共通する教科」と「主として専門学科において開設される各教科」とに分けられる。高等学校には、「普通科」「専門学科」「総合学科」と3つの学科が存在する。「各学科に共通する教科」は、三学科の

▷6 いずれも2016（平成28）年度に制度化された。九年制の「義務教育学校」は新しい学校種として学校教育法第1条に示され、小学校と中学校とが同一組織となる（校長一人、卒業証書一枚）。「併設型小中一貫校」は、同一設置者による小中一貫校をさし、小学校と中学校とは別組織である。「連携型小中一貫校」は、異なる設置者による小中一貫校をさし、小学校と中学校は別組織である。後二者の場合、どちらも「校長二人、卒業証書二枚」となる。

▷7 **専門学科**
専門教育を主とする学科のこと。兵庫県の県立学校の場合、職業教育を主とする学科（例えば、農業、工業、商業、水産、家庭、看護、福祉）と、特色ある専門学科（理数、国際、環境防災、音楽、演劇、体育、美術、総合科学）とがある（兵庫県教育委員会、2017）。

表2-3 日本の小学校・中学校・高等学校における教育課程の基本構造

	教　科	特別の教科	教科外活動	その他
小学校	国語、社会、算数、理科、生活、音楽、図画工作、家庭、体育、外国語	道徳	外国語活動、総合的な学習の時間、特別活動	小中一貫教科等
中学校	国語、社会、数学、理科、音楽、美術、保健体育、技術・家庭、外国語	道徳	総合的な学習の時間、特別活動	小中一貫教科等
高等学校	各学科に共通する各教科 国語、地理歴史、公民、数学、理科、保健体育、芸術、外国語、家庭、情報、理数 主として専門学科において開設される各教科 農業、工業、商業、水産、家庭、看護、情報、福祉、理数、体育、音楽、美術、英語	なし	総合的な探究の時間、特別活動	学校設定教科

出所：筆者作成。

すべてで開設される教科であり，「主として専門学科において開設される各教科」は，ほぼ専門学科に限られる。あわせて，その他の欄に記した学校設定教科は，特色ある教育課程編成を可能にするためのもので，学校独自の教科や「産業社会と人間」の開設が認められている。

教科外活動は，「教科」ではない活動の総称であり，法規の用語ではない。教科外活動は，それぞれ独自性をもつ，複数の活動からなる。よって小学校は「教科」「特別の教科　道徳」「外国語活動」「総合的な学習の時間」「特別活動」の5領域，中学校は「教科」「特別の教科　道徳」「総合的な学習の時間」「特別活動」の4領域，そして高等学校は「教科」「総合的な探究の時間」「特別活動」の3領域から，それぞれ教育課程が編成される。

ここで，「教科」「特別の教科　道徳」および「教科外活動」の相違を，「免許状」「教科書」「評価」から考えてみる。表2-4に整理して示す。

▷8　総合学科では，全生徒が入学年次に履修することが原則とされる。

表2-4　「教科」「特別の教科」「教科外活動」の相違

	免許状	教科書	評　価
教　科	小：全教科 中・高：教科ごとに存在	ある	数値による評価が行われる
特別の教科	ない	ある	数値による評価は行われない
教科外活動	ない	ない	同　上

出所：筆者作成。

まず免許状である。小学校では教科ごとの免許状は存在せず，中学校・高等学校では教科ごとに免許状が存在する。特別の教科と教科外活動に，独立した免許状はない。したがって指導体制として，小学校の教師はすべての教科を担当しつつ，特別の教科と教科外活動も担当する。中学校の教師の担当は，所持している免許状の教科，特別の教科，および教科外活動となる。高等学校の教師は，所持している免許状の教科と，教科外活動を担当する。

次に教科書である。教科と特別の教科では，「主たる教材」として教科書の使用義務が，学校教育法第34条で定められている。一方，教科外活動に教科書は存在しない。教科外活動の指導の際，副読本などが使用される場合もある。

最後に評価である。教科は数値により評価されるが，特別の教科や教科外活動では，数値による評価は行わないとされる。ただし，特別の教科や教科外活動は評価を一切しないというわけではなく，学習者の学習状況や成長の様子，よさや可能性を把握することとされたり，自己評価が求められたりする。

前述のとおり，教科と関連して「科目」がある。科目は教科の下位に位置し，高等学校にのみ存在する。表2-5および表2-6にその一例を示す。高等学校の教科「地理歴史」には，科目として「地理総合」「地理探究」「歴史総合」「日本史探究」「世界史探究」が設定される。高等学校の場合，必ず履修し

なければならない科目（必履修科目）が，学習指導要領で定められている。教科「地理歴史」の場合，「地理総合」と「歴史総合」とがそれに該当する。

疑問に思う読者もいるだろう，中学校の教科も高等学校と同じではないか，と。中学校の教科「社会」の内容は，「地理」「歴史」「公民」からなる。いずれも中学校では科目ではなく，それぞれ「地理的分野」「歴史的分野」「公民的分野」とされる。「理科」「保健体育」「技術・家庭」でも同様に，「分野」の扱いがある。なお理科の場合，「第一分野（物理・化学）」「第二分野（生物・地学）」という区分となる。

表2-5　各学科に共通する教科とその科目の一例

教科名	科目名
国　語	現代の国語，言語文化，論理国語，文学国語，国語表現，古典探究
地理歴史	地理総合，地理探究，歴史総合，日本史探究，世界史探究
保健体育	体育，保健
理　数	理数探究基礎，理数探究

出所：筆者作成。

表2-6　主として専門学科において開設される各教科とその科目の一例

教科名	科目名
理　数	理数数学Ⅰ・Ⅱ，理数数学特論，理数物理，理数化学，理数生物，理数地学
体　育	スポーツ概論，スポーツⅠ・Ⅱ・Ⅲ・Ⅳ・Ⅴ・Ⅵ，スポーツ総合演習
音　楽	音楽理論，音楽史，演奏研究，ソルフェージュ，声楽，器楽，作曲，鑑賞研究

出所：筆者作成。

2　教育課程の構造とカリキュラムの類型論

本章前半のカリキュラムの類型論からすると，日本の教育課程はどの類型にあてはまるかという問いは，即答しづらい。日本の教育課程は諸類型の「混合物（hybrid）」であり，しかも学校段階によって「重点」が変わるからである。

「混合物」という理由は，教科カリキュラムを基本としつつ，融合カリキュラムに基づく教科（社会科や理科）を部分的に含み，さらに経験カリキュラム的な総合的な学習（探究）の時間や特別活動が組み込まれるからである。この特徴は，教科カリキュラムと経験カリキュラムとが，「どちらが良い／悪い」といった対立を越え，それぞれの教育機能を補完し合っていると言えるだろう。例えば，カリタス小学校（私立，神奈川県川崎市）は「総合教育活動」を30年前から実施する。ねらいは，子どもたちが生きている現実と向き合うために，「人・モノ・コト」と出会わせることによって，教科学習と現実の生活とを架橋させる点にある（カリタス小学校，2018，42～49ページ）。同校では，子どもの発意から生まれたテーマを軸に，ヒツジを飼育したり水車やゲルを作成したりする（カリタス小学校，2018，58～179ページ）。これらの活動は，教科学習と

▷9　例えば，教科学習は「知識・技能の系統的な教授・学習を主たる任務とする『陶冶』」とされ，教科外学習は「子どもの自治的，集団的活動を指導して価値観の基礎やものの考え方，行動の仕方を育てることを主たる任務とする『訓育』」（天野，1993／2002，63ページ）とされる。

の関係性だけでなく、試行錯誤、根性・自信・挫折、命の大切さや日本の伝統の理解、予算の工面といった、さまざまな経験を子どもにもたらすという（カリタス小学校、2018、58〜179ページ）。

「重点」に関し、小学校とくに第1学年〜第2学年では、教科カリキュラムよりも経験カリキュラムに重きが置かれる。実際、合科的な指導が推奨されたり、広領域または融合カリキュラムにあたる生活科が設置されたりしている。運動会や文化祭、修学旅行など、各種の学校行事を意識して授業が行われる場合もある。一方、中学校、高等学校へと進むにつれ、教科カリキュラムの割合が強まる。本章の前半で述べたように、専門性が高まるにつれ、細分化が進行するからである。高等学校の教科・科目の区別は、その象徴でもある。

4　教科・領域の再編例

本章の結びとして、近年の教科・領域再編の動向を示す、3つの事例を紹介する。いずれも研究開発学校や教育課程特例校など、教育課程編成の特例が適用されており、一般の学校ですぐ取り組める実践ではない。この点は注意を要する。また紙幅の都合により、具体的な実践の紹介には限りがある。詳細は、引用・参考文献やウェブ上の資料で探してみてほしい。

▷10　制度の詳細は本書の第12章を参照のこと。

1　「市民科」——東京都品川区の事例

東京都品川区は2006（平成18）年度から、「道徳」「特別活動」「総合的な学習の時間」を統合した「市民科」を、新教科として開始した。現在は、教育課程特例校の指定を受けている。新教科開始の背景には、「観念的で児童生徒に十分な道徳性を身に付けさせることができなかった」当時の道徳の課題、「子どもたちの実態のなかで、いじめや不登校、社会性の不足などの問題に正対し、その解決のために積極的な役割を十分に果たしてきたとは言い切れない」特別活動の課題、そして「おおまかなねらいや視点は示されているが、単元構成については教師の力量に任されているということがあり、一人一人の子どもへの指導の徹底が不確かになりがちな」総合的な学習の時間の課題があった、とされる（亀井ほか、2007、100〜102ページ）。これらの課題を克服するため、市民科のコンセプトは、「『市民として生きていくのに必要な能力を身に付けさせる』すなわち『市民性』の育成」（若月編、2008、186ページ）とされた。

そのため市民科では、7つの資質（主体性、積極性、適応性、公徳性、論理性、実行性、創造性）と、社会的なスキルとして5領域と15の能力を設定した。それぞれ、「自己管理領域（自己管理能力、生活適応能力、責任遂行能力）」「人間関係形成領域（集団適応能力、自他理解能力、コミュニケーション能力）」「自治的活

動領域（自治的活動能力，道徳実践能力，社会的判断・行動能力）」「文化創造領域（文化活動能力，企画・表現能力，自己修養能力）」「将来設計領域（社会的役割遂行能力，社会認識能力，将来志向能力）」となる（品川区教育委員会，2010，208～211ページ）。教科外活動を統合し教科化した市民科の評価は，観察・面接法，作品法，評定法，児童生徒による自己評価と相互評価など，複数の評価方法を組み合わせるとされる（品川区教育委員会，2010，231ページ）。

2　「つくばスタイル科」──茨城県つくば市の事例

　茨城県つくば市は2012（平成24）年度から，「つくばスタイル科」（以下，つくスタ科）を開始した。教育課程特例校としての実践である。つくスタ科の創設理由として，次の課題があった（つくば市総合教育研究所，2012，34ページ）。すなわち，小中間で総合的な学習の時間の連続性が意識されない，教育内容のバランスが偏る，育成する力が不明確，地域の教育資源が活用されていない，などである。これらを解決するため，「国際理解」「環境」「科学技術」「歴史・文化」「キャリア」「福祉」「豊かな心」「健康・安全」という8つの内容を，3つの学びのステップ（「In：課題を見つける」「About：情報を集める」「For：何ができるか考え，発信する」）により，小中を一貫した学習が目指された（つくば市総合教育研究所，2012，34ページ，40ページ；つくば市教育委員会ウェブページ）。

　つくスタ科は，発信型のプロジェクト学習と，小学校第1学年～第6学年の外国語活動からなる。その目標は「ハーモニー・コンピテンシー～知と心の調和とグローバルな視点を兼ね備えたつくば市民の育成～」であり，「つくば次世代型スキル」が設定された。これは「客観的思考力，問題発見力」「自己認識力，自立的修正力」「創造力，革新性（イノベーション）」「言語（コミュニケーション）力，協働（コラボレーション）力」「情報活用力，ICT活用力」，および「地域や国際社会への市民性，キャリア設計力」からなる。こうした学習を成立させるため，小中の連続性の確保，先進的なICTの活用に加え，つくば市の諸資源として大学・研究所，自然や地域素材も活用される（つくば市総合教育研究所，2012，40～41ページ）。

3　2領域カリキュラム──香川大学教育学部附属高松小学校の事例

　香川大学教育学部附属高松小学校（以下，附高小）は，2013（平成25）年度から研究開発学校（2017（平成29）年度まで。2018（平成30）年度からは教育課程特例校）の指定を受け，「教科学習」と「創造活動」の2領域カリキュラムを開発してきた。2領域化の背景として，次の点があげられた（附高小，2017，22～24ページ）。すなわち，これまでの「学ぶこと」（学校が主担当），「生きること」（地域社会が主担当）との連続が，地域社会の教育力の衰退とともに分断されてい

る。この解決には、「生きること」の充実、つまり「多様な『ひと・もの・こと』と関わりながら個や集団の問題解決を通して自己の生き方・在り方を深化させていく」(附高小，2017，24ページ)必要がある。そのために，「道徳」「特別活動」「総合的な学習の時間」を統合し，「創造活動」として再編した。

　創造活動の目標は，「感覚・感性を働かせ，多様な価値観や背景をもつ集団との望ましい人間関係づくりや探究的な活動での生き方・在り方の深化する過程で，夢や憧れをもち自律的に学び続ける力や『ひと・もの・こと』へ共感的・協同的に関わる力，問題を解決し知や価値を創造する力を養う」(附高小，2017，90ページ)である。このため，異学年集団でプロジェクト型の問題解決学習を行う「縦割り創造活動」と，同学年集団で個人追究型の問題解決学習を行う「学級創造活動」とを設けた。両活動の相互作用として，「異学年と同学年の往還による個の成長」「2カ所の居場所」「複数の教師の関わり」「質的に異なる探究活動による連関」(附高小，2017，91～92ページ)があるという。創造活動と教科学習との関係は，分断されたわけでも，直接的に関連するわけでもなく，それぞれが独自性を発揮しながら，双方の学びを深め合う関係であるという。関連して，創造活動の創設は附高小の教師の指導観や教科観を変え，子どもの思いを踏まえた単元構成や想定外の反応にも対応できる「やわらかい授業づくり」(附高小，2017，94ページ)が行われるようになった，とされる。

Exercise

① 文部科学省のウェブページを参照し，自分が通った小・中学校やそれらに近い自治体で，研究開発学校や教育課程特例校を探してみよう。
② 「今の小学校や中学校の教科・領域を減らすとしたら，何が対象になるか，その根拠は何か」について，他の学生と意見交換してみよう。
③ 小学校で「新しい教科」を作ってみよう。合わせて，今の教科との違い，目標，内容，授業時数，評価方法を考えてみよう。

📖次への一冊

安彦忠彦『教育課程編成論』放送大学教育振興会，2002年。
　　この書を含め放送大学のテキストは文字どおり「大学生向け」で，その分野の第一人者により執筆される場合が多い。本書の次に読むべき本として，この一冊を推薦したい。
カリタス小学校『問いつづける子が育つ——協働で学び合う授業の創造』東洋館出版

社，2018年。
　本章の例以外に，ヤギの飼育，創作劇，ミュージカル，楽器作りなど，テーマは多岐にわたる。保護者や卒業生の声にもページが割かれており，興味深い。

デューイ，J.，市村尚久訳『学校と社会・子どもとカリキュラム』講談社，1998／2002年。
　「教育のコペルニクス的転回」の出典であり，この分野の必読書。100年以上前に出版された原著は，長い間読みつがれ，さまざまに翻訳・解釈されてきた。

鳥山敏子『いのちに触れる――生と性と死の授業』太郎次郎社エディタス，2011年（原著1985年）。
　「にわとりを殺して食べる」「原子力発電所とゴミ」「ひととブタの生と性」……本文以前に，目次や写真で衝撃を受けるかもしれない。現在ともつながる授業の記録である。

引用・参考文献

安彦忠彦「カリキュラムの類型」細谷俊夫・河野重男・奥田真丈・今野喜清編『新教育学大事典』第2巻，第一法規，1990年，55〜57ページ。

安彦忠彦『教育課程編成論』放送大学教育振興会，2002年。

天野正輝『教育課程の理論と実践』樹村房，1993／2002年。

天野正輝「カリキュラムの類型」日本カリキュラム学会編『現代カリキュラム事典』ぎょうせい，2001年，16〜17ページ。

天野正輝「教科カリキュラム」日本教育方法学会編『現代教育方法事典』図書文化，2004年a，170ページ。

天野正輝「経験カリキュラム」日本教育方法学会編『現代教育方法事典』図書文化，2004年b，175ページ。

香川大学教育学部附属高松小学校『創る――2領域カリキュラムで子どもが変わる！教師が変わる！』東洋館出版社，2017年。

亀井浩明監修，品川区立小中一貫校日野学園『小中一貫の学校づくり』教育出版，2007年。

カリタス小学校『問いつづける子が育つ――協働で学び合う授業の創造』東洋館出版社，2018年。

今野喜清・新井郁男・児島邦宏編『新版　学校教育辞典』教育出版，2003年。

佐藤学『米国カリキュラム改造史研究』東京大学出版会，1990年。

佐藤学『教育方法学』岩波書店，1996年。

品川区教育委員会「品川区小中一貫教育要領」（平成22年5月1日改正）2010年。http://www.city.shinagawa.tokyo.jp/PC/kukyoi/kukyoi-sesaku/kukyoi-sesaku-ikkann/kukyoi-sesaku-ikkann-kyokasyo/hpg000032832.html（2019年1月4日閲覧）

つくば市教育委員会「つくばスタイル科」。http://www.tsukuba.ed.jp/~tsukubasummit/?page_id=68（2019年1月4日閲覧）

つくば市総合教育研究所編『つくば発！小中一貫教育が世界を変える――新設「つくばスタイル科」の取り組み』東京書籍，2012年。

デューイ，J.，市村尚久訳『学校と社会・子どもとカリキュラム』講談社，1998／2002年。

奈須正裕『学校を変える教師の発想と実践』金子書房，2002年。
長谷川榮「経験カリキュラム」日本カリキュラム学会編『現代カリキュラム事典』ぎょうせい，2001年，19～20ページ。
兵庫県教育委員会「県立高等学校における専門学科等の設置等について」2017年。
　http://www.hyogo-c.ed.jp/~koko-bo/03kaikaku/H30_senmongakka.pdf（2018年12月30日閲覧）
文部省『昭和26年版学習指導要領一般編（試案）』1951年。
若槻秀夫編『学校大改革　品川の挑戦――学校選択制・小中一貫教育などをどう実現したか』学事出版，2008年。

第3章
教育課程と学習指導要領

〈この章のポイント〉
　学習指導要領は終戦後の社会を民主主義の視点から再構築するために構想されたものである。その始まりは教師にとっての「手引き」であったが，現代では「告示」され法的に位置づけられた文書であるところに大きな特徴がある。各学校および教師は日本の公教育の枠組みである学習指導要領の正しい理解と創造的な活用に努めなければならない。本章では，戦後日本で初めて作成された学習指導要領について解説する。

1　学習指導要領の意義

1　「告示」にみる学習指導要領の法的位置づけ

① 学習指導要領とは

　そもそも学習指導要領とは一体何であろうか。発行元である文部科学省のホームページを見ると次のように解説されている（http://www.mext.go.jp/a_menu/shotou/new-cs/idea/1304372.htm　2017年12月20日閲覧）。

> 　全国のどの地域で教育を受けても，一定の水準の教育を受けられるようにするため，文部科学省では，学校教育法等に基づき，各学校で教育課程（カリキュラム）を編成する際の基準を定めています。これを「学習指導要領」といいます。／「学習指導要領」では，小学校，中学校，高等学校等ごとに，それぞれの教科等の目標や大まかな教育内容を定めています。

　すなわち，学習指導要領とは学校教育の場において「いつ，何を，どのように」教えるのかが書かれた文書である。日本の教師はこれを熟読し正しく理解したうえで，目の前の子どもたちに適切な教育活動を行う必要がある。ただし，その「法的位置づけ」や「法的拘束力」，「基準性」というような点は当初からもちえたものではなかった。その重要性を知るためにも以下では学習指導要領の始まりから解説していく。

　1945年8月，日本は連合国軍との戦いに敗れ敗戦国となった。それはつまり敗戦国が戦勝国に「占領」されることを意味し，主に米国による占領政策の統治下におかれた。占領政策は「政治」「経済」「文化」等，国民生活に直結する

すべての事項に多大な影響を与え、教育に対しても例外ではなかった。子どもたちは米国が理想とする社会である「民主主義」を叶える国民として「教育」もしくは「再教育」されることになったのである。戦前の教育政策の要が「皇国民の錬成」であったことを踏まえれば、戦後日本に求められた「民主主義」を担う国民の育成はイデオロギーとそれに支えられた国民としてのアイデンティティを根本から転換する衝撃となった。だが同時に、戦後復興を担う子どもたちの存在は希望の光であった。この点について児童文学者のかこさとしは終戦の際に受けた衝撃と子どもたちへの思いを次のように語っている（かこ，2014，10〜13ページ）。

> 終戦のとき、僕は十九歳でした。僕は「終戦」と言わないで「敗戦」と言うのですが、それは戦争に負けて、てのひらを返すように態度を変えた大人たちを見て、ものすごく失望憤激したからです。その時その時の状況にうかうかと便乗して、戦意高揚を謳ったかと思えば、反省のひと言もなく、今度は民主主義の時代が来たとしゃあしゃあと喜んでいる。（中略）だけどそういう自分も、中学二年生の時以来、幼稚な判断で「軍人になろう」と思っていたのです。（中略）これからを生きていく子どもたちが、僕のような愚かなことをしないようにしたい。子どもたちはちゃんと自分の目で見て、自分の頭で考え、自分の力で判断し行動する賢さをもつようになってほしい。

上記で述べられているように戦後日本の教育課程改革は、平和を希求し、自ら考え、行動する人間を育てようと努めてきた歴史でもある。そのための枠組みとして「学習指導要領」は誕生し、戦後復興期に掲げられた理想を具体化する新しい「国民」を形成するための要とされた。次に、学習指導要領が誕生した背景とともに法的位置づけの変遷をみていく。

② 学習指導要領［昭和22年発行］一般編（試案）

終戦後、日本は被占領国として連合国軍の統治下に置かれた。教育改革は言うまでもなく総司令部（GHQ）の主導によるものであった。とくに、GHQのもとに設置された「民間情報教育局（Civil Information and Education Section：CIE）」が教育政策指導の中心を担っていたため、CIEの指導・提言を受けとめた文部省（当時）が実行していくという形式がとられた。

ただし、新しい時代の教育のあり方について文部省側からも多くの提言があった。つまり終戦直後の教育改革は民主主義化政策を迅速かつ強力に推し進めたい連合国軍側と日本人としてのアイデンティティや国民性、地域の実態を考慮しつつ進めていきたい文部省側との緊張関係の下に進められたと言える。

学習指導要領作成の理由は次の3点にまとめられる（安彦，2017，11〜12ページ）。一つめは地方分権的な教育行政の理念の採用と国レベルの「一応の基準」が必要であったということ、二つめは新制の学校制度の根拠となる編成原理を必要としたこと、三つめは子どもの発達の過程や興味・関心、社会生活に応じ

▷1　日本側から提出された教育改革の表明として例えば、「新日本建設ノ教育方針」（1945年9月）「終戦ニ伴フ教科用図書取扱方ニ関スル件」「終戦ニ伴フ体錬科教授要項取扱ニ関スル件」がある。

た教育課程の必要が探究されていたこと，である。これらに対応する一つの策として「学習指導要領」は構想され，遂に誕生したのである。モデルとされたのは米国バージニア州における「コース・オブ・スタディ（Course of Study）」等，当時の米国の教育制度や教育内容である。

▷2 コース・オブ・スタディの構成原理は当時の米国を席巻していた経験主義の教育観である。とくに社会科に顕著であり日本の戦後初期社会科のモデルともなった。

さて，民主主義化を実現するための具体策として誕生した学習指導要領であるがその公的な位置づけは当初から定められたものではなかった。1947（昭和22）年3月20日に『学習指導要領一般編（試案）』が初めて出版されたが，当時は戦後の混乱期であったため，「法令の整備→法に基づいた政策立案・公文書の発行→実行」という正式な手続きを踏むことができなかった。学校教育法の整備（学校教育法施行規則の発行：1947年5月23日）よりもわずかに早く出版されたのである。結局，学校教育法に規定された形式をとるために修正発行（1948年）がなされたがその法的位置づけはあいまいなままであった（水原，2017，99ページ）。

急ピッチで作成された史上初の『学習指導要領一般編（試案）』はそのタイトルにあるとおり「試案」であることが最大の特徴である。教師が自らの研究能力を最大限に生かして創意工夫をこらした教育課程を提案することが強く求められている。文書の冒頭には次のように書かれている。

> これまでの教師用書のように，<u>一つの動かすことのできない道</u>をきめて，それを示そうとするような目的でつくられたものではない。新しく児童の要求と社会の要求とに応じて生まれた教科課程をどんなふうに生かして行くかを教師自身が自分で研究して行く<u>手びき（ママ）</u>として書かれたものである。　（下線・注は筆者による）

▷3 当時は言葉の統一がされておらず，教育課程については「教科課程」または「学科課程」という言い方もあった。その後「教育課程」に統一された。

文章中にあるように，学習指導要領は戦前に見られたような画一的な教育，中央集権的な教育行政のあり方を批判している。あくまでも教師にとっての「手びき」＝ガイドブックであり，けっして強制力をもつものではない。新しい時代における国家と教育行政とのかかわりの変化，教師の自主性を求める様子が如実に表れている。ここでは法的位置づけについては触れておらず，むしろ教師の自主性への国家の干渉をよしとしない態度が見てとれるのである。

③　学習指導要領［昭和26年改訂］一般編（試案）

次に初めての「改訂」という形式で出版されたのが1951（昭和26）年の『学習指導要領一般編（試案）改訂版』である。この版でも「試案」の文言が消えてはいない。むしろ(1)時間配当の表記が割合（％）になったこと（表3-1），(2)教育内容の大幅な改変を経て教育内容が4領域に分割されたこと，(3)教科以外の活動が新たに設定されたことから，教師の裁量がより認められたことがわかる。つまり，学習指導要領が教師にとっての「手引き」であることが受け継がれた形になっている。その特徴がより鮮明に書かれているのが以下の部分である。

> 　教育についての考え方の進歩とともに、小学校の教科の取扱い方やそれについての考え方は以前と異なっている。さらに<u>地域社会の必要やこどもの必要を考えて、教育課程をつくるべきである</u>という原則からいえば、各教科に全国一律の一定した動かしがたい時間を定めることは困難である。したがって下記の教科の表（表3-1参照——筆者注）においては、<u>教科を四つの大きな経験領域</u>、すなわち、主として学習の技能を発達させるに必要な教科（国語・算数）、主として社会や自然についての問題解決の経験を発展させる教科（社会科・理科）、主として創造的表現活動を発達させる教科（音楽・図画工作・家庭）、主として健康の保持増進を助ける教科（体育科）に分ち、それぞれの四つの領域に対して、ほぼ適切と考えられる時間を全体の時間に対する比率をもって示した。この教科に対する時間配当表は、およその目安をつけるためにつくられたものであって、<u>これを各学校が忠実に守ることを要求するものではない。これは各学校がそれぞれの事情に応じて、よくつりあいのとれたよい時間配当表をつくるための参考資料に過ぎない。</u>
>
> （下線は筆者による）

　上記の文章からは教師の教育課程編成（カリキュラムデザイン）能力への期待と、戦前とはまったく違う教育観がはっきりと明示されていることがわかる。その背景にあるのは当時の米国を席巻していた進歩主義教育という教育思想とその先導者であるジョン・デューイによる経験主義という教育原理である。デューイは学校を「小社会」、子どもたちを「小市民」として、健全な民主主義社会を構築するための担い手として捉えていた。そのために存在しているのが学校であり、教師を含め、大人たちは豊かな経験と学校環境を整備することに努めなければならない。その場合、学校が創造する教育課程（カリキュラム）とは画一的な事前の計画ではなく、子どもの要求に応用自在に対応するための余裕をもった教育的働きかけであることが大切となる。

④　学習指導要領［昭和33年告示］

　終戦後に相次いで出版・改訂された2つの学習指導要領に対してその法的な位置づけが大きく転換することになったのが1958（昭和33）年に「告示」という形式で発行された学習指導要領である。その背景には戦後の復興期を経た後の政治的な状況の変化があった。主には1950～53年（休戦）の朝鮮戦争、1952年の主権回復である（水原、2017、125～129ページ）。朝鮮戦争は米国と社会主義・共産主義圏との闘争であり、地政学的にもアジアの要となっていた日本の民主主義を堅守することがますます重要となったのである。

　また、1952年の主権回復に向けた準備として開催された吉田茂首相の私的諮問機関「政令改正諮問委員会」では「我が国の実情」に即した教育改革と「経験中心」カリキュラムの偏重に対する懸念が話し合われた。これらの事項は1956年か

▷4　ジョン・デューイ
（J. Dewey, 1859～1952）
米国の哲学者・教育学者である。プラグマティズム哲学を基盤にした教育哲学の構築により哲学界・教育界に多大な影響力を及ぼした。彼の教育思想は「経験主義」「進歩主義」と呼称され、多くの画期的な教育思想・提言を残している。

表3-1　小学校学習指導要領［昭和26年改訂］の時間配当表

（％）

学　年	1、2	3、4	5、6
国　語 算　数	45～40	45～40	40～35
社　会 理　科	20～30	25～35	25～35
音　楽 図画工作	20～15	20～15	25～20
家　庭			
体　育	15	10	15
計	100	100	100

出所：小学校学習指導要領［昭和26年改訂］より筆者抜粋。

ら1958年にかけて開催された教育課程審議会でも議論に盛り込まれ、学習指導要領作成のための答申にその内容が示された。

つまり、政治的な状況変化への対応策の一つとして、学習指導要領を各学校や教師が守るべき国家的基準として法的に明確に位置づけたのである。そのことは「学習指導要領」のタイトルから「（試案）」の文字が削除されたことに象徴的に表れている。学習指導要領はもはや教師にとっての「手引き」ではなく、国家的基準であり、守るべきものとなった。さらには学習指導要領が「官報」に「告示」され、公示されたことは法令に次ぐ強制力を有することを表した。このように「法的拘束力」を有する学習指導要領のあり方は現在も引き継がれている。

この変化は教師の裁量権と教育課程の創造性に大きな影響を与え、とくに教師の役割変化を促したと言える。すなわち、教師は教育課程（カリキュラム）を自主的に創造する者から国家的な基準に基づいて教育課程の編成を行う者として位置づけられたと見ることができる。

このように1958（昭和33）年版の学習指導要領の特徴とはその存在が法的に位置づけられたことにあるが、もう一つの大きな特徴は「経験主義」から「系統主義」重視への変容である。このことは教育内容と教育方法に直接の影響を与え、理数科の重視、道徳教育の導入に至った。その背景にあるのもやはり東西冷戦という政治的状況であり、教育政策への政治の影響力の強さをうかがい知ることができる。ちなみに、官報への「告示」の実際とは次のとおりである（平成29年3月告示「中学校学習指導要領」より抜粋）。

▷5 学習指導要領は文部科学大臣からの「諮問」を受けた中央教育審議会が議論した答えを「答申」するという形式のなかで作成される。これを審議会行政という。当時は教育課程審議会がその役割を担った。

▷6 系統主義とは各教科の系統性に基づいてカリキュラムを構成しようとするものである。子どもの「経験」よりも学問の構造を重んじる傾向にある。

> 文部科学省告示第六十四号
> 　学校教育法施行規則（昭和二十二年文部省令第十一号）第七十四条の規定に基づき、中学校学習指導要領（平成二十年文部科学省告示第二十八号）の全部を次のように改正し、平成三十三年四月一日から施行する。平成三十年四月一日から平成三十三年三月三十一日までの間における中学校学習指導要領の必要な特例については、別に定める。
> 　　　　　　　平成二十九年三月三十一日　　文部科学大臣　松野　博一

2　教育課程の基準としての学習指導要領

① 学習指導要領の「基準性」

これまで見てきたように、学習指導要領は昭和33年の改訂以降、告示されることで「法的拘束力」を有することが明確化された。ほぼ10年ごとに改訂が行われ、時には「法的拘束力」の大綱化や最低基準としての見方も出現しているが、基本的には一定程度の拘束力をもって存在している。例えば「中学校学習指導要領解説総則編」［平成20年改訂］の場合、その目次を見ると第2章に「教育課程の基準」とあり、教育課程の意義および教育課程の基準としての学習指

導要領の位置づけについて根拠となる法令も合わせて示している（文部科学省，2008，9〜13ページ）。

　学習指導要領が依拠している法令とは，日本国憲法，教育基本法，学校教育法であり，実際に教育課程を編成する際には学校教育法施行規則，地方教育行政の組織及び運営に関する法律（地教行法），公立義務教育諸学校の学級編制及び教職員定数の標準に関する法律，教科書の発行に関する臨時措置法，学校給食法など，多岐にわたる。学校で教育活動を行い，工夫する際には必ず法令に照らして適切であるかの確認が必要となる。

　また，学習指導要領は小学校・中学校・高等学校・各特別支援学校（幼稚部教育要領・小学部・中学部・高等部）においてそれぞれ発行されており，幼稚園には幼稚園教育要領が発行されている。

　すなわち，文部科学省が所轄する学校教育は国が定める学習指導要領に基づいて教育課程が計画され，運営されることを意味する。これを「基準性」という。このことは法令上，例えば小学校教育においては学校教育法施行規則で次のように明記されている。

> 第52条　小学校の教育課程については，この節に定めるもののほか，教育課程の基準として文部科学大臣が別に公示する小学校学習指導要領によるものとする。

　また，学習指導要領が影響を及ぼす場は幅広く，単に教育内容・方法の基準ということだけではない。例えば，(1)地方教育行政（教育委員会の指導・助言方針，各学校が作成する公文書の基準となる），(2)教科書および教科書を作成する会社（教科書の採択基準となるため各教科書会社はこれをもとに編集方針を定める），(3)学力調査や入学試験の作成の場（とくに国公立の高等学校・大学入試では公平を期するために学習指導要領の範囲を逸脱することのないように精査して作成される）などである。さらには，学習指導要領で新たに教科や活動が導入されると，各種の教育産業（学習塾・教材会社など）も新規事業の立ち上げや開発に動き出す。このように学習指導要領の基準性が明確であり，なおかつ一般認知されていることが多様な分野へとさまざまな影響を及ぼすことが理解できる。

　ただしここで留意しなければならないのは学習指導要領の有する「法的拘束力」の及ぶ範囲である。厳密にはどの程度まで「遵守」すべきかについては学会や研究者の間で多様な議論が存在している。教師がどの程度学習指導要領に書かれている内容を守らなければならないのか，それに関連した判決が出た場合もある。例えば福岡県の「伝習館高校事件」では社会科を担当する3名の教師に対して，学習指導要領とその根拠となる学校教育法の定めに従って教育内容を編成すること，考査を実施することなどを求める判決が出ている（最高裁判所判決，第一小法廷，1990年1月18日）。

▷7　ほかに学力テスト旭川事件が有名である。ここでも学習指導要領が学校教育の基準として認められている（最高裁判所判決，大法廷，1976年5月21日）。

② 新学習指導要領における法的位置づけおよび基準性

 では,現代の各学校と教師は教育課程を編成し,教育実践を行おうとするとき,どの程度まで創意工夫が認められるのだろうか。ここで,新学習指導要領ではどのように位置づけられているのかを見てみよう。2016（平成28）年12月に出された中教審による「答申」では,新学習指導要領が有する法的位置づけと基準性について次のように述べている（中央教育審議会「幼稚園,小学校,中学校,高等学校及び特別支援学校の学習指導要領等の改善及び必要な方策等について」2016（平成28）年12月,21～22ページ）。

> 　学習指導要領等は,教育の内容及び方法についての必要かつ合理的な事項を示す<u>大綱的基準として,法規としての性格を有している</u>。一方で,その適用に当たって法規としての学習指導要領等に反すると判断されるのは,例えば,学習指導要領等に定められた個別具体的な内容項目を行わない場合や,教育の具体的な内容及び方法について学校や教員に求められるべき裁量を前提としてもなお明らかにその範囲を逸脱した場合など,学習指導要領等の規定に反することが明白に捉えられる場合である。そのため,資質・能力の育成に向けては,学習指導要領等に基づき,目の前の子供たちの現状を踏まえた具体的な目標の設定や指導の在り方について,学校や教員の裁量に基づく多様な創意工夫が前提とされているものであり,特定の目標や方法に画一化されるものではない。
> 　　　　　　　　　　　　　　　　　　　　　　　　（抜粋,下線は筆者による）

 上記については解釈の幅が多少見られるだろうが,基本的には「大綱的基準」でありつつも,法的に確かに位置づけられているということは明白である。ただし,過去の「答申」では「はどめ規定」の正しい理解が求められていることも合わせて考慮したい点である（中央教育審議会「幼稚園,小学校,中学校,高等学校及び特別支援学校の学習指導要領等の改善について」2008（平成20）年1月,50ページ）。

> 　学習指導要領改訂に当たっては,このように各学校がそれぞれの創意工夫を生かした特色ある授業を実施できることが更に明確になるように,学習指導要領の記述を見直すことが求められる。
> 　具体的には,現行学習指導要領において,「（…の）事項は扱わないものとする」等と定める,いわゆる「はどめ規定」は,これらの発展的な内容を教えてはならないという趣旨ではなく,すべての子どもに共通に指導するべき事項ではないという趣旨であるが,この点の周知が不十分であり,趣旨が分かりにくいため,記述の仕方を改める必要がある。
> 　　　　　　　　　　　　　　　　　　　　　　　　　　　　（抜粋は筆者による）

 すなわち,必要以上に固定化するのではなく,新学習指導要領について正しく理解し,記載されている事項を最低基準として必ず指導することが大切である。このような学習指導要領の「法的位置づけ」や「基準性」の問題は単に「どの程度まで遵守すべきか」だけの問題ではない。各学校および教師の裁量権とそれにともなう創意工夫についての今後も深い議論が必要である。諸外国にはいわゆるナショナル・カリキュラムが存在しない場合もある。国家的な基

準を設けることによるメリット・デメリットを含め，今後も慎重に議論すべき問題である。

2　新学習指導要領の概要

1　各教科等の取り扱いについて

ここでは2017（平成29）年3月に告示された中学校の新学習指導要領（以降，本文中では「本体」と略記する）を俯瞰しながら各教科等の取り扱いについて解説する。▷8 各学校および教師はこれらを参照しながら「教育課程」を編成しなければならない。「本体」の目次は以下のとおりである。

▷8　学習指導要領は本体と解説の二種類がそれぞれ存在する。どちらも熟読して理解する必要がある。解説は学習指導要領をさらに詳しく説明するものであり，各教科，領域ごとに発行されている。

前文
第1章　総則
第1　中学校教育の基本と教育課程の役割
第2　教育課程の編成
第3　教育課程の実施と学習評価
第4　生徒の発達の支援
第5　学校運営上の留意事項
第6　道徳教育に関する配慮事項
第2章　各教科
第1節 国語 第2節 社会 第3節 数学 第4節 理科 第5節 音楽 第6節 美術
第7節 保健体育 第8節 技術・家庭 第9節 外国語
第3章　特別の教科　道徳
第4章　総合的な学習の時間
第5章　特別活動

「本体」の前文ではわが国の教育に対する考え方，日本社会の未来を担う子どもたちにどのような「学力」を育みたいのかについての意思が表明されている。わが国の場合，教育の目的は「人格の完成を目指し，平和で民主的な国家及び社会の形成者として必要な資質を備えた心身ともに健康な国民の育成を期す」ところにある。これが教育活動のすべてを貫く大目的となる。

「本体」の第2章からは各教科に分かれて内容と教育方法，配慮事項が述べられている。具体的には教科の目標およびそれを達成するために教えるべき教育内容が評価の観点に対応しながら各学年で述べられている。ちなみに，今回の改訂では，共通して身につけるべき「資質・能力」が示され，評価および教育内容に反映されている。それは(1)知識及び技能が習得されるようにすること，(2)思考力，判断力，表現力等を育成すること，(3)学びに向かう力，人間性等を涵養することである。これらが各教科の特質に応じて再構成されている。

国語科(第2章第1節)を例にとると以下のようになる。

> (目標)
> 　言葉による見方・考え方を働かせ,言語活動を通して,国語で正確に理解し適切に表現する資質・能力を次のとおり育成することを目指す。
> (1)社会生活に必要な国語について,その特質を理解し適切に使うことができるようにする。
> (2)社会生活における人との関わりの中で伝え合う力を高め,思考力や想像力を養う。
> (3)言葉がもつ価値を認識するとともに,言語感覚を豊かにし,我が国の言語文化に関わり,国語を尊重してその能力の向上を図る態度を養う。
> (第1学年)
> 〔知識及び技能〕
> (1)言葉の特徴や使い方に関する次の事項を身に付けることができるよう指導する。
> ア　音声の働きや仕組みについて,理解を深めること。
> イ　小学校学習指導要領第2章第1節国語の学年別漢字配当表(以下「学年別漢字配当表」という。)に示されている漢字に加え,その他の常用漢字のうち300字程度から400字程度までの漢字を読むこと。また,学年別漢字配当表の漢字のうち900字程度の漢字を書き,文や文章の中で使うこと。
> ウ　事象や行為,心情を表す語句の量を増すとともに,語句の辞書的な意味と文脈上の意味との関係に注意して話や文章の中で使うことを通して,語感を磨き語彙を豊かにすること。
> 　　　　　　　　　　　　　　　　　　　　　　　　　　(筆者による抜粋)

　とくに注目してほしいのは,教育目標が各学年においてさらに細かく再構成されていることである。また,教育内容に関してみると,具体的に「何をどのくらい」教えなければならないかが明示されている。例えば習得漢字の文字数は各学年で細かく指示されている。その理由は日本国内どの地域・学校においても同じ内容と進度で学習するためである。この点は教育の質保証や公平性という考え方に通じている。各教科の担当教員は学習指導要領に記載されている事項を熟読し,教育課程編成の際に漏れがないよう努める。

　一方,第3章「特別の教科　道徳」では各学年の教育内容が明示されていない。第4章「総合的な学習の時間」および第5章「特別活動」も同様であるが,教科よりも緩やかに内容の取り扱いが示されている。これらに共通する教科教育との決定的な違いは「専科教員」が定められていない点である。すなわち,学校の教職員が一体となって教育活動を充実させる必要がある。そのためにも教育課程の編成は各学校,教師の創意工夫や特色を出しながらも学校全体として一貫した内容が求められる。

> 「特別の教科　道徳」
> 第2　内容
> 学校の教育活動全体を通じて行う道徳教育の要である道徳科においては,以下に示す項目について扱う。

A　主として自分自身に関すること
　　B　主として人との関わりに関すること
　　C　主として集団や社会との関わりに関すること
　　D　主として生命や自然，崇高なものとの関わりにかんすること
第3　指導計画の作成と内容の取扱い
1　各学校においては，道徳教育の全体計画に基づき，各教科，総合的な学習の時間及び特別活動との関連を考慮しながら，道徳科の年間指導計画を作成するものとする。なお，作成に当たっては，第2に示す内容項目について，各学年において全て取り上げることとする。その際，生徒や学校の実態に応じ，3学年間を見通した重点的な指導や内容項目間の関連を密にした指導，一つの内容項目を複数の時間で扱う指導を取り入れるなどの工夫を行うものとする。
　　　　　　　　　　　　　　　　　　　　　　　　　　　　　（筆者による抜粋）

2　授業時数および配慮事項

　「本体」第1章総則の欄には，教育課程の編成の際に共通して配慮すべき点などについて述べられている。例えば指導計画の作成方法や学校段階間の継続などに言及している。とりわけ，授業時数等の取り扱いの欄は注意を要する。その理由は日本の学校教育の特徴である「年齢主義」という履修原理があげられる。すなわち，学校における教育活動は原則として常に限られた時間内で確実に修了されなければならない。例えば，感染症の流行や大災害など，やむを得ない理由で休校となった場合は別の日程を調整して時間数を確保しなければならない。授業時数等の取り扱いについては以下のように示されている。

(2)授業時数等の取扱い
ア　各教科等の授業は，年間35週以上にわたって行うよう計画し，週当たりの授業時数が生徒の負担過重にならないようにするものとする。ただし，各教科等や学習活動の特質に応じ効果的な場合には，夏季，冬季，学年末等の休業日の期間に授業日を設定する場合を含め，これらの授業を特定の期間に行うことができる。
イ　特別活動の授業のうち，生徒会活動及び学校行事については，それらの内容に応じ，年間，学期ごと，月ごとなどに適切な授業時数を充てるものとする。
ウ　各学校の時間割については，次の事項を踏まえ適切に編成するものとする。
　(ｱ)各教科等のそれぞれの授業の1単位時間は，各学校において，各教科等の年間授業時数を確保しつつ，生徒の発達の段階及び各教科等や学習活動の特質を考慮して適切に定めること。
　(ｲ)各教科等の特質に応じ，10分から15分程度の短い時間を活用して特定の教科等の指導を行う場合において，当該教科等を担当する教師が，単元や題材など内容や時間のまとまりを見通した中で，その指導内容の決定や指導の成果の把握と活用等を責任をもって行う体制が整備されているときは，その時間を当該教科等の年間授業時数に含めることができること。
　(ｳ)給食，休憩などの時間については，各学校において工夫を加え，適切に定めること。

> ㈡各学校において，生徒や学校，地域の実態，各教科等や学習活動の特質等に応じて，創意工夫を生かした時間割を弾力的に編成できること。

　上記を見ると授業の一単位時間や時間割編成については各学校の創意工夫と裁量が認められている。例えば理科の実験や美術の制作時間を予定しておくなど，児童生徒の学習に有効であれば弾力的に運用することが認められている。各学年間，教科間の足並みを揃えたうえで，ぜひとも工夫したい点である。

　他にも，10分や15分程度に時間を細かく分割する場合も気を付けたい（上記文中ウの(イ)）。例えば「漢字の書き取り」を児童生徒が行う時，国語科の教師が責任をもってその内容や指導を行った場合は「国語科」の授業の一環として取り扱うことができるが，単に子どもの自主的な活動として朝の自習時間に書き取りを行うだけの場合は「国語科」の時間に含めることはできない。給食や休み時間，運動会の準備などすべての時間がどの教育活動に位置づけられるのかを明白にしたうえで教育課程編成に組み込んでいく必要がある。

3　各学校における教育課程編成

1　各学校における教育課程編成の方法

　ここでは各学校が教育課程を編成する際の一般的な方法について解説を行う。「一般的」というのはここで提示した方法がすべての学校に当てはまるとは限らないからである。その方法や「質」は各学校の裁量と自主的な活動に委ねられている。そのため各学校によって各段階の順番や作業の内容が前後したり，先導者が多様であることを申し添えておきたい。表3-2は各学校における教育課程編成の各段階と具体的作業，そして主な先導者である。ちなみに教育課程編成は学校経営の中核を担う部分でもある。そのため，経営的視点から教育課程編成を捉えると，「カリキュラム（・）マネジメント（Curriculum management）」という場合もある。また，各学校における教育課程編成とは一度きりではなく，不断に改善が求められることも留意しなければならない。

　教育目標の設定の段階では関連する諸法令（教育基本法・学校教育法等）および「学習指導要領」に基づきながらも，各学校が重点的に目標としたいことが考察され，設定される。例えば，外国人児童が多い地域では国際理解教育や地域とのつながりが重点化されるだろう。長期的，全体的な視点から設定されることが望まれる。

　評価基準の設定では主に2つの評価場面が想定される。学校の教育活動および運営を評価する「学校評価」と教育内容に関する「教育課程（カリキュラム）

表3-2 教育課程編成の概要

編成の各段階	教育課程編成過程における具体的作業	主な先導者
教育目標の設定	各教育目標の設定 ・学校教育目標 ・学年目標 ・各教科・領域目標 ・各学級目標	・管理職（校長，副校長等） ・主任（研究・教務を中心とするミドルリーダー）
評価基準の設定	・評価段階の決定 ・評価方法および項目の策定	・管理職 ・主任
教育環境の整備 （人・もの・こと）	・人員配置（各主任および各担当教員の配置） ・施設整備・利用の決定 ・その他の教育資源の準備（外部講師・教材手配・資料材料調達）	・主任 ・各管理者（事務員・用務員・栄養教諭・管理栄養士・カウンセラー等の専門員を含む）
内容および方法の計画	・学校全体の教育計画の策定（グランドデザイン） ・各学年の指導計画（年間指導計画） ・領域別の指導計画（年間指導計画） ・学期および各月の指導計画 ・週の指導計画（週案） ・1日の指導計画（日案） ・本時の指導計画（指導案）	・管理職 ・主任 ・各担当教員
評価活動および結果を踏まえた改善目標の設定	・授業評価 ・単元評価 ・学校全体計画の評価 ⇒事前に策定した評価基準に基づき評価活動（各種調査・考察）を行う	・管理職 ・主任 ・各担当教員

出所：筆者作成。

評価」である。ただし，両者はまったく別のものではなく，「学校評価」の一部に「教育課程評価」が含まれる（根津，2013，108ページ）。文部科学省から「学校評価ガイドライン」が例示されているので各学校は参考にしながら自らの教育目標に照らして設定する。

　教育環境の整備は独立して存在する段階ではなく，他の編成作業に対応しながら同時進行で行われる。学校の内外の環境はそれ自体が教育的機能を有している。例えばイギリスで生まれ米国で発展したオープンエデュケーションでは「壁のない教室」や「フリースペース」など，学校建築それ自体がカリキュラムの特色とされた。近年ではICT（Information and Communication Technology）の発展もあり，コンピュータネットワーク環境の整備も含めた幅広い意味での「学習環境デザイン」の重要性が意識されている。

　当然だが，内容および方法の計画は毎日の学習に直結すると同時に教師の創造性やオリジナリティが最も発揮される場面だと言える。学校全体の調和を図りながら，教師の研究関心や子どもの実態に応じた計画を創りあげてほしい。

　最後に評価活動および改善目標の設定である。ここは学校教育の評価すべき

▷9　日本国内でもオープンエデュケーションに影響を受けたオープンスクールと呼ばれる学校はある。代表校として愛知県東浦町立緒川小学校がある。

点，改善すべき点を明らかにする場面である。ただし，事前に設定した評価基準に照らすだけではなく，想定外の点についても取りこぼすことなく次の改善に向けた情報として大切にする必要がある。

2　教師による創造的実践と学習指導要領

　ここまで解説してきたように，学習指導要領は日本の教育政策の理想を具体化し，どのような国民を形成したいのかが明確に述べられている文書である。そして最大の特徴は国家的基準として法的拘束力を有している点である。そのため学習指導要領は公教育の質保証という点で誇るべき質の高さであることが海外からも評価を受けている。ただ一方でその緻密さゆえに各学校と教師の工夫の余地があまりないという指摘もある。では一体，各学校および教師はどのようにして特色を打ち出し，オリジナリティを出すべきであろうか。

　ここでヒントとなるのが日本の教育の伝統である「授業研究」のあり方であろう。「授業研究」とは教師が授業の場において「どのように」教えるのかを研究する営みである。日本では明治期に欧米の教育思想を導入して以来，学術研究者のみならず一般の教師も熱心に授業を研究し，多様な実践を残してきている。もちろん，戦後に学習指導要領が出現して以降も同様である。その証拠に現在も日本各地にある民間教育研究団体，教育実践研究のための学会や研究会が多数存在している。教育課程も同様に児童生徒の深い学びが成立するための研究が重要である。また，教育課程研究（カリキュラム研究）が可能となるための環境整備も必要である。「授業研究」を可能にしてきたのは研究への情熱のみならず，協働的な同僚性や授業を研究するための時間的余裕などのさまざまな要因があげられる（秋田ら，2008，3〜15ページ）。これらは，教育課程（カリキュラム）を創造する教師を育むためにも必要である。

　日本には学習指導要領を超えて特色ある教育課程の研究を行うための制度も存在している。研究開発学校制度や教育課程特例校（かつての教育特区）などである。例えば，地域の特色を生かした外国語活動を中心とした教育課程編成など，さまざまな取り組みがされている。そのような制度を活用すると同時に，学校の公開研究会に参加して情報を得ることも有効である。もちろん，特別な指定を受けていない一般の学校でも学習指導要領を踏まえたうえで単元の工夫を行い，教育課程を創造する機会は多々ある。とくに総合的な学習の時間や特別活動，課題研究の時間などは教師の裁量が大きく認められている。

　これからの教師は一時間の授業だけではなく他教科や領域の関連性も視野に入れながら「教育課程（カリキュラム）」を創造していくデザイナーにならなければならない。そのためにもまずは学習指導要領を詳しく読み解き，解釈していくことが必要である。そのうえで多くの秀でた実践を参照し，自らの創造性

▷10　研究開発学校制度とは「教育実践の中から提起される諸課題や，学校教育に対する多様な要請に対応した新しい教育課程（カリキュラム）や指導方法を開発するため，学習指導要領等の国の基準によらない教育課程の編成・実施を認める制度」（文部科学省ホームページ参照：http://www.mext.go.jp/a_menu/shotou/kenkyu　2017年12月20日閲覧）である。各学校が応募し，指定されると数年間の研究期間が指定され，その学校独自の教育課程編成および実践を行うことができる。

の源にしてほしい。

Exercise

① 「試案」である1947年版もしくは1951年版「学習指導要領」を読み，そこで書かれている内容と新学習指導要領との違いをまとめてみよう
② 出身校の公開情報をもとに，各学校の教育課程編成の概要とその特色（教育活動のなかで重要視していること）を明らかにしてみよう。
③ 自分が取得する予定の免許科目で教育課程（単元）を創造し，各班の成員同士でお互いに講評してみよう。

📖次への一冊

ドーア，R. P.，松居弘道訳『学歴社会 新しい文明病』岩波書店，1978年。
　教育改革にともなう文明病としての「学歴社会」を世に問う名著である。徹底した公平性の追求がもたらす負の側面に注目して読んでみよう。国家における教育の意味を考えさせられる一冊である。

引用・参考文献

秋田喜代美・ルイス，C. 編著『授業の研究　教師の学習』明石書店，2008年。
安彦忠彦「学習指導要領の原理的考察と今次改訂の特質」日本教育方法学会編著『学習指導要領の改訂に関する教育方法学的検討』図書文化，2017年。
かこさとし『未来のだるまちゃんへ』文藝春秋，2014年。
根津朋実「教育課程の目標と評価」田中統治・大髙泉編著『新教職教育講座第3巻　学校教育のカリキュラムと方法』協同出版，2013年。
水原克敏『学習指導要領は国民形成の設計書——その能力観と人間像の歴史的変遷』東北大学出版会，2017年。
文部科学省『中学校学習指導要領解説総則編（平成20年改訂）』ぎょうせい，2008年。

第4章
教育課程行政の基礎知識

〈この章のポイント〉
　わが国の初等中等教育は，全国的に一定の教育水準を確保する等の観点から，各種法令並びに学習指導要領等に従いつつ，各学校が児童生徒，学校，地域の実態に応じ創意工夫して教育課程を編成，実施する制度をとっている。国や教育委員会は相互に役割分担しながら，各学校の教育課程の展開を支える施策を展開している。本章では，教育課程行政の基礎知識について学ぶ。

1　教育課程行政の全体像

1　教育課程行政の全体像

　「教育課程行政」というとみなさんは何を思い浮かべるだろうか。文部科学省，教育委員会，教科書，学習指導要領，指導主事など……さまざまな用語が思い浮かぶかもしれないが，本章において後述するように，ある意味では，どれも正解である。

　文部科学省が定める小学校学習指導要領（平成29年3月告示）では，「各学校においては，教育基本法及び学校教育法その他の法令並びにこの章以下に示すところに従い，児童の人間として調和のとれた育成を目指し，児童の心身の発達の段階や特性及び学校や地域の実態を十分考慮して，適切な教育課程を編成するものとし，これらに掲げる目標を達成するよう教育を行うものとする」（「第1章総則」第1の1）と示されている。

　このように日本の初等中等教育（幼稚園から高等学校段階までの教育）は，教育の機会均等などのために定められた法令や学習指導要領等に従いながら，各学校が自ら創意工夫して教育課程を編成，実施する仕組みをとっている。こうした仕組みをとる趣旨は，教育は本質的に目の前の子どもたちや地域，学校の実態に応じて効果的に行われることが大切であり，また，各学校において教育活動を効果的に展開するためには，学校や教師の創意工夫に負うところが大きい（文部科学省，2018，13ページ）ことにある。このような各学校の主体的な取り組みを支えるために，国や教育委員会が相互に役割分担と連携をしながらさまざまな施策を展開している。

本章第2節では，最も学校数の多い公立小学校を設置する市町村教育委員会と都道府県教育委員会，文部科学省に焦点をあてて，それぞれの組織と役割の概略を取り上げる。なお本章では取り上げないが，私立学校は，学校教育法（第44条）および私立学校法（第4条）などに基づき都道府県知事が私立学校に関する事務を管理，執行することとなっている。

2　教育課程行政をめぐる諸領域と関係法令

　学校の教育活動には欠かせないさまざまな条件がある。例えば，(1)授業を行う教師，教科書や副読本といった教材，黒板や机・椅子などの学校家具，理科室，図画工作室などの特別教室，学校図書館，校舎・校庭といった人的・物的に教育活動を支える条件もあれば，(2)学校教育の目的や目標，学校の教育目標，目指す子ども像，各教科等の目標や内容，教師の給料や研修，学習指導や評価のための参考資料など，質的に教育活動を支える条件もある。

　本章第3節では，上記のような学校における教育課程の編成・実施を支えるために講じられる諸条件をめぐる施策について，教員研修，教員配置，施設・設備及び教材・図書に着目して概観する。本項では，これら施策の展開の前提となる教育課程に関する主要な法令について，教育基本法，学校教育法，学校教育法施行規則，学習指導要領を取り上げ，その位置付けや規定を概観する。それぞれの具体的な規定は参考図書等で適宜，確認してみよう。

①　教育基本法

　教育基本法は，学校教育法や社会教育法などすべての教育法規の根本となるものであり，教育の目的（第1条），教育の目標（第2条），義務教育（第5条），学校教育（第6条），教員（第9条），教育行政（第16条）などが定められている。ここでは本章にとくにかかわる規定として第5条を紹介する。同条では，義務教育の目的とともに，国および地方公共団体が義務教育の水準確保のため適切な役割分担と相互協力の下，その実施に責任を負うことが規定されている。

（義務教育）

第5条　国民は，その保護する子に，別に法律で定めるところにより，普通教育を受けさせる義務を負う。

2　義務教育として行われる普通教育は，各個人の有する能力を伸ばしつつ社会において自立的に生きる基礎を培い，また，国家及び社会の形成者として必要とされる基本的な資質を養うことを目的として行われるものとする。

3　国及び地方公共団体は，義務教育の機会を保障し，その水準を確保するため，適切な役割分担及び相互の協力の下，その実施に責任を負う。

4　国又は地方公共団体の設置する学校における義務教育については，授業料を徴収しない。

② 学校教育法，学校教育法施行規則

　教育基本法では，教育の目的および目標，義務教育の目的について定められている。これを受け，学校教育法では義務教育の目標（第21条）を定め，また，文部科学大臣が小学校の教育課程についてその基準を定めること（第33条）としている。同法に基づき文部科学大臣が定める学校教育法施行規則では，小学校の教育課程は，国語，社会，算数，理科，生活，音楽，図画工作，家庭，体育，外国語，特別の教科である道徳，外国語活動，総合的な学習の時間，特別活動（本章では「各教科等」という）によって編成すること（第50条）や，各学年における各教科等のそれぞれの年間標準授業時数（第51条の別表）を定めている。学校教育法施行規則では，これらの定めのほか，小学校の教育課程については，教育課程の基準として，文部科学大臣が別に公示する小学校学習指導要領によらなければならないこと（第52条）を定めている。①②の記述を整理すると以下のとおりとなる。

```
（法令の概観）
　教育基本法
　　　教育の目的（第1条），教育の目標（第2条），義務教育（第5条），
　　　学校教育（第6条），教員（第9条），教育行政（第16条）
　学校教育法
　　　義務教育の目標（第21条），文科大臣が小学校の教育課程の基準を定める（第33条）
　学校教育法施行規則
　　　教育課程の編成要素（第50条），標準授業時数（第51条　別表）
　　　教育課程の基準として学習指導要領を公示（第52条）
```

③ 学習指導要領

　①②でみたように，学校教育法第33条および学校教育法施行規則第52条の規定に基づき文部科学大臣は小学校学習指導要領を定めている。

　小学校の新学習指導要領では，「第1章　総則」として，学校全体としての教育課程の展開にあたっての配慮事項を示しつつ，第2章以降において，各教科等の目標や内容，指導計画の作成や内容の取扱いにあたっての配慮事項を示している。新学習指導要領の主要な構成を整理すると以下のようになる。

```
【小学校学習指導要領（平成29年3月告示）の主な構成】
前文
第1章　総則
　（第1　小学校教育の基本と教育課程の役割，第2　教育課程の編成，第3　教育課程の実施と学習評価，第4　児童の発達の支援，第5　学校運営上の留意事項，第6　道徳教育に関する配慮事項）
```

> 第2章　各教科
>   第1節　国語
>   　（第1　目標，第2　各学年の目標及び内容，第3　指導計画の作成と内容の取扱い）
>   　第2節　社会……（略）第3節～第10節
>   第3章　特別の教科　道徳
>   第4章　外国語活動
>   第5章　総合的な学習の時間
>   第6章　特別活動

　文部科学省のホームページでは，この学習指導要領の本文と，総則や各教科等ごとにその趣旨を説明した「解説」を掲載しているので内容を確認してみよう。

2　教育行政機関の役割と相互関係

　スマートフォンなどで自宅近くの小学校を調べてみよう。おそらく「A市立○○小学校」とか「B町立○○小学校」などが出てくる。多くの場合，公立小学校は「市町村」が設置し「教育委員会」が管理しているので，「A市立，B町立」となる。ここにはさまざまな法令が関係している。

　学校教育法では「学校は，国，地方公共団体及び私立学校法第三条に規定する学校法人のみが，これを設置することができる。（中略）国立学校とは，国の設置する学校を，公立学校とは，地方公共団体の設置する学校を，私立学校とは，学校法人の設置する学校をいう」（第2条）と定めている。これにより都道府県，市町村は公立学校を設置することができる。一般に高等学校は主として都道府県が，小・中学校は主として市町村が設置している。また同法では「学校の設置者は，その設置する学校を管理し，法令に特別の定のある場合を除いては，その学校の経費を負担する」（第5条）としている（これを一般に「学校の設置者管理主義」という）。

　さらに地方自治法では，地方公共団体が設置する公立学校は，同法により設置される執行機関である教育委員会（第180条の5）が管理運営（第180条の8）することとされている。以上の規定により「A市立○○小学校」はA市が設置し，A市教育委員会がその管理運営を担うこととなる。

① 　市町村教育委員会の組織と役割

　それでは学校の管理運営を担う教育委員会とは，どのような組織でどんな仕事をしているのだろうか。教育委員会の設置や運営については「地方教育行政の組織及び運営に関する法律」（以下「地教行法」）に定めがある。

　前述したように，教育委員会は地方公共団体に設置される執行機関である。

地教行法の定めにより、教育委員会は、教育長及び委員によって組織（同法第3条）され、その職務権限には次のようなものがある。

> （教育委員会の職務権限）
> 第21条　教育委員会は、当該地方公共団体が処理する教育に関する事務で、次に掲げるものを管理し、及び執行する。
> 一　教育委員会の所管に属する第30条に規定する学校その他の教育機関（以下「学校その他の教育機関」という。）の設置、管理及び廃止に関すること。
> 二　教育委員会の所管に属する学校その他の教育機関の用に供する財産（以下「教育財産」という。）の管理に関すること。
> 三　教育委員会及び教育委員会の所管に属する学校その他の教育機関の職員の任免その他の人事に関すること。
> 四　学齢生徒及び学齢児童の就学並びに生徒、児童及び幼児の入学、転学及び退学に関すること。
> 五　教育委員会の所管に属する学校の組織編制、教育課程、学習指導、生徒指導及び職業指導に関すること。
> 六　教科書その他の教材の取扱いに関すること。
> 七　校舎その他の施設及び教具その他の設備の整備に関すること。
> 八　校長、教員その他の教育関係職員の研修に関すること。
> 九　校長、教員その他の教育関係職員並びに生徒、児童及び幼児の保健、安全、厚生及び福利に関すること。
> 十　教育委員会の所管に属する学校その他の教育機関の環境衛生に関すること。
> 十一　学校給食に関すること。
> 　　　　（地教行法第21条に定める職務権限のうち、学校に関わるものを中心に抜粋）

　市町村教育委員会は、こうした職務権限に属する事務に関し、法令又は条例に違反しない限りにおいて、教育委員会規則を制定（地教行法第15条）する。

　教育委員会の仕事はたくさんあるので、教育長と数名の教育委員ですべての事務を担うことは現実的ではない。このため、その所掌事務を処理するために事務局を設置（同法第17条）し、指導主事、事務職員及び技術職員などの所要の職員を配置（同法第18条）して学校の管理運営に当たっている。実際の教育委員会事務局の組織について例をあげると表4−1のようになっている。

② 都道府県教育委員会の組織と役割

　都道府県教育委員会は、都道府県単位で置かれ、域内（当該都道府県内）の市町村に対し、都道府県又は市町村の教育に関する事務の適正な処理を図るため、必要な指導、助言又は援助を行うことができる（地教行法第48条）とされ、次の事項が例示されている。

> 2　前項の指導、助言又は援助を例示すると、おおむね次のとおりである。
> 一　学校その他の教育機関の設置及び管理並びに整備に関し、指導及び助言を与えること。
> 二　学校の組織編制、教育課程、学習指導、生徒指導、職業指導、教科書その他の

▷1　例えば、学校の管理運営に関しては、「A市立学校管理規則」といった形で学校の組織編制、教育課程、授業日数、学期、休業日、教科書・教材などの取扱いを定めている。インターネットで「学校管理規則」の語で検索すると多くの事例が出てくるので確認してみよう。

▷2　一般的には「教育委員会」と「教育委員会に設置された事務局」との双方を「教育委員会」と表現する場合が多いが厳密には、その法的位置づけは異なる。このため「○○県教育委員会」「○県教育庁」「○○市教育委員会事務局」のように名称を分ける例もある。

> 　　教材の取扱いその他学校運営に関し，指導及び助言を与えること。
> 三　学校における保健及び安全並びに学校給食に関し，指導及び助言を与えること。
> 四　教育委員会の委員及び校長，教員その他の教育関係職員の研究集会，講習会その他研修に関し，指導及び助言を与え，又はこれらを主催すること。
> 五　生徒及び児童の就学に関する事務に関し，指導及び助言を与えること。
> 八　指導主事，社会教育主事その他の職員を派遣すること。
> 九　教育及び教育行政に関する資料，手引書等を作成し，利用に供すること。
> 　　　　　　　　　　　　　　　　　　　　　　　　　（筆者による抜粋）

　これらの規定を受け，各都道府県教育委員会は事務局組織を整えて指導，助言，援助にあたっている。表4-2は，千葉県の例である。同県では，教育庁舎内に組織を設けるとともに，県内の市町村を，千葉市を除く5つの区域に分けて出先機関として「教育事務所」を設置し管内の教育委員会を指導や支援にあたっている。例えば前述した市川市は「葛南教育事務所」が担当している。

③　文部科学省の組織と役割

　最後に文部科学省である。これまで見てきたように，公立小学校は市町村教育委員会が管理運営を担当している。

　文部科学省は文部科学省設置法に定めるように「教育の振興及び生涯学習の推進を中核とした豊かな人間性を備えた創造的な人材の育成，学術及び文化の振興，科学技術の総合的な振興並びにスポーツに関する施策の総合的な推進を図るとともに，宗教に関する行政事務を適切に行うことを任務」（同法第3条）とする国の行政機関であるが，その事務の多くは，学校教育における全国的な

表4-1　事務局組織と所掌事務の例（市川市教育委員会，平成30年11月時点）

生涯学習部	
教育総務課	教育委員会会議の開催，教育長の秘書，教育委員会の組織，定数管理及び予算の調整，教育委員会職員の人事管理，福利厚生，重要施策の調整など
教育施設課	学校の営繕，学校の財産管理，教育機関の整備計画など
学校教育部	
義務教育課	小中学校の転入学，通学区域の指定，教職員人事，学級編成など （学校安全・安心対策担当室） 　学校運営の指導，助言，支援など
指導課	教育指導方針，学習支援事業，学校教育の専門的事項の指導など
就学支援課	就学援助，入学準備金の貸付，学校の予算など
保健体育課	学校保健，学校給食，学校体育，交通安全指導など
学校地域連携推進課	コミュニティサポート，子どもの居場所づくり，コミュニティクラブ，家庭教育学級，学校施設開放など
教育センター	教育課程の調査研究，教育関係職員の研修，教育相談，少年センターの活動に関することなど

注：指導課，教育センターを中心に指導主事が配置されている。
出所：市川市ホームページをもとに作成。学校教育に関わる課・室を抜粋している。

第4章　教育課程行政の基礎知識

表4-2　事務局組織の例（千葉県教育委員会，平成30年11月時点）

【千葉県教育庁各課】
（企画管理部）
　教育総務課，教育政策課，財務課，教育施設課，福利課
（教育振興部）
　生涯学習課，学習指導課，児童生徒課，特別支援教育課，教職員課，学校安全保健課，
　体育課

【教育事務所の例】

名称	事業の内容	所管区域
葛南教育事務所	1．県費負担教職員の給与・旅費 2．県費負担教職員の定数及び人事の調整 3．学校の管理運営に係る指導・助言 4．学校教育・社会教育の指導・助言 5．教育相談	市川市，船橋市，習志野市，八千代市，浦安市

出所：千葉県ホームページより引用。市町村立学校の関係課等を中心に抜粋している。

基準の設定や国庫負担金や補助金の執行など，公立学校とのかかわりは間接的なものとなっている。その所掌事務は，同法第4条に定められており，その具体的な組織は文部科学省組織令において定められている。教育課程行政にかかわる主な局課をあげると次のとおり（文部科学省ホームページより作成，平成30年11月時点）。

（総合教育政策局）
　教育人材政策課，男女共同参画共生社会学習・安全課
（初等中等教育局）
　初等中等教育企画課，財務課，教育課程課，児童生徒課，幼児教育課，
　特別支援教育課，情報教育・外国語教育課，教科書課，健康教育・食育課，参事官
　（高等学校担当）産業教育振興室
（スポーツ庁）
　政策課　学校体育室
（文化庁）
　参事官（芸術文化担当）
（大臣官房　文教施設企画・防災部）
　施設企画課，施設助成課，計画課

上記を概観すると，

・学習指導要領に関する事務は，教育課程課（小学校，中学校，高等学校）を中心に幼児教育課（幼稚園），特別支援教育課（特別支援学校），学校体育室（体育科，保健体育科），文化庁参事官（芸術に関する教育），産業教育振興室

49

（産業教育）などといった関係部署が相互に連携しながら担っている。
- 児童生徒課，健康教育・食育課，男女共同参画共生社会学習・安全課は，生徒指導，健康教育や食育，日本語指導や学校安全などの事務を担っている。
- 教科書課は学習指導要領に基づく教科用図書の検定や無償給与の事務を，教育人材育成課は教員の養成，採用，研修に関する事務を，初等中等教育企画課は教育委員会など地方教育行政に関する事務を，財務課や修学支援・教材課は教職員の服務や配置，義務教育費国庫負担金，教材の整備などの地方教育財政に関する事務を担っている。また学校施設の整備に関しては主に文教施設企画・防災部が担っている。

これらの組織には，「視学官」「教科調査官」「教科書調査官」などの教科指導などの専門性を有する職員が配置され，教育行政に関する専門的な指導・助言を担っている。

3　学校の教育課程の展開を支える条件整備をめぐる諸制度

１　学校の教育課程の編成・実施を支える条件整備

カリキュラム・マネジメントにかかわって，2017（平成29）年3月に公示された新学習指導要領では次のような規定が示されている。

小学校学習指導要領（平成29年3月公示）
第1章　総則
　第1　小学校教育の基本と教育課程の役割
　　4　各学校においては，児童や学校，地域の実態を適切に把握し，教育の目的や目標の実現に必要な教育の内容等を教科等横断的な視点で組み立てていくこと，教育課程の実施状況を評価してその改善を図っていくこと，<u>教育課程の実施に必要な人的又は物的な体制を確保するとともにその改善を図っていくこと</u>などを通して，教育課程に基づき組織的かつ計画的に各学校の教育活動の質の向上を図っていくこと（以下「カリキュラム・マネジメント」という。）に努めるものとする。
（抜粋・下線は筆者）

この規定に待つまでもなく，各学校の教育課程の編成・実施という一連の営みには，それを支える人的・物的条件の整備は欠かせない。条件整備に関わる制度には多様なものがあるが，ここでは，人的条件，物的条件の主要な要素である，(1)教員の研修，(2)教員の配置，(3)施設・設備，教材・図書を取り上げ，それぞれにかかわる制度を概説する。

2　教員研修をめぐる制度の概要

教師は子どもたちの人格形成に直接にかかわる職務を担っており，その遂行にあたって，絶えず自己研鑽に努めることが求められる。このため一般公務員に比べて充実した研修制度が法的にも整備されている。

公立学校教員（教育公務員）は，その職務と責任の特殊性に基づき，服務や研修などについて「教育公務員特例法」において定めがなされている。同法では，例えば，教育公務員の研修について，「教育公務員はその職責を遂行するために，絶えず研究と修養に努めなければならない」（第21条第1項）こと，このため都道府県・指定都市・中核市の教育委員会は，教育公務員の研修について，「それに要する施設，研修を奨励するための方途その他研修に関する計画を樹立し，その実施に努めなければならない」（第21条第2項）旨，定めている。

この規定を受け，各教育委員会には「教育センター」などの名称で教員研修に要する施設が置かれ，さまざまな研修が実施されている。多くの教育センターで実施される研修には，該当者全員を対象とする悉皆研修と希望する者を対象とする希望研修とがある。前者の悉皆研修は，(1)例えば初任者研修や5年目研修，10年目研修などの教職経験年数に応じた研修と，(2)例えば校長研修や教頭研修，教務主任研修，特別支援教育コーディネータ研修などの職務等に応じた研修とがある。後者の希望研修には，例えば，教科等別の研修やカウンセリングなど生徒指導にかかわる研修などがある。このほか大学院等や民間企業等への長期研修などがある。各都道府県教育委員会等の教育センターにはさまざまな研修メニューが用意されている。ホームページで確認してみよう。

3　教員の配置をめぐる制度の概要

公立学校に配置される教職員の定数についても法律の定めがある。公立小・中学校は「公立義務教育諸学校の学級編制及び教職員定数の標準に関する法律」において，公立高等学校は「公立高等学校の適正配置及び教職員定数の標準等に関する法律」において教職員定数の標準が定められている。

次に教職員の給与について。市町村が設置する公立小中学校の教員の給与は「市町村立学校教職員給与負担法」により都道府県の負担とされている（第1条）。さらに「義務教育費国庫負担法」の定めにより，この給与の一部を国が負担することとされている（第2条）。このように国が教員給与の一部を負担する趣旨は，「義務教育について，義務教育無償の原則に則り，国民のすべてに対しその妥当な規模と内容とを保障するため，国が必要な経費を負担することにより，教育の機会均等とその水準の維持向上とを図る」（第1条）ことにある。

4　施設・設備，教材・図書をめぐる制度の概要

① 学校の施設・設備について

　例えば校舎や運動場の面積など，小中学校の施設・設備等については，小学校設置基準，中学校設置基準，高等学校設置基準にそれぞれ定めがある。小学校設置基準には次のような定めがある。

小学校設置基準（平成14年3月29日　文部科学省令第14号）
第三章　施設及び設備
（一般的基準）
第7条　小学校の施設及び設備は，指導上，保健衛生上，安全上及び管理上適切なものでなければならない。
（校舎及び運動場の面積等）
第8条　校舎及び運動場の面積は，法令に特別の定めがある場合を除き，別表に定める面積以上とする。ただし，地域の実態その他により特別の事情があり，かつ，教育上支障がない場合は，この限りでない。
2　校舎及び運動場は，同一の敷地内又は隣接する位置に設けるものとする。ただし，地域の実態その他により特別の事情があり，かつ，教育上及び安全上支障がない場合は，その他の適当な位置にこれを設けることができる。
（校舎に備えるべき施設）
第9条　校舎には，少なくとも次に掲げる施設を備えるものとする。
　一　教室（普通教室，特別教室等とする。）
　二　図書室，保健室
　三　職員室
2　校舎には，前項に掲げる施設のほか，必要に応じて，特別支援学級のための教室を備えるものとする。
（その他の施設）
第10条　小学校には，校舎及び運動場のほか，体育館を備えるものとする。ただし，地域の実態その他により特別の事情があり，かつ，教育上支障がない場合は，この限りでない。
（校具及び教具）
第11条　小学校には，学級数及び児童数に応じ，指導上，保健衛生上及び安全上必要な種類及び数の校具及び教具を備えなければならない。
2　前項の校具及び教具は，常に改善し，補充しなければならない。

（筆者による抜粋）

　また，公立小中学校については，「義務教育諸学校等の施設費の国庫負担等に関する法律」などに定めるところにしたがって，義務教育諸学校の建物の建築に要する経費について，その経費の一部を国が負担している。

② 学校の教材・図書について

　小・中学校で使用する教材に関し，主たる教材としての「教科用図書（以下「教科書」）」について，「義務教育諸学校の教科用図書の無償措置に関する法

律」の定めるところにより，義務教育諸学校の児童生徒が各学年の課程において使用する教科書をまとめて購入し，各学校の設置者に無償で給付すること（同法第3条）となっている。

このほかの教材については，「理科教育振興法」および「産業教育振興法」の規定するところにより，算数，数学，理科の指導に要する教材や，産業教育の指導に要する備品などの整備に要する経費を補助している。学校図書館に整備する図書やその他の教材については，学校図書館法や文部科学省が参考として示す「学校図書館図書標準」や「教材整備指針」に基づき所要の地方財政措置が講じられている。

Exercise

① 全国の公立小学校の学校数や教員数，児童生徒数はどのようになっているか。文部科学省のホームページで調べて整理してみよう。
② 公立小学校について，どのような研修が行われているのか。2つの都道府県の教育センターを取り上げて比較してみよう。
③ 異なる都道府県に所在する市町村教育委員会が定める学校管理規則を2つ調べ，どのような内容が定められているか比較して整理してみよう。

📖 次への一冊

菱村幸彦『新訂4版 やさしい教育法規の読み方』教育開発研究所，2008年。
　法令の読み方，教育法規の概略やポイントを解説している。
小川正人・勝野正章編著『教育行政と学校経営』放送大学教育振興会，2016年。
　学校経営にかかわる教育行政の基本的な仕組みを解説している。
加藤崇英・臼井智美・鞍馬裕美編著『新訂版 教育の組織と経営―教育制度改革と行政の役割』学事出版，2016年。
　さまざまな教育制度と教育行政との関わりを解説している。
「文部科学白書」
　文部科学省の所掌について最新の状況を解説している。以下のホームページに最新版が掲載されている。http://www.mext.go.jp/b_menu/hakusho/html/hpab201801/1407992.htm（2018年11月6日閲覧）
「文部科学省の概要」
　文部科学省の仕事について概要を解説している。以下のホームページでは，その他の文部科学省が作成したパンフレットも掲載されている。http://www.mext.go.jp/booklet/link.htm（2018年10月16日閲覧）

引用・参考文献

市川市教育委員会ホームページ「教育委員会の組織」。http://www.city.ichikawa.lg.jp/edu01/1111000186.html（2018年11月6日閲覧）

千葉県教育委員会ホームページ「教育庁各課の御案内」。https://www.pref.chiba.lg.jp/kyouiku/soumu/soshiki.html（2018年11月6日閲覧）

文部科学省『小学校学習指導要領（平成29年告示）解説総則編』東洋館出版社，2018年。

文部科学法令研究会監修『文部科学法令要覧』ぎょうせい，2018年。

第5章
教科書と学習指導要領

〈この章のポイント〉
　教科書は，教育課程の構成に応じて組織排列された教科の主たる教材であり，初等・中等教育機関においては原則として，文部科学大臣の検定に合格した教科書を使用しなければならない。本章では，教科書制度のしくみを確認したうえで，とくに教科書検定の過去・現在・未来について学び，学習指導要領との関係性を理解する。さらに，検定の意義と課題を探究することで，教科書が教育課程に与える影響について学ぶ。

1　教科書制度の概要

1　教科書の法的位置づけ

　教科書とは，「教科用図書」のことであり，「小学校，中学校，義務教育学校，高等学校，中等教育学校及びこれらに準ずる学校において，教育課程の構成に応じて組織排列された教科の主たる教材として，教授の用に供せられる児童又は生徒用図書」（教科書の発行に関する臨時措置法第2条第1項）と定義される。日本では，各学校が編成する教育課程の基準として，文部科学省が学習指導要領を定めており，教科書はそこに示された教科・科目等に応じて作成されている。

　学校教育法第34条第1項では，「小学校においては，文部科学大臣の検定を経た教科用図書又は文部科学省が著作の名義を有する教科用図書を使用しなければならない」とされており，中学校や高等学校などにも準用される。これは，教育の機会均等を実質的に保障し，全国的な教育水準の維持向上をはかるためである。各学校で使用されている教科書の90％以上が民間業者によって編集された検定済み教科書であるが，高等学校の農業，工業，水産，家庭，看護など教科書の一部は，需要数が少なく民間による発行が期待できないことから，文部科学省が作成している。また，特別支援学校などにおいて適切な教科書がない場合には，それ以外の図書の使用が許されることもある（学校教育法附則第9条）。

　「教材」は教育課程の内部要素の1つであり（安彦，2006），教科書も教育課

▷1　教育課程を内部的に構成する要素は，狭義には教育内容，組織原理，履修原理，教材，授業時数，指導形態の6つで，広義にはさらに教育方法が加わる。一方で，教育課程の外部要因は，行政的決定過程，施設・設備，教職員の質と量，の3つである（安彦，2006）。

程の構成要素の一部である。2014（平成26）年度の状況をみると，小学校用51種類（293点），中学校用75種類（134点），高等学校用884種類（915点），特別支援学校用21種類（183点）の教科書が発行されている。もちろん，学校では教科書以外にも多様な参考書，資料集，ワークブックなどが使用されており，これらは「補助教材」（あるいは「副教材」）などと呼ばれる。

2 検定教科書が使用されるまで

　教科書は，民間の教科書発行者によって編集され（1年目），文部科学省に置かれた専門家による審議会が教科書として適切かどうかを検定する（2年目）。合格した教科書のなかからどれを使用するか選択するのが「採択」である（3年目）。採択の権限は，公立学校については所管の教育委員会，国立・私立に関しては校長にあり，教科書会社から送られた教科書見本を慎重に調査・吟味したうえで，採択する。ただし，公立の義務教育諸学校については，市町村の区域またはこれらの区域を併せた地域である「教科用図書採択地区」を設定する。それが2つ以上の区域を併せた「共同採択地区」である場合は，地区内の市町村が協議して種目ごとに同一の教科書を採択することになっている。なお，都道府県教育委員会は，教科用図書選定審議会を設置し，選定資料を作成して送付することで，採択権者に指導・助言を行う。

　教科書が採択されると，文部科学省は必要となる教科書の見込み数（需要数）を集計し，発行部数を指示する。この指示を承諾した発行者は，全国の各学校に教科書を供給する義務を負うことになる。ただし，国公私立の義務教育諸学校の生徒に対しては，教科書は無償で給与される。この制度は，日本国憲法第26条に掲げる義務教育無償の精神をより広く実現するものとして1963（昭和38）年に始まり（義務教育諸学校の教科用図書の無償措置に関する法律），1969（昭和44）年に完全実施された。こうして4年目に，実際に子どもたちの手に教科書がわたり，学校で使用される。

3 世界の教科書事情

　教科書制度は，国によって大きく異なる（表5-1）。日本のような検定制度をもたない国も少なくなく，国定教科書だったり民間の自由発行だったりする。また，各学校や各教師が採択権限をもっている国もある。教科書の無償給与は珍しく，無償貸与（ある子どもが使った教科書を翌年別の子どもが使う）が主流である。

　例えばフランスでは，出版社の教科書発行の自由，学校の教科書選定の自由，教師の教科書使用の自由が認められている。教科書の編集は，公権力から独立した私的なものとして捉えられているからである。さらに，教科書を授業

▷2　種類数は，教科・種目別に数えたもので，点数とは種別，学年別，巻別に数えたものを指している。

▷3　補助教材
学校教育法第34条第2項で，「前項の教科用図書以外の図書その他の教材で，有益適切なものは，これを使用することができる」とされており，補助教材（副教材）の使用が認められている。ただし，学校で補助教材を使用する場合には，教育委員会が定める管理規則に基づき「届出」あるいは「承認」の手続きをしなければならない（地方教育行政の組織及び運営に関する法律第33条第2項）。また補助教材は無償措置の対象ではないため，私費負担として保護者が購入しなければならない。

▷4　教科用図書採択地区
2017（平成29）年4月現在全国で580地区（1県平均12地区）あり，都道府県教育委員会が自然的・経済的・文化的条件を考慮して決定する。こうした公立の義務教育諸学校における採択のルールは「義務教育諸学校の教科用図書の無償措置に関する法律」で定められている。

▷5　種目
教科書の教科ごとに分類された単位で，例えば小学校国語（第1学年〜第6学年），中学校社会（地理的分野），高等学校数学Aなど，文部科学省の告示によって定められている。

表5-1 諸外国の教科書制度

国名	初等・前期中等教育 発行・検定等 発行 国	初等・前期中等教育 発行・検定等 発行 民間	初等・前期中等教育 発行・検定等 検定・認定	初等・前期中等教育 発行・検定等 採択の権限	初等・前期中等教育 供給 無償給与	初等・前期中等教育 供給 無償貸与	初等・前期中等教育 供給 有償	後期中等教育 発行・検定等 発行 国	後期中等教育 発行・検定等 発行 民間	後期中等教育 発行・検定等 検定・認定	後期中等教育 発行・検定等 採択の権限	後期中等教育 供給 無償給与	後期中等教育 供給 無償貸与	後期中等教育 供給 有償
日本		○	○	教委	○				○	○	教委			○
アメリカ		○	○	学校		○			○		学校		○	
イギリス		○		教員		○			○		教員		○	
フランス		○		教員					○		教員			
ドイツ		○	○	学校		○			○	○	学校		○	
中国		○	○	省・県			○		○	○	省・県			○
台湾	○	○	○	学校			○		○	○	学校			○

出所:国立教育政策研究所(2009)を一部改編。

で常時使用している教師は,小学校で25%程度,中学校数学で12.5%程度とされており(国立教育政策研究所,2009),教科書が教育課程に与える影響はそう大きくないことが予想される。一方,日本では教科書の使用義務があり,授業で「教科書だけ使う」あるいは「教科書を主に使う」と回答した教師は,小学校で算数94%,国語96.2%,中学校で数学79.6%,国語97.2%である。学校の教育課程は,教科書の内容に大きく依存しているといっても過言ではないだろう。

2 教科書検定のしくみ

1 教科書検定の沿革

小学校の教科書制度は,1872(明治5)年から自由発行・自由採択制,1881(明治14)年から開申制,1883(明治16)年から認可制,1886(明治19)年から検定制,1903(明治36)年から国定制という変遷を経て,1948(昭和23)年に再び検定制が採用され,現在に至っている。中等教育に関しては,戦前からおおむね検定制が採用されてきた。

検定制をめぐっては,その合憲性・合法性が大きな問題になったこともある。1965(昭和40)年からの家永教科書裁判では,検定が子どもの学習権,表現の自由,学問の自由等に反するとして国が提訴された。しかし,合計10に及ぶ判決で,検定制度そのものを違憲・違法としたものはない。1993(平成5)年の最高裁判決は,国が教育内容を決定する権限を有するとして原告(家永側)の訴えを全面的に退けた。一方で,原告の全面勝訴と称されることもある杉本判決をはじめ,その主張の多くを認めた判決もあり,検定制度の存在その

▷6 開申制
採択教科書を監督官庁に「報告」する制度。一方,認可制は採択してよいかどうか,「許可」を受ける必要がある。

▷7 家永教科書裁判
東京教育大学教授であった家永三郎が自著の高等学校用教科書『新日本史』の検定を不服として起こした裁判。1965(昭和40)年の第1次訴訟,1967(昭和42)年の第2次訴訟,1984(昭和59)年の第3次訴訟と,3つの裁判が提訴された。

▷8 杉本判決
1970(昭和45)年7月17日に東京地裁から出された,家永教科書裁判第2次訴訟の判決。「学習権としての教育権」と「国民の教育の自由」,いわゆる「国民の教育権論」を展開し,国は基本的に教育内容に介入できないと判示した。検定制度そのものは違憲・違法ではないが,家永教科書に対する検定は憲法第21条第2項が禁止する検閲にあたり,さらに教育基本法第10条に違反するとした。しかし,上告審後の差戻審で同判決は破棄された。

ものよりも，その中身が問われているといえるだろう。

2　教科用図書検定基準

　検定の手続について扱う前に，文部科学省告示である「義務教育諸学校教科用図書検定基準」と「高等学校教科用図書検定基準」の特徴について確認しておきたい。その構成は表5-2のとおりであり，「第3章　教科固有の条件」を別にすれば両者に大きな差はない。

　「第1章　総則」では，教科用図書検定規則第3条の規定に基づいて，審査基準を定めるという目的が明記されている。

　「第2章　教科共通の条件」では，まず「基本的条件」として，教育基本法第1条（教育の目的）や第2条（教育の目標）などに合致していることや，学校教育法に定める各学校の目的や目標などに一致していることがあげられている。また，学習指導要領の「総則」に示された教科の方針や，各教科の「目標」「内容」「内容の取扱い」に示す事項を不足なく取り上げていることが定められている。さらに，児童生徒の発達段階に適応しており，心身の健康や安全および健全な情操の育成に配慮されていることも求められる。次いで「選択・扱い及び構成・排列」として，学習指導要領の内容等が遵守され，授業時数に照らして図書に適切に配分されていること，政治的・宗教的に中立であること，特定の事象や分野に偏ることなく全体として調和がとれており，一面的な見解を取り上げていないことが盛り込まれている。また，特定の企業・個人・団体の利益になったり，逆に利益を侵害したりないこと，引用資料に信頼性があり出典等が示されていること，内容が系統的・発展的に構成されており，実験・実習については児童生徒が自ら実施できるものであること，学習指導要領を超えた発展的な学習内容を設定できること，なども明示されている。最後に「正確性及び表記・表現」として，別表に示された表記の基準に従って正確に記述することも掲げられている。

　「第3章　教科固有の条件」では，教科ごとに特有の審査基準が列挙されているが，その大部分は学習指導要領の遵守にかかわるものである。

　このように，教科用図書検定基準は，国家の定めた教育課程基準を教材に反映させる役割を実質的に果たしている。実際，教科書会社は検定に合格するため，学習指導要領およびその内容をより詳細に記載した学習指導要領解説に沿って申請図書を作成する。一方，社会科（高等学校では地理歴史科および公民科）の「近隣諸国条項」のように，社会的・政治的事情から盛り込まれている基準もある。

　なお社会科をめぐっては，2014（平成26）年1月の検定基準改訂において，「近現代の歴史的事象のうち，通説的な見解がない数字などの事項について記

▷9　学習指導要領解説
学習指導要領に示された内容を解説するとともに，各学校が適切な指導計画を作成し，実践を行ううえでの参考となる事項を記述した教師向けの指導書。各教科・領域ごとに，学習指導要領の改訂に次いで刊行される。文部科学省告示である学習指導要領とは異なり，「解説」には法的拘束力がない。

▷10　近隣諸国条項
社会科の検定基準にある「近隣のアジア諸国との間の近現代の歴史的事象の扱いに国際理解と国際協調の見地から必要な配慮がされていること」という規定のこと。1981（昭和56）年の教科書検定をめぐる中国・韓国からの歴史認識に対する抗議を受けて，1982（昭和57）年の基準改訂で加えられた。

述する場合には，通説的な見解がないことが明示されている」こと，および「閣議決定その他の方法により示された政府の統一的な見解又は最高裁判所の判例が存在する場合には，それらに基づいた記述がされている」ことが付加されたことも大きな注目を集めた。

表5-2　教科用図書検定基準の構成

第1章　総　則		
第2章　教科共通の条件	1　基本的条件	教育基本法及び学校教育法との関係，学習指導要領との関係，心身の発達段階への適応
	2　選択・扱い及び構成・排列	学習指導要領との関係，政治・宗教の扱い，選択・扱いの公正，特定の企業・個人・団体の扱い，引用資料，構成・排列，ウェブページのアドレス等※，発展的な学習内容
	3　正確性及び表記・表現	矛盾，誤記，誤解，不統一など
第3章　教科固有の条件		

※　義務教育諸学校のみ
出所：義務教育諸学校／高等学校教科用図書検定基準をもとに作成。

3　教科書検定の手続

　実際の教科書検定は，図5-1のような流れで，原則として4年周期で実施される。検定に申請された図書は，文部科学省の教科書調査官，および教科用図書検定調査審議会の委員・専門委員による調査を受ける。これらの調査結果は，同審議会に報告される。審議会では，各委員が報告結果や自らの調査について，記述内容が学習指導要領に適合しているか，教材の選択や扱いが適切

▷11　教科書調査官
教科書に関する調査を行う文部科学省の常勤職員。担当教科について関係する学会に属する者やその教科において高度な学識経験や指導経験を有する者から採用される。

▷12　教科用図書検定調査審議会
教科書に関する調査審議を行う文部科学大臣の諮問機関。委員，臨時委員，専門委員から構成され，大学教授や小・中・高等学校の教員等から選出される。(1)国語，(2)社会，(3)数学，(4)理科，(5)生活，(6)芸術，(7)外国語，(8)保健体育・看護・福祉，(9)家庭・情報・職業，(10)道徳，の計10部会がある。

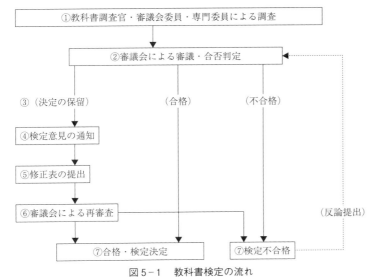

図5-1　教科書検定の流れ
出所：http://www.mext.go.jp/a_menu/shotou/kyoukasho/010301.htm#04（2017年9月2日閲覧）をもとに作成。

▷13 教科書検定審査要項
教科書検定に関する調査方法，審査方法，合格または不合格の判定方法が定められている。2014（平成26）年4月の改訂では，不合格の条件に「教育基本法に示す教育の目標並びに学校教育法及び学習指導要領に示す目標等に照らして，教科用図書としての基本的な構成に重大な欠陥が見られるもの」が加えられ，教育基本法や学習指導要領に沿った記述がより一層求められるようになった。

か，誤りや不正確なところがないかなどを，教科用図書検定基準と教科書検定審査要項に基づいて慎重に審議し，合否を判定する。ただし，必要な修正を行った後に再度審査することが適当であると判断される場合には，文部科学大臣は合否の決定を保留し，検定意見を通知する。この通知を受けた申請者は，検定意見に従って内容を修正し，修正表を提出する。同審査会は修正済みの図書について再度審議を行い，文部科学大臣はその答申に基づいて，最終的に合否の決定を行う。なお，不合格の決定を行う場合には，事前にその理由が通知され，申請者に反論の機会（20日以内）が与えられている。

審議会は原則として非公開であるが，国民の関心も高く，教科書への信頼を確保するために，申請段階の図書，検定意見，修正表，検定決定後の図書などの関連資料を公開し，透明性の確保をはかっている。

以上のことを踏まえて，近年の教科書検定の結果について概観してみたい。2013（平成25）年度に実施された小学校の教科書検定では，9教科139点の申請があり，2883件の検定意見がついたが，ほぼ意見通りに修正され，すべてが合格となった。例えば理科では，「いつどこで」地震が起こるか予知すると記した箇所に対して，「学術動向を考慮すると不正確」と意見がつき，「いつ」が削除された。

2014（平成26）年度に実施された中学校の教科書検定では，9教科104点のうち102点が合格し，社会科（歴史的分野）で2点が不合格となったが，年度内に再申請が行われ，2点共に合格となった。社会科では，計20冊のうち5冊に対して，「政府見解に基づいた記述がない」との意見が4件，「通説的な見解がないことが明示されていない」との意見が2件ついた。

2016（平成28）年度に実施された高等学校（主に中学年用）の教科書検定では，11教科213点の申請があり，すべて合格した。「公民」では，集団的自衛権の行使容認や安全保障関連法の成立の記述部分に関して，武力行使の新3要件が正確に記載されていない5冊について，「生徒にとって理解し難い表現である」などの検定意見がついた。

3　道徳科の教科書の誕生

1　学習指導要領にみる「特別の教科 道徳」

1958（昭和33）年に小・中学校で「道徳の時間」が特設化されて以降，教育課程全体を通して行われる道徳教育は，この領域を要として各教科と密接な関連を図りながら展開するものとされてきた。「道徳の時間」は教科ではないので，検定教科書は存在しない。教科書出版社の作成した補助教材，文部科学

省の作成した『心のノート』[14]や『私たちの道徳』[15]はあったが、教科書でないため使用義務がなく、実際にはこれらを含めた多様な教材が用いられてきた。したがって、「道徳の時間」に関しては、学習指導要領の内容を忠実かつ厳密に教材へと反映させる仕組みがなかったのである。

「道徳の時間」を教科化する動きはこれまでもたびたび見られたが、戦前の修身科への反省や特定の価値観の押しつけになることに対する危惧などから実現されてこなかった。しかし、2011（平成23）年に滋賀県大津市の中学校で起こったいじめ自殺事件を契機に、徳育の強化が再びクローズアップされるようになる。教育再生実行会議[16]や文部科学省「道徳教育の充実に関する懇談会」などでの議論を経て、2014（平成26）年10月に中央教育審議会が「道徳に係る教育課程の改善等について」を答申した。そこでは、「道徳の時間」を「特別の教科　道徳」（以下、道徳科）として位置づけ、検定教科書を導入することが明確に打ち出されている。この答申に沿って、2017（平成29）年3月に学校教育法施行規則の改正、さらに学習指導要領の一部改正がなされ、教科化が実現された。

なお、国語科や理科などの従来の教科は、(1)教科書を作成する、(2)中等教育段階では教科別の教員免許状をもった者が指導する、(3)数値による成績評価を行う、といった3つの特徴がある。しかし、道徳科は教科書を作成するものの、専用の教員免許状は設けず（学級担任が指導する）、数値評価も実施しない。したがって、従来の教科とは異なる枠組みであり、「特別の」とわざわざ付されているのは、このような理由によるものである。したがって、今回の教科化のねらいは、教科書の導入を通して、学習指導要領の内容を各学校の道徳科の教育課程に反映させることにあったといえよう。

2017（平成29）年3月に告示された中学校の新学習指導要領では、道徳科の目標は「道徳教育の目標[17]に基づき、よりよく生きるための基盤となる道徳性を養うため、道徳的諸価値についての理解を基に、自己を見つめ、物事を広い視野から多面的・多角的に考え、人間としての生き方についての考えを深める学習を通して、道徳的な判断力、心情、実践意欲と態度を育てる」とされている。また内容として、4つの視点と22の項目（表5-3）が定められた。

2　道徳科の教科書検定

教科化の動きを受けて、教科用図書検定調査審議会は検討を行い、2015（平成27）年2月に「「特別の教科　道徳」の教科書検定について（報告）」を公表した。そこでは、道徳科固有の検定基準として、3つの条件を新設するとしている。第一に、学習指導要領の「内容の取扱い」に示す題材（生命の尊厳、社会参画（中学校のみ）、自然、伝統と文化、先人の伝記、スポーツ、情報化への対応等現

▷14　『心のノート』
児童生徒が身につける道徳の内容をわかりやすく表し、道徳的価値について自ら考えるきっかけを提供するために、文部科学省が2002（平成14）年4月に作成した補助教材。各学校に配布され、2013（平成25）年度まで使用された。小学生向け（第1学年～第2学年、第3学年～第4学年、第5学年～第6学年）と中学生向けの計4種類がある。

▷15　『私たちの道徳』
『心のノート』を全面改訂したものであり、児童生徒が道徳的価値について自ら考え、実際に行動できるようになることをねらいとして作成した補助教材。2014（平成26）年度から各学校に配布され、使用されている。

▷16　教育再生実行会議
21世紀の日本にふさわしい教育体制を構築し、教育の再生を実行に移していくために、2013（平成25）年に安倍晋三首相によって官邸に設置された私的諮問機関。これに対して中央教育審議会は、法令に基づいて設置された文部科学大臣の諮問機関である。

▷17　道徳教育の目標
総則で「教育基本法及び学校教育法に定められた教育の根本精神に基づき、自己の生き方を考え、主体的な判断の下に行動し、自立した人間として他者と共によりよく生きるための基盤となる道徳性を養う」と規定されている。

表5-3 道徳科の視点と内容項目

視　点	内容項目	
	小学校	中学校
A 主として自分自身に関すること	・善悪の判断，自律，自由と責任 ・正直，誠実 ・節度，節制 ・個性の伸長 ・希望と勇気，努力と強い意志 ・真理の探究	・自主，自律，自由と責任 ・節度，節制 ・向上心，個性の伸長 ・希望と勇気，克己と強い意志 ・真理の探究，創造
B 主として人との関わりに関すること	・親切，思いやり ・感謝 ・礼儀 ・友情，信頼 ・相互理解，寛容	・思いやり，感謝 ・礼儀 ・友情，信頼 ・相互理解，寛容
C 主として集団や社会との関わりに関すること	・規則の尊重 ・公正，公平，社会正義 ・勤労，公共の精神 ・家族愛，家庭生活の充実 ・よりよい学校生活，集団生活の充実 ・伝統と文化の尊重，国や郷土を愛する態度 ・国際理解，国際親善	・遵法精神，公徳心 ・公正，公平，社会正義 ・社会参画，公共の精神 ・勤労 ・家族愛，家庭生活の充実 ・よりよい学校生活，集団生活の充実 ・郷土の伝統と文化の尊重，郷土を愛する態度 ・我が国の伝統と文化の尊重，国を愛する態度 ・国際理解，国際貢献
D 主として生命や自然，崇高なものとの関わりに関すること	・生命の尊さ ・自然愛護 ・感動，畏敬の念 ・よりよく生きる喜び	・生命の尊さ ・自然愛護 ・感動，畏敬の念 ・よりよく生きる喜び

出所：2017年版「小学校学習指導要領」「中学校学習指導要領」をもとに作成。

代的な課題）をすべて教材として取り上げ，さらに「言語活動」「問題解決的学習」「道徳的行為に関する体験的な学習」について配慮をしていることである。第二に，多様な見方や考え方ができる事柄を取り上げる場合には，公正で偏りのない取り扱いがされており，児童生徒の発達段階に即して多面的・多角的に考えられるようになっていることである。第三に，図書の主な記述と道徳科の内容項目との関係が適切に明示されていることである。これらの条件は，同年9月の検定基準の改正によって反映された。

　2017（平成29）年3月，2018（平成30）年度から使われる小学校の道徳科の教科書の検定結果が発表された。初めての道徳科の教科書検定であり，申請した8社の全24点（66冊）が合格したが，244件の検定意見がつけられ，うち44件が学習指導要領に沿った記述を踏まえるよう求める内容であった。例えば，あ

る出版社に対しては、図書の内容全体への指摘として、「学習指導要領に示す内容に照らして、扱いが不適切である（内容の「感謝」）」との意見がついた。その結果、出版社は、内容項目「感謝」（第3学年・第4学年）にある「家族など生活を支えてくれる人々や現在の生活を築いてくれた高齢者に、尊敬と感謝の気持ちをもって接すること」という説明を踏まえて、「しょうぼうだんのおじさん」の題材を「おじいさん」に変更し、本文やイラストを修正した。また小学校第1学年用図書では、内容の「伝統と文化の尊重、国や郷土を愛する態度」の取り扱いが不適切との意見を受け、「にちようびのさんぽみち」という題材で登場する「パン屋」を「和菓子屋」に修正した。また別の出版社も同様の指摘を受け、小学校第1学年用図書の「大すき、わたしたちの町」という題材で、アスレチックのある公園を、和楽器を売る店に修正した。

一方で、題材の冒頭や末尾に設問が挿入されていないことに対して、「問題解決的な学習について適切な配慮がされていない」との意見がついたり、携帯電話の所持に関して「特定の見方や考え方に偏った取扱いがされている」との指摘がなされたりしたケースもあった。これらの結果をみる限り、2015（平成27）年9月の検定基準改正によって盛り込まれた上記の3つの条件は、厳格に適用されたと判断される。

4 教科書検定のこれから

1 新学習指導要領に向けた教科書の改善

バランスよく記載され、採択権者（教育委員会等）が責任をもって選んだ教科書で子どもたちが学ぶことできるように、2013（平成25）年11月に文部科学大臣によって「教科書改革実行プラン」が発表された。ここでは、政府の統一見解の明記など検定基準等の改正に加えて、検定手続きの透明化をはかるために、教科用図書検定調査審議会の議事概要をより具体的に作成することや、検定意見書の記述内容を具体化し、そのすべてを文部科学省のウェブサイトで公表することが決定された（2014（平成26）年度より適用）。

さらに2017（平成29）年5月、新学習指導要領（小・中学校は同年3月に告示）の実施に向けて、教科用図書検定調査審議会から「教科書の改善について（報告）」が発表された。そこでは、「主体的・対話的で深い学び」の視点に立った配慮を検定基準として設定すること、「発展的な学習内容」に関しては児童生徒からみて、それ以外の内容が実質的・客観的に区別できるようにし、発展的内容をどの校種や学年で学ぶか学習指導要領における位置づけを明示すること、などが提案されている。さらに、学習指導要領の趣旨・内容を正確に反映する

▷18 主体的・対話的で深い学び
「主体的な学び」は学ぶことに興味や関心をもち、自己のキャリア形成の方向性と関連づけながら、見通しをもって粘り強く取り組み、自己の学習活動を振り返って次につなげる視点、「対話的な学び」は子ども同士の協働、教職員や地域の人との対話、先哲の考え方を手掛かりに考えること等を通じ、自己の考えを広げ深める視点、「深い学び」は習得・活用・探究という学びの過程のなかで、各教科等の特質に応じた「見方・考え方」を働かせながら、知識を相互に関連づけてより深く理解したり、情報を精査して考えを形成したり、問題を見出して解決策を考えたり、思いや考えを基に創造したりすることに向かう視点である。

ため，学習指導要領解説をより踏まえて教科書を記述することも求めている。

2   デジタル教科書をめぐる動向

「教科書の改善について（報告）」では，デジタル教科書の導入に関する検定基準の改善にも言及しているが，その内容は2016（平成28）年12月に公表された「「デジタル教科書」の位置づけに関する検討会議　最終まとめ」を踏襲している。近年，学校教育におけるICTの活用は急速に進展しており，文部科学省（2016）によると，教育用コンピュータ1台当たりの児童生徒数は6.5人，電子黒板が1台以上ある学校の割合は78.8%，普通教室の校内LAN整備率は87.7%に達している。教科書会社もさまざまなデジタル教材（補助教材）を作成しており，3割を超す学校で利用されている。こうしたデジタル教材をめぐっては，算数で立体を切って断面図を確認できたり，音楽や英語で音声を聴けたりするなど，体験型の学習がしやすいといった利点がある一方で，思考の単純化や五感の欠如，健康への悪影響などを懸念する声もある。

「最終まとめ」では，紙の教科書とデジタル教科書の学習内容は同一（紙にある内容をそのまま電子化）である必要があり，両者を併用することが前提とされている。紙を基本としながら，学びの充実が期待される教科の一部単元の学習では，代わりにデジタルを使用することができるが，その判断は採択権者である教育委員会等に委ねられる。紙かデジタルのいずれかを使用する選択制については，導入後一定期間を経た後に，教育効果や健康面への影響等を見極めながら改めて検討するとされた。また教科書検定に関しては，デジタル教科書は紙と同一内容であるため，改めて検定を経る必要はない。動画や音声等については，情報量が膨大で可変性があり，部分的な修正も困難であるため，検定を要しない教材（補助教材）として位置づける。さらに教科書無償制度との関連では，デジタル教科書を直ちに無償措置の対象にすることは困難であるが，地方自治体や保護者に過度な負担を課すことのないように，価格を可能な限り低廉に抑える工夫が必要であるとされた。デジタル教科書は2020年度から使用される予定であるが，導入をめぐって学校間や地域間に教育格差が生まれ，教育の機会均等が損われることのないよう配慮が求められる。

3   教科書制度の課題

教科書に使用義務があり，文部科学大臣による検定によってその質を確保する日本の教科書制度は，教育課程編成基準である学習指導要領を，教材を媒介として各学校の教育課程や教師の指導計画に反映させる役割を担ってきた。それは，全国的な教育水準の向上，教育の機会均等の保障，適正な教育内容の担保に貢献してきたが，一方でいくつかの論点も散見される。

▷19　ICT
Information and Communication Technology の略語で，日本では「情報通信技術」と訳される。情報処理や通信に関連する技術，産業，設備，サービスなどの総称である。総務省は，2010（平成22）年度～2013（平成25）年度まで行われたフューチャースクール推進事業では，学校現場におけるICT活用に関する実証研究を行い，ICTの導入を推進した。

第一に，教科書の使用義務や教科書検定が，各学校や教師の「教育の自由」を妨げ，教育実践の多様性を阻み，授業をマニュアル化しているのではないかという問題である。公教育である以上，政府が教材に一定の基準を設けることには合理性があると考えることもできるが，「教育水準の維持」は常に「教育の画一化」の危険と表裏一体である。とくに，近年の教科書検定は学習指導要領に沿った厳格な記述を求めており，現場の教育課程や教育実践を過度に統制しているのではないかという批判もある。

第二に，上記の点とも重なるが，詳細な教育内容にまで踏み込んだ修正意見が「民間の発行者に委ねることにより著作者・編集者の総意工夫を活かす」という検定制度の趣旨を損なっているのではないかという指摘である。実際，初めて教科書が作成された道徳科では，これまで検定の対象外だった副読本より横並び感が強まり，出版社間の差異が目立たなくなった。また，政府の統一見解の明記が求められるなど，ときの政権の立場が強調される傾向が強まっていることに対しては，国定教科書への回帰につながりかねないと危惧する見解もある。審査内容を形式に限るべきか，あるいは内容に踏み込む場合もどこまで著作者・編集者の裁量を認めるのか，検定基準のあり方は重大な論点の一つである。

第三に，教科書検定は教育課程や教育実践に大きな影響を与えるだけに，透明性が強く求められる。「適正な教育内容」を確保するためにも，審査プロセスの妥当性や公平性は重要であり，とくに国家権力も含めた特定の人物や組織の不当な支配[20]に服することのないように厳しくチェックされなければならない。そのため，政府は検定資料の積極的な公開に努めている。一方で，教科用図書検定調査審議会は，学術的・学習上の観点から真摯に審議を行う静ひつな環境を保つとの理由から公開されておらず，議事録も発言者が特定できない「概要」の公表にとどまる。折しも道徳の教科化によって，教科書は児童生徒の内面の価値観（心）にも深くかかわるようになっており，いっそうの公平性の確保に向けた透明化が希求されよう。

▷20 不当な支配
教育基本法第16条（教育行政）では，「教育は，不当な支配に服することなく，この法律及び他の法律の定めるところにより行われるべきものであり，教育行政は，国と地方公共団体との適切な役割分担及び相互の協力の下，公正かつ適正に行われなければならない」と定められている。

Exercise

① 新学習指導要領（および新学習指導要領解説）と各教科の教科書を並べて比較し，前者が後者にどのように反映されているか確認してみよう。
② 文部科学省のウェブサイトにアクセスし，近年の教科書検定の結果や修正意見について調べてみよう。http://www.mext.go.jp/a_menu/shotou/kyoukasho/kentei/kekka.htm（2018年12月18日閲覧）
③ 教科書検定を含めた日本の現在の教科書制度のメリットとデメリットを整

理したうえで，グループに分かれてディベートをしてみよう。そのうえで，より望ましい教科書制度のあり方について考察してみよう。

📖 次への一冊

二宮晧監修『こんなに違う！　世界の国語教科書』メディアファクトリー，2010年。
　　11か国の教科書制度，および国語教科書の内容・特徴が解説されている。教科書が教育課程にどのような影響を与えているか，国際的視野で理解できる。
教科書法令研究会編著『平成26年度改訂版 教科書実務ハンドブック』教育新聞社，2014年。
　　教科書の制度的概要，検定，採択，発行・供給，無償給与などの仕組みについて，詳細に解説されている。
永井憲一『教科書問題を考える』総合労働研究所，1981年。
　　戦後の教科書行政について，教育法学の立場から批判的に検討しており，教科書検定を中心とする日本の教科書制度の問題点について考えることができる。

引用・参考文献

安彦忠彦『改訂版　教育課程編成論——学校は何を学ぶところか』放送大学教育振興会，2006年。
河野和清編著『新しい教育行政学』ミネルヴァ書房，2014年。
国立教育政策研究所『理数教科書に関する国際比較調査結果報告』（第3期科学技術基本計画のフォローアップ「理数教育部分」に係る調査研究），2009年。
今野喜清・新井郁男・児島邦宏編『学校教育辞典』第3版，教育出版，2014年。
田村俊輔「道徳教育の教科化とその意味」『清泉女学院大学人間学部研究紀要』第14号，2017年，69〜86ページ。
早田幸政『教育制度論——教育行政・教育政策の動向をつかむ』ミネルヴァ書房，2016年。
文部科学省「平成27年度 学校における教育の情報化の実態等に関する調査結果（概要）」2016年。
文部科学省ウェブサイト「教科書制度」「教科書Ｑ＆Ａ」「教科用図書検定調査審議会」「教科書検定結果」「採択」。http://www.mext.go.jp/a_menu/shotou/kyoukasho/main3_a2.htm （2017年10月2日閲覧）
横井敏郎編著『教育行政学——子ども・若者の未来を拓く』八千代出版，2014年。

第6章
総合的な学習の時間の成果と課題

〈この章のポイント〉
　総合的な学習の時間のカリキュラム設計と実施は、学校と教師の裁量に任される部分が大きい。自由度が高い分、手間暇はかかるが、教師の腕の見せ所である。子どもとともに、リアルな問題の解決過程に挑戦し、学びを創造していく過程を楽しめる教師になりたいものである。総合的な学習の時間を理解し実践するための鍵は、「探究的な学習」と「総合的・横断的な学習」である。本章では、総合的な学習の時間の背景にある理論と教育課程への導入の経緯を押さえたうえで、この時間の目標、内容、学習過程、評価、実施上の工夫などについて、事例を交えて学ぶ。

1　総合的な学習の時間の背景と変遷

1　総合的な学習の時間のカリキュラム理論上の系譜

　総合的な学習の時間は、経験主義のカリキュラムの系譜に位置づけられる。「歴史的に見て、近代カリキュラム研究を動かしてきた基本的動機は、いかにして分離教科カリキュラムの欠陥を克服するかという努力、つまり生活・経験の重視や「統合」への要求であった」（天野、2001）。教科分離型のカリキュラム構成は、19世紀末には教育内容の急速な増大に対応できないと批判され、ヘルバルト学派により「中心統合法」が提唱されるなど合科学習が模索された。また、学問の要請に基づき専門分化を特徴とする教科分離型のカリキュラムに対して、子どもの現実生活や活動は教科に分かれていないという批判もされた。

　総合的な学習の起源はデューイ（J. Dewey）に遡る。デューイは、子どもの興味、そして経験を重視した。活動的仕事（occupation）を構成原理とし、探究（あるいは思考、反省）の過程を重視する経験主義のカリキュラムを提唱した。デューイによれば、経験には能動的要素と受動的要素がある。すなわち、事物に対して働きかけることと、その帰結として受け取る結果との間の関連を明らかにすることが、「経験から学ぶ」ことである。探究（あるいは思考、反省）は、試みることとそこから起こる結果の間の特別な関係を考察することである（デューイ、1984）。デューイの探究の過程は、「不確定状況の出現」「一つの問題の設定」「考えられる可能な解決策としてさまざまなアイデアを思い浮かべ

▷1　高等学校では、平成30年学習指導要領改訂により、その名称が「総合的な探究の時間」に改められた。

ること」「アイデアを推論作用によって精緻化する過程，すなわち一つの行動計画としての仮説の設定」「その仮説の行動による検証作用」「その帰結としての統一された質的まとまりを持つ確定状況の出現，ならびに保証された言明としての真理の創造」という諸局面から構成される（早川，1994，102ページ）。彼はシカゴに実験学校を設立し，作業や経験を基礎とする学習共同体としての学校の組織を試みた。シカゴ大学でデューイの後任を務めたキルパトリック（W. H. Kilpatrick）は，人間の学習は「目的的活動」の遂行であるとし，学習過程を「目的の立案→計画の立案→実行→結果の判断＝評価」の4段階で捉えた単元学習を提唱した（プロジェクトメソッド）。

わが国においても，1905（明治38）年にデューイの『学校と社会』が翻訳され全国の学校に配布された。大正自由教育や戦後の新教育運動の時期には，合科学習，総合学習などが先進的な学校において盛んに模索された。しかし，全国の学校に広く一般化するには至らず，1950年代には「這い回る経験主義」と批判されたり学力低下の元凶として批判されたりした。中央集権体制のもと，高度経済成長期には系統性を重視するカリキュラムの現代化が行われ，経験主義カリキュラムは下火になった。そして，「変化の激しい社会」の認識が高まった1980年代以降，再び脚光を浴びることになった。

ここで「合科学習」と「総合学習」を整理しておく。「合科学習」は，「はじめに教科ありき」である。複数の教科のねらいの実現を目指して授業を設計し，複数の教科のねらいを同時に，かつ効果的に実現する活動によって学習を展開しようとするものである。これに対して「総合学習」は，「はじめに子どもありき」の発想に立つ。子どもの興味・関心から学習が始まり，それをふくらませ，そのふくらみにできるだけ対応しながら教科のねらいも押さえていくよう学習を展開するものである。

現在，わが国の教育課程に位置づけられている「総合的な学習の時間」は，これらの折衷のような性格である。つまり，学習者の興味・関心やそのふくらみは大切にはするが，教科学習が教育課程上，別の柱として設定されているので，この時間において各教科のねらいの達成を求めるものではない。探究的な学習過程において，さまざまな教科で学んだ知を駆使して課題解決にあたる「知の総合化」が奨励されている。また，必ずしも子どもの興味・関心から始まらず，教師が価値ある学習課題を設定し導入することを否定しない。学習過程において子どもの興味・関心を育て，それを原動力に，「子ども自らが課題を解決する学習過程」へと転換させていくことが目指されてきた。

2 総合的な学習の時間の創設の経緯と変遷

総合的な学習の時間は，平成10・11年の学習指導要領改訂（以下，改訂）時

に新設された。それまでも，学校や教師の創意工夫により合科的・関連的指導は行われていたが，教育課程基準の改訂により，創意工夫を生かした特色ある教育活動を展開し，横断的・総合的な学習を円滑に実施する時間が正式に確保されることになったのである。この時間の「ねらい」として「自ら課題を見付け，自ら学び，自ら考え，主体的に判断し，よりよく問題を解決する資質や能力を育てること」「学び方やものの考え方を身に付け，問題の解決や探究活動に主体的，創造的に取り組む態度を育て，自己の生き方（高校は「自己の在り方生き方」）を考えることができるようにすること」の２つが示された。この時間は「生きる力」を育むために「極めて重要な役割を担う」と期待された。

　創設時には，歓迎や期待の声が上がり，多くの実践が開発され，先進事例の視察や校内研究などが盛んに行われた。一方，教科書や指導書がなく，教師自身の学習経験がなく，教職課程科目にもなかったため，この時間の設計・実施に対して戸惑う教師や批判的な教師も多かった。生活科の経験がある小学校より，教科担任制で教授内容が多く受験圧力もある中学校において，より否定的な反応が見られた（文部科学省「義務教育に関する意識調査」2005年ほか）。カリキュラム開発は，教師にとって経験が少なく，エネルギーと時間が必要であるにもかかわらず，そのための行政的な条件整備や支援は不十分であり，現場の多忙化を招いた。その結果，学校間の取り組みの実態に差がある状況が生まれた。例えば，学校において目標や内容を明確に設定していない学校，教育効果の検証・評価が不十分な学校，教科との関連の配慮不足の学校，小学校と中学校の間での学習内容の重複，教科の補充学習や進路指導，運動会の準備などを行う不適切な実践などがみられた。

　1990年代末からの学力低下論は，総合的な学習の時間に対する逆風となった。学校現場では，2002年の文部科学省「学びのすすめ」は従来型の基礎基本の重視への方針転換だと受け止められ，学校現場での校内研究の対象は，総合的な学習の時間から国語や算数・数学へと転換されていった。

　2003（平成15）年の学習指導要領一部改正では，総合的な学習の時間の「ねらい」に「各教科，道徳及び特別活動で身に付けた知識や技能等を相互に関連付け，学習や生活において生かし，それらが総合的に働くようにすること」が追加された。また，「各学校においては，学校における全教育活動との関連の下に，目標及び内容，育てようとする資質や能力及び態度，学習活動，指導方法や指導体制，学習の評価の計画などを示す総合的な学習の時間の全体計画を作成するものとする」ことも追加された。

　2008（平成20）年の改訂では，総合的な学習の時間の時数がおよそ３分の１程度削減された。この点からは，総合的な学習の時間の「後退」と受け止められるが，その一方で，これまで「総則」の一部で取り扱われていた記述が，新

▷２　この点は，1998年の教育課程審議会答申には明記されていた。

▷３　平成10・11年告示の際の標準時数は小学校（４年生以上）で105～110時間，中学校は70～130時間であった。

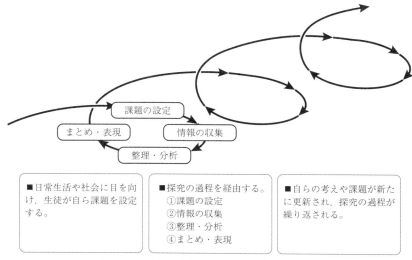

図6-1 探究的な学習における生徒の学習の姿
出所:『中学校学習指導要領解説総合的な学習の時間編』。

たに章立てされ,各教科や道徳・特別活動のように,独立した領域（時間）とされ,『学習指導要領解説（以下,『解説』）』や,指導資料（章末の「次への一冊」で紹介）も作成された。指導資料には,どのように総合的な学習の時間を計画・実施・評価するのかについて丁寧に解説され,そのための組織体制の整備にまで言及されるなど,学校の実践を情報面から支えるものとなった。この改訂では,目標に「探究的な学習を通」すことが追加され,『解説』には探究のプロセス（図6-1）が示された。この時間が探究的な学習であることが強調されたのである。

これまで,総合的な学習の時間の効果を実証するデータが複数公表された（村川ほか,2015；久野ほか,2015など）。全国学力・学習状況調査の児童生徒質問紙調査項目「『総合的な学習の時間』では,自分で課題を立てて,情報を集めて整理して,調べたことを発表するなどの学習活動に取り組んでいますか」に肯定的な回答をした児童生徒ほど調査問題の正答率が高いこと,同様に学校質問紙調査でも総合的な学習の時間の趣旨に沿った指導をした学校ほど,調査問題の平均正答率が高いことが,複数年にわたり確認された（報告書2013,2014,2015,2016年）。OECDの国際学力調査PISAの成績の「V字回復」の要因は実は総合的な学習の時間の効果だという見方もある。

▷4 OECDが示すキー・コンピテンシーと総合的な学習の時間の目標は,親和性が高い。

2 総合的な学習の時間の特徴

1 学校が設定する目標と内容

　総合的な学習の時間の特徴は，学習指導要領に示された目標に端的に表現されている。この時間の目標は，「第1の目標」と「第2の目標」の二段階からなる。「第1の目標」は総合的な学習の時間の本来的な目標が示されている。各学校は，「第1の目標」および自校の学校教育目標を踏まえて，その学校の総合的な学習の時間の目標を設定する。これが「第2の目標」である。二段階の目標構造は，総合的な学習の時間および特別活動の特徴である。そして，内容も各学校が設定する。したがって，総合的な学習の時間は，各学校が子どもや学校の実態に応じて，育みたい資質・能力を直接的に反映し，その学校らしさを存分に盛り込んだ創意工夫を行い，この時間を通じた「特色ある学校づくり」が可能である。だからこそカリキュラム・マネジメントの「要」なのである。

2 総合的な学習の時間の目標

　新学習指導要領では，すべての教科等の目標に，当該教科等の「見方・考え方」が示されたうえで，育成することを目指す資質・能力の3本柱が示された。次に示すとおり，総合的な学習の時間の「第1の目標」も同様である。

中学校学習指導要領（平成29年告示）　　第4章　総合的な学習の時間
第1　目標
　探究的な見方・考え方を働かせ，横断的・総合的な学習を行うことを通して，よりよく課題を解決し，自己の生き方を考えていくための資質・能力を次のとおり育成することを目指す。
　(1) 探究的な学習の過程において，課題の解決に必要な知識及び技能を身に付け，課題に関わる概念を形成し，探究的な学習のよさを理解するようにする。
　(2) 実社会や実生活の中から問いを見いだし，自分で課題を立て，情報を集め，整理・分析して，まとめ・表現することができるようにする。
　(3) 探究的な学習に主体的・協働的に取り組むとともに，互いのよさを生かしながら，積極的に社会に参画しようとする態度を養う。

　前半部分には，最も基本的な目標が，3つ示されている。まず，「探究的な見方・考え方を働かせる」である。これこそが，総合的な学習の時間の本質である。「探究的な見方・考え方」は，「各教科等における見方・考え方を総合的に働かせる」「総合的な学習の時間の特質に応じた見方・考え方を働かせる」という2つの要素がある（『解説』）。

　次に，「横断的・総合的な学習を行うこと」である。つまり，「教科等の枠を

超えて探究する価値のある課題について，各教科等で身に付けた資質・能力を活用・発揮しながら解決に向けて取り組んでいく」という学習のあり方そのものが目標に含まれている。

そして，「よりよく課題を解決し，自己の生き方を考えていくための資質・能力」の育成であり，資質・能力の3本柱（(1)知識及び技能，(2)思考力，判断力，表現力等，(3)学びに向かう力，人間性等）に従って資質・能力が示されている。

3 総合的な学習の時間の学習過程

前節で確認した目標を達成するためにはどのような学習過程が必要だろうか。ありがちな，調べ学習では不十分なことは明らかだ。総合的な学習の時間の学習は，「探究的な学習」「横断的・総合的な学習」であることが必要条件である。図6-1は，『解説』に示された「探究的な学習における児童（生徒）の学習の姿」である。

①課題の設定，②情報の収集，③整理・分析，④まとめ・表現のサイクルがスパイラルに繰り返されることが求められている（①〜④は必ずしも順序を示すものではない）。この過程は，思考力，判断力，表現力等が発揮されると同時に培われる過程そのものであり，「深い学び」の過程と換言することもできる。

> ①課題の設定：体験活動などを通して，課題を設定し課題意識をもつ
> ②情報の収集：必要な情報を取り出したり収集したりする
> ③整理・分析：収集した情報を，整理したり分析したりして思考する
> ④まとめ・表現：気付きや発見，自分の考えなどをまとめ，判断し，表現する

児童生徒が主体的に長期にわたる探究的な学習を行うためには，「①課題の設定」において，児童生徒の興味・関心を喚起し，課題を「自分ごと」と捉えられるように支援する必要がある。学校は指導計画作成時に，学習内容として児童生徒が実社会や実生活など「自分とのつながり」が感じられるような「探究課題」を設定する。授業者は，「探究課題」に基づいて，実際の授業のなかで，学習対象との出会いや関わりを仕組んでいくのである。

探究的な学習の質を高めるためのポイントの一つは直接的な体験を探究的な学習の過程に位置づけることである。例えば，「①課題の設定」で，学習対象と出会わせる直接体験を仕組み，生徒の既有知識や考えとの「ずれ」「隔たり」，対象への「憧れ」「可能性」などを感じさせる。「②情報の収集」の方法として，観察，実験，見学，調査，探索，追体験などの体験活動を行う（以上，『解説』より）。「④まとめ・表現」として，学校外の施設でイベントなどの活動をすることなども考えられる。

その他にも，『解説』には，探究的な学習の過程を質的に高めるために，次の配慮事項が示されている。①他者と協働して課題を解決しようとする学習活

▷5 学習指導要領では，探究課題として，現代的な諸課題に対応する課題，地域や学校の特色に応じた課題，生徒の興味・関心に基づく課題，職業や自己の将来に関する課題が例示されている。

動を行うこと，②言語により分析し，まとめたり表現したりするなどの学習活動を行うこと，③前述の①②で，考えるための技法（比較，分類，関連づけなど）を活用すること，④コンピュータや情報通信ネットワークなどを適切かつ効果的に活用して，情報を収集・整理・発信するなどの学習活動が行われるよう工夫すること，である。

4 総合的な学習の時間の評価

　学習評価の際にとくに意を用いるべきことは，(1)教師が生徒の成長，資質・能力の育成を捉えること，(2)生徒自身が，学習したことの意義や価値を実感できるようにすること，である。そのためには，各学校が設定した目標・内容に基づいて，あらかじめ評価の観点を定めておくこと，単元ごとに評価規準を具体的な児童生徒の姿として描き出しておくこと，妥当性と信頼性の高い評価方法を指導計画作成の際に検討することが必要である。評価は，単元の終末だけに行うものではなく，問題解決の過程におけるさまざまな場面で行うことにより，息の長い探究的な学習の過程を支える役割も担う。教師が適切な支援を行ったり，児童生徒自身が学習の成果を実感して次の学びへの意欲を高めたり，問題解決過程をよりよいものへ修正したりできるように評価を活用する。

▷6　観点別学習評価を基本とすることとされている。

　そこで，学習評価は，学習過程の多様な場面において，各場面に適した多様な評価方法を用いて行う。課題設定や情報収集，整理・分析の場面では，教師が活動状況を観察する他，児童生徒自身が学習を振り返って評価する自己評価が考えられる。学習過程で記録や作品を計画的に集積するポートフォリオを作成させ，必要に応じて振り返る機会を設ける。まとめ・表現の場面では，教師だけでなく，児童生徒の相互評価，表現の受け手（例えば保護者，地域や企業の協力者など）からの評価を受けることが考えられる。

　総合的な学習の時間の学習状況の評価においては，数値評価は行わないこととされている。指導要録の記載においても，評定は行わず所見等を記述することとされている。とはいえ，何も基準がなければ，伸びも見えにくい。そこで，ルーブリックを活用することが考えられる。その際，評価規準や評価資料を教師間で検討しあい，評価の妥当性を高める（モデレーション）研修等により，鑑識眼を鍛えることも行われている。

5 学校内外との人々や機関との連携

　総合的な学習の時間の探究課題は，一つの教科に収まらない教科横断的なものである。したがって教科を超えた教師相互の協働体制が欠かせない。また，学校としての系統性も必要である。そこで，総合的な学習の時間は個々の教師の個性を生かしながらも教科や学年組織を超えた協働により組織的カリキュラ

ムを開発し，実施，評価するカリキュラム・マネジメントの中核となる領域である。さらに，総合的な学習の時間は学校外の関係者，諸機関との連携も不可欠である。とくに小・中学校では，学習課題を地域に求めることが多い。グローバルな問題も，身近な地域の中に見出される。また，子どもにとって課題と自分とのつながりを感じ，課題を自分ごとと考えやすい。地域の人々との直接的な関わりが意欲化につながる。地域の問題解決の過程で，児童生徒が地域社会の一員であることを実感したり，地域への愛着を深める。「社会に開かれた教育課程」を直接的に具現化できるのである。

3 標準時数・単位数と実施上の例外・代替措置

総合的な学習の時間の標準時数・単位数は，小学校では第3学年以上の各学年70時間，中学校は第1学年50時間，第2・第3学年70時間，高等学校は3～6単位であるが，次の例外・代替措置がある。

1 特別活動との代替措置

学習指導要領総則に，「総合的な学習の時間における学習活動により，特別活動の学校行事に掲げる各行事の実施と同様の成果が期待できる場合においては，総合的な学習の時間における学習活動をもって相当する特別活動の学校行事に掲げる各行事の実施に替えることができる」（第2の3の(2)のエ）との記述がある。例えば，中学校の職場体験は，特別活動の「勤労生産・奉仕的行事」に位置づけられるが，職場体験を通した課題解決や自己の生き方を考えることも可能であるため，総合的な学習の時間で取り組むことも考えられる。ただし，体験活動が，探究的な学習の過程に位置づけられていることが前提であり，行事や進路指導への安易な流用は不可である。

2 高等学校の専門学科の代替措置

高等学校における職業教育を主とする専門学科においては，「課題研究」「看護臨地実習」または「介護総合演習」と「総合的な探究の時間」について，同様の成果が期待できる場合には，相互に一部または全部に替えることができる。

平成30年改訂で高等学校に新設される理数科（「理数探究基礎」と「理数探究」とで構成）の履修で「総合的な探究の時間」と同様の成果を期待できる場合は，履修の一部または全部に替えることができるものとされる。

3 教育課程特例校

2008年より文部科学省は，各学校や地域の実態に照らし，より効果的な教育

を実施するため，学校または地域の特色を生かした特別の教育課程を編成して教育を実施する必要等が認められる場合に，特別の教育課程を編成して教育を実施することができる「教育課程特例校制度」を設けている（前身は，2002年開始の構造改革特別区域研究開発学校設置事業）。多くの「教育課程特例校」では，総合的な学習の時間の一部を組み替えて，小学校の英語教育，ことばに関する取り組み，ふるさとや郷土に関する取り組みなどを実施している。

4　実践事例

本節では，総合的な学習の時間の実践事例を紹介する。

1　地域貢献を探究課題とし生き方を考える中学校の実践

① 学校の概要と実践の効果

岐阜県関市立津保川中学校は，生徒数減少から，2つの中学校が再編成されて2016（平成28）年度に新たに開校した小規模の中学校である。学校再編にあたり，地域からは既存の中学校の閉校を惜しむ声が上がった。そこで，この学校は「地域を元気にする学校」を目指すこととした。総合的な学習の時間は，地域を学習対象とし，地域の協力を得ながら，地域に学び地域に貢献する内容とし，これをカリキュラム・マネジメントの中核として取り組んだ。生徒たちは仲間と協力して課題解決に取り組み，地域への愛着を深めた。同時に，教科の学力も大きく向上した。実践の過程で，学校と地域の関係は深まり，同校は地域から期待を集める存在となった。

② 学校の課題，教育目標と連動した総合的な学習の時間の目標

それでは，図6-2に示した「全体計画」に従って，同校の総合的な学習の時間を解説する。図の上方に学校課題，学校の教育目標，市教育委員会の方針と重点が示されている。これらと連動するかたちで，総合的な学習の時間の目標が示されている。これは，「第1の目標」を踏まえて学校が定めた「第2の目標」である。その下にはより具体的に，「育てたい資質や能力及び態度」が示されている。

③ 総合的な学習の時間の名称

総合的な学習の時間の名称は各学校で定める。津保川中学校は，新しい学校を，教職員だけでなく「生徒と共に創る」という視点を大切にしたため，さまざまな場面で生徒の意見を求め学校づくりに反映させた。その一環として，総合的な学習の時間の名称も全校生徒から募集し，投票で「夢活」と決定した。

④ 3年間のカリキュラム――内容および学習活動

全体計画中央部には，3年間の「夢活」の概要（内容，ねらい，年間時数，学

▷7　各学校は，総合的な学習の時間の全体計画を作成しなければならない。他に，道徳教育，特別活動，食に関する指導，人権教育，キャリア教育など，教育課程全体にわたるさまざまな教育活動を通して行われる領域や教育内容については全体計画を作成することが求められる。

▷8　本事例は新学習指導要領の実施前の実践であるため，資質・能力の3本柱による目標の整理はなされていない。

〈学校課題〉	〈学校の教育目標〉 明日を拓くたくましさを身につけた生徒の育成	〈市教育委員会の方針と重点〉
・主体的に問題を見つけ，意欲的に仲間と活動を創り上げるとともに，高まり合おうとする生徒の育成 ・自分の考えや思いを，積極的に相手に伝える表現力の育成	〈総合的な学習の時間の目標〉 地域の自然・文化・産業等を探求的に学ぶことを通して，問題に気づく力や，課題解決に向けて協同的・主体的に取り組む力を伸ばし，地域の中での自己の生き方を考えることができる。 〈育てたい資質や能力及び態度〉 ・願いをもって課題を設定する力 ・主体的・協働的に問題解決をする力 ・明日を拓く生き方を求める力	・問題解決や探究活動に主体的に取り組む態度の育成 ・一人一人の学習状況や成果を把握しての指導，援助と評価の工夫 ・各教科等との関連を明確にし，小中の接続を踏まえ，児童生徒の課題意識が連続発展するような全体計画及び指導計画の工夫改善

「夢 活」

教科との関連	総合的な学習の時間の内容及び学習活動			特別活動との関連
〈指導内容〉 □地域の自然・産業・文化を関連させた指導 ・理科 ・社会科 ・技術家庭科 〈学び方〉 □「自ら学び，自ら考え，主体的に判断する」「仲間との意見交流」「自らの学びを振り返る学習のまとめ」といった一連の学び方の指導				□自ら課題を見つけ，主体的に判断し学び方やものの考え方を身につけることで生活の場面に生かす力（自立する力）を育成する。

	1年生	2年生	3年生
内容	自然・文化・歴史という視点で津保川地域を知る	職業という視点で地域の人の生き方に触れ，自分の考えを主張する	願いをもって，中学生として地域づくりに参画する
ねらい意図	津保川地域の自然・文化などを調べることを通して，自分が住む地域を知るとともに，地域に対する誇りや愛着をもつことができる。	津保川地域の産業をテーマとした調べ学習や職場体験学習を通して，地域の産業の現状を知るとともに，産業に携わる人々の思いに触れ，自分の考えをもつことができる。	願いをもって東京での地域のPR活動や地域づくりに参画する活動を通して，人々の生き方に触れ，学んだことを，自分の生き方に生かすことができる。
年間時数	50時間	70時間	70時間
学習活動	・体験学習 ・個人追究学習	・体験学習 ・個人追究学習	・体験学習 ・個人追究学習
学習活動計画	1．森林やしいたけを中心に津保川地域の自然や産業を調べる。 2．津保川地域の文化財や歴史を調べる。 3．津保川地区の文化や歴史を調べ，紙芝居にまとめ，地域の小学校等に発信する。	1．進路とかかわらせて地域や市の産業を調べる。 2．職場体験学習を行う。 3．職業体験から学んだことをPCの使い方を学びながら，プレゼンを作成してまとめ，体験先の方を招き発表する。 4．自分の生き方について考え，まとめる。	1．東京と比較したり，地域をPRしたりしながら地域を考える。 2．地域の活性化のための手だてを考え，実際に地域づくりに参画する。 3．地域の問題を行政の方と交流する。

道徳の時間（特別の教科道徳）との関連

□内容項目との関連
・郷土愛
・思いやり
・強い意志
・勤労観
　　　など

総合的な学習の時間の評価		
1年生	2年生	3年生
課題解決に向けて課題を決めて計画を立てて主体的に取り組む	課題解決に向けて，事象を比較したり，因果関係を推測したりして思考する	地域の問題から自分の願いをもち活動につなげる
体験を通して地域によさに気づく	体験で学んだことを自分自身の生き方とかかわらせて考える	様々な方のアドバイスを参考にしながら自分の願いを実現させる具体的な方法を考える
紙芝居等，相手意識をもって発信する	自分の考えを工夫して主張する	実際に社会活動に参画する

校区の小学校との連携	地域等の人材活用・教育機関等との連携
・地域の自然や施設を学ぶ体験活動や学習活動の位置づけ，情報交流，紙芝居の発表等	武儀地域事務所，上之保地域事務所，武儀農業改良普及センター，農林産物販売所，中濃森林組合，武儀地域委員会，津保川漁業協同組合

図6-2　総合的な学習の時間全体計画（関市立津保川中学校，平成29年度）

出所：関市立津保川中学校。

習活動，学習活動計画）が示されている。「夢活」は，地域に学習対象と学習の場を求めた探究的な学習である。

⑤ 第1学年：紙芝居で地域の伝承を伝えよう

　第1学年は「地域を知る」が主要テーマである。前期の最初の単元は，宿泊的行事（特別活動）と関連させている。後期は，地域に伝わる昔話を紙芝居にする。作成にあたり，地域在住の制作経験者を講師として迎える。完成した紙芝居は校内でボランティアを募集し，地域のウォーキングイベントや敬老会で，積極的に披露する。地域の伝承文化を受け継ぐ目的もある。

⑥ 第2学年：職場体験から生き方を考える

　第2学年は漁村体験として三重県の答志島へ行く。単なる漁村体験ではなく，職場体験を兼ねる。秋には山間部の津保川地区においても職場体験を行い，漁村・山村の両方を体験し比較することを通して，働く人の考え方や，働くことの意義や苦労を学び，生き方を考える。

⑦ 第3学年：私たちができる地域参画

　第3学年前期は，修学旅行先の東京の商店街で，地域の特産品販売を行い，地域をPRする。具体的には，仕入れのお願い，値段がよくわかるポップづくり，笑顔での接客，売り上げ向上の努力など，本物の体験を通して，販売の仕組みや大変さを学ぶ。この体験を活かし，後期は，地域活性化の手立てを考え，地域参画活動を行う。

⑧ 教科等との関連

　全体計画には，学習内容や学習方法，育成する資質・能力の観点から，教科，特別活動，道徳との関連が示されている。全体計画に示されたこと以外にも国語の新聞づくりや数学のグラフなど，教科で培った資質・能力を発揮する学習が行われている。

2　高等学校の実践事例

　金沢大学人間社会学域学校教育学類附属高等学校は2014〜18（平成26〜30）年度，文部科学省からSGH（スーパーグローバルハイスクール）の指定を受け，総合的な学習の時間を中心にカリキュラム開発に取り組み成果をあげた。同校がSGHの目標として掲げた人間力は，「基礎的教養」「課題対応能力」「英語運用能力」「グローバル・マインド」「リーダーシップ」である。これらを育成するために，以下の4つの大単元（同校では「課題研究」と呼ぶ）を開発した（3年間で4単位の履修）。

(1)地域課題研究（第1学年4〜11月）：地域を学習素材とする。「新幹線金沢開業のメリット・デメリット」「現地学習（能登or加賀）と地域課題研究」

の2つのステージから構成される。

(2) 異文化研究（第1学年12～3月）：日本と台湾の文化比較を行う。「Taiwan Hour（台湾師範大学生に対してグループ研究内容を英語で発表）」「台湾現地学習（台湾の高校を訪問し，現地高校生と討論や共同調査）」の2ステージ構成。

(3) グローバル提案（第2学年）：「国際会議弁当（次のステージに向けた導入。弁当の内容を考案）」「日本語版模擬国際会議（生徒が14カ国のグループに分かれ，他国の合意を得られるような提案・交渉を行う）」「英語版模擬国際会議（金沢大学の留学生に対して提案し討論を行う）」の3ステージ構成。

(4) グローバル・キャリアパス（第3学年）：「学びの履歴書（高校3年間の学びをまとめ，自己の資質・能力を考察）」「学びの設計書（高等教育機関及び将来に渡るキャリアパスを構想）」の2ステージ構成。

　このように，各課題研究内には複数のステージが連動するよう設計されている。ステージごとに「調査→分析・整理→発表→自己評価」のサイクルが設定されており，探究のサイクルがスパイラルに繰り返される。さらに，4つの課題研究は3年間を通して一貫性をもち，(1)「地域（石川県・北陸）」→(2)2国間（日本・台湾）→(3)多国間と学習対象・視野を広げたうえで，最後は(1)～(3)の学びを踏まえて(4)自己のあり方・生き方の探究へと矢印を自己に向けられるように構造化されている。同校の実践は，大学教員や留学生といった大学附属高校のメリットを生かした人的資源だけでなく，地元（例：北陸財務局）や海外（台湾の交流高校）といった外部資源を最大限に活用しつつ，英語を使う必然性のある場面設定，生徒にとって学びがいのある学習課題と学習過程，多様でリアルな外部評価，それらをもとにして自己のあり方・生き方を考える機会などを提供することに成功した。

3　小学校の事例

　新潟県上越市立大手町小学校は何度も研究開発学校指定を受けた，カリキュラム開発に意欲的な公立小学校である。その実践は，総合的な学習の時間の創設にも貢献した。「食糧その日」を中核とした，第5学年の特色ある実践を紹介する。「食糧その日」は，輸入がストップし，雪深い上越の冬を自分たちが生産した食糧だけで乗り越えることを仮定して，ごくわずかな食糧だけで一泊二日（学校に宿泊）を過ごす空腹体験である。11月の宿泊体験に向け，児童たちは米や野菜，家畜などを育てながら，食料自給率，農業，食品の安全性，命などについて探究する。これらの学習は，社会科，理科，家庭科などの教科学習と関連づけられている。そして，空腹体験中も，食や命に関する課題の探究を深める。この実践は40年以上継続した伝統があるが，毎年，教師と児童が話

し合いを重ねることにより，児童の興味・関心を生かし，その学年固有の内容を開発している。

5 実践に向けて

　筆者自身は，総合的な学習の時間を探究的な学習にするためのポイントは，「リアル」「ゴール」「ハードル」だと考えている。「リアル」とは学習課題や評価者が本物であることである。「ゴール」は課題解決の目的が価値あるものであり，それが児童生徒にもわかっていることである。「ハードル」とは児童生徒にとって適度な負荷のある学習過程とすることである。例えば，生徒が居住する地域の過疎化という課題は生徒にとって身近でリアルな問題である。市役所に対して地域活性化の提案をする，ということは明確な「ゴール」である。仮に，生徒が商品開発をして本物のお客さんに販売する場合は，コスト面やルール，集客などさまざまな「ハードル」が立ちはだかる。それらを乗り越えて成功すればそれは本物の評価であり生徒は大きな手応えを感じるであろう。調べたことを発表する相手を工夫する（生徒同士の発表ではなく，課題に応じて，市役所の職員，幼稚園児，留学生などにする）だけでも，「リアル」「ゴール」「ハードル」の度合いが高まる。そのためには，教師自身が地域をフィールドワークして適切な学習素材を見つけ，協力を得られる地域人材や施設などとの関係を築く必要がある。学校と教師の裁量の大きい総合的な学習の時間の設計と実践は，手間暇がかかるが，教師の腕の見せ所であり，児童生徒への効果も大きい。創造力を発揮して，この時間の実践を楽しめる教師を目指してほしい。

Exercise

① 在住する地域や大学の所在地について，自然環境や産業構造，伝統や文化などの地域特性をあげてみよう。ウェビングなどの方法を用いて連想を広げ，総合的な学習の時間にふさわしい「探究課題」を探そう。
② 国際理解，情報，環境，福祉・健康，安全といった総合的・教科横断的な諸課題について，自らの専門教科から，関連づけられる資質・能力や学習内容を考えてみよう。

📖 次への一冊

文部科学省「求められる力を高める総合的な学習の時間の展開」。

学習指導要領［平成20・21年改訂］のために作成された指導資料。これを参考にすれば総合的な学習の時間の一通りの構想が可能である。冊子体は，小学校編は教育出版，中学校編は教育図書，高等学校編は教育出版より発行されている。文部科学省の URL よりダウンロード可能。http://www.mext.go.jp/a_menu/shotou/sougou/main14_a2.htm（2018年9月16日閲覧）

村川雅弘・酒井達哉『総合的な学習充実化戦略のすべて』日本文教出版，2006年。
環境学習をテーマとした小学校の実践事例を紹介・解説している。1年間の実践のストーリーと子どもの変容は鮮やかで感動的である。探究的な学習の過程をつくる具体的なヒントが，手に取るようにわかる。映像資料（DVD）付き。

高浦勝義編著『総合学習の理論』黎明書房，1997年。
総合学習の理論について，さまざまな観点からわかりやすく論じられている。構成は「Ⅰ部 総合学習の考え方と意義」「Ⅱ部 総合学習に向けた課題と展開」「Ⅲ部 総合学習における学習指導と評価」。

デューイ，J., 宮原誠一訳『学校と社会』岩波文庫，1957年他。
シカゴ実験学校の成果を踏まえ，あるべき学校の学習内容，方法，運営について論じられている。原著は100年以上前の古典だが，内容はいまなお新しく感じられる。ぜひ読んでおきたい。

田村学・黒上晴夫『教育技術MOOK 考えるってこういうことか！「思考ツール」の授業』小学館，2013年。
情報の整理・分析の段階で必要とされる「考えるための技法（比較，分類，関連付けなど）」について具体的な「シンキング・ツール（ベン図，イメージマップ，X/Y/Wチャートなど）」とともに示されている。同著者による関連図書も複数出版されており，インターネットからダウンロード可能な報告書もある。

引用・参考文献

天野正輝「カリキュラムの類型」日本カリキュラム学会編『現代カリキュラム事典』ぎょうせい，2001年，16～17ページ。

加藤明『総合的な学習の基礎・基本』明治図書出版，2002年。

加藤幸次『総合学習の思想と技術』明治図書出版，1998年。

金沢大学人間社会学域学校教育学類附属高等学校『平成26年度指定スーパーグローバルハイスクール研究報告書（第3年次）』2017年。

久野弘幸・村川雅弘・鎌田明美・蝶野大輔・三島晃陽・松田淑子・山内貴弘・田村学「総合的な学習で育まれる学力とカリキュラム(2)中学校・高校編」『せいかつか&そうごう：日本生活科・総合的学習教育学会誌』22，2015年，22～31ページ。

高浦勝義編著『総合学習の理論』黎明書房，1997年。

デューイ，J., 金丸弘幸訳『民主主義と教育』玉川大学出版部，1984年（原著は1915年）。

新潟県上越市立大手町小学校『人間力』2007年。

早川操『デューイの探究教育哲学──相互成長をめざす人間形成論再考』名古屋大学出版会，1994年。

村川雅弘・久野弘幸・野口徹・三島晃陽・四ヶ所清隆・加藤智・田村学「総合的な学習で育まれる学力とカリキュラム(1)小学校編」『せいかつか&そうごう：日本生活科・総合的学習教育学会誌』22，2015年，12～21ページ。

第7章
小学校外国語教育の展望

〈この章のポイント〉
　小学校への外国語導入は，どのように展開されてきたのか。みなさんが小学校で経験した英語活動は，簡単なあいさつや歌，ゲームなどが中心になっていた。これらの活動は教育課程の位置づけからみると，研究開発学校や総合的な学習の時間，外国語活動といった，異なる領域で行われてきたものである。本章では，小学校外国語教育の変遷を導入初期から4つに区分し，時期ごとの特徴をみていき，「領域」から「教科化」へのプロセスを理解する。さらに，今後の小学校外国語教育について，教科化の動向を学ぶ。

1　小学校への外国語導入の経緯

　小学校外国語導入の仕方には，FLES◁1 (Foreign Language in the Elementary School) と，FLEX◁2 (Foreign Language Experience/Exploratory) がある。日本の場合，導入初期は FLEX に近く，2017年度の学習指導要領の改訂は FLES に近い内容になっている。

　公立小学校への外国語導入の論議は，1980年代の新聞記事から始まったといわれる。本格的な検討は，1990年代に入ってからである。小学校への外国語導入は，図7-1のように，4つのステージに分類できる。

　第1ステージでは，1992年に大阪の公立小学校2校が，「国際理解・英語学習」指導のあり方について研究開発学校に指定され，「国際理解教育の一環としての英語教育の研究」◁3がスタートした。それ以降，1996年には各都道府県で1校単位に研究指定校が拡大され，先導的な実践が取り組まれた。カリキュラムも教材もないところから，小学校英語教育のあり方を現場が中心になって模索した時代であった。研究開発学校の実践例として，千葉県成田市立成田小学校があげられる。同校は1996年度から2008年度の間，4回に渡って小学校外国語と関連する研究開発学校の指定を受けている。◁4

　第2ステージは，「総合的な学習の時間」のなかで部分的に導入された時代である。学習指導要領［平成10年改訂］により，各学校は「総合的な学習の時間」の枠で，学校独自の判断により，「国際理解に関する学習の一環としての外国語会話等」を実施できることになった。「総合的な学習の時間」の内容は

▷1　基礎的な外国語運用能力（とくに口語面）の習得，ならびに文化理解を目的とした「小学校外国語プログラム」。

▷2　外国語・外国語文化紹介を行い，異文化への意識を高めることを主な目的とした「外国語体験プログラム」。

▷3　1976年以降，文部省（および文部科学省）が次期学習指導要領を改訂するにあたって，実証的資料を収集するための学校を，全国の学校のなかから指定する仕組み。現在は原則4年指定。予算措置あり。

▷4　第1回目は20分のモジュール学習を導入。第2回目の2000年度から，教科「英語科」として研究開発指定。小学校外国語の教科化への準備は，この時期から始まっていた。

図7-1　小学校への外国語導入の経過

出所：筆者作成。

各学校に任され，学校によって内容や指導の方法にばらつきが出た時期である。結果的に，中学校との連携や教育の機会均等という面から課題が指摘されるようになり，共通の指導内容などを設定する必要性が強く求められるようになった。

　第3ステージは必修化の時代である。「総合的な学習の時間」の取り組みから生じた課題を解決するため，国として各学校で共通の指導内容の提示が必要とされ，小学校の学習指導要領［平成20年改訂］により，第5学年〜第6学年で週1時間の「外国語活動」が新設され，必修化された。ただし，「教科」ではなく「領域」としての位置づけとなった。小学校における外国語活動の目標や内容を踏まえれば，一定のまとまりをもって活動を行うことが適当であるが，教科のような数値評価になじまないものと考えられた。このような部分的導入の意義は，第一に，これまで中等教育で「教科」として位置づけられてきた「外国語」を教科の枠から外し，小学校で教育課程の一領域に位置づけたことである。第二に，「国際理解に関する学習の一環として」という条件を付して，既存の外国語教育における言語中心的な考えを改め，実践的な異文化間コミュニケーションの考えを打ち出したことである。

　第4ステージは，教科化の時代である。2011年4月から小学校第5学年〜第6学年を対象に外国語活動が完全実施されてから，日本が目指す外国語能力はグローバル社会に求められる外国語能力を軸にしている。文部科学省（2011）の「国際共通語としての英語力向上のための5つの提言と具体的施策」によると，グローバル社会で求められる外国語能力とは「異なる国や文化の人々と外国語をツールとして円滑にコミュニケーションを図ることができる能力」と定義される。その能力は，「異なる国や文化の人々と臆せず積極的にコミュニケーションを図ろうとする態度や，相手の文化的・社会的背景を踏まえた上で，相手の意図や考えを的確に理解し，自らの考えに理由や根拠を付け加えて，論理的に説明したり，議論の中で反論したり相手を説得したりできる能力」と具体化されている。この能力は，異文化間コミュニケーション能力と非常に近い。

小学校外国語教育の必修化から教科化への流れをみると，「外国語活動」の導入以降，2013年5月の教育再生実行会議（第3次提言）において，「小学校の英語学習の抜本的拡充，実施学年の早期化，教科化，指導時間増」などが盛り込まれた。同年12月には「グローバル化に対応した英語教育改革実施計画」が公表され，「小学校3・4年生では活動型で週1〜2時間，5・6年生では教科型で週3時間程度」という計画が提案された。その後，文部科学省は2014年2月に「英語教育の在り方に関する有識者会議」を設置し，次期学習指導要領の改訂に向けて本格的な検討を開始した。有識者会議は同年9月に「今後の英語教育の改善・充実方策について：グローバル化に対応した英語教育改革5つの提言」として，議論をまとめた。同年11月に下村文部科学大臣（当時）から中央教育審議会の初等中等教育分科会教育課程部会への諮問が行われ，「論点整理」（2015年8月）を経て，2016年12月21日に「答申」がまとめられた。

　2017年3月に告示された小学校学習指導要領では，第3学年〜第4学年で「外国語活動」（年間35単位時間）が，第5学年〜第6学年では「外国語科」（年間70単位時間）が導入され，2年間の移行期間を経て，2020年度より完全実施される。小学校の4年間で合計210時間，英語に触れることになる。これは，「外国語活動」で培われた実績を基礎として，さらに実践的なコミュニケーション能力を確実にしていこうとする，「外国語活動」から一歩進んだ結果でもある。

2　「総合的な学習の時間」としての部分的導入

　1998年に小学校学習指導要領が告示され，新設の「総合的な学習の時間」の国際理解教育の一環として「外国語会話」が入り，小学校英語の部分的導入が始まった。これにより，小学校第3学年以降で英語教育を行うための時数が確保できるようになり，移行期間を含め，この頃から小学校外国語が一気に広がっていく。

　学習指導要領［平成10年改訂］は，小学校外国語について次のように述べる（総則第3の5の(3)）。

> 　国際理解に関する学習の一環としての外国語会話等を行うときは，学校の実態等に応じ，児童が外国語に触れたり，外国の生活や文化などに慣れ親しんだりするなど小学校段階にふさわしい体験的な学習が行われるようにすること。

　この時期の外国語学習の趣旨は，『小学校学習指導要領解説総則編』（1999年）によると，(1)国際理解に関する学習の一環として行われるものである，(2)中学校の英語教育の前倒しではない，(3)児童を外国語に触れさせる，(4)外国の生活や文化などに慣れ親しませる，(5)体験的な学習である，という5点にまと

められる。あくまでも体験を重視し，受験英語とは離れたものとして，小学校外国語を捉えている。

このように，当時の小学校の外国語は教科外活動への部分的な導入であり，名称も「英語」ではなく「外国語会話」となっている特徴がある。それは，中学校英語の前倒しではないことを強調し，国際化に対応できる外国語教育を意識したと考えられる。このため，小学校外国語の導入を，小学校での英語教育の解禁と受け止める見方と，あくまで国際理解教育であって英語教育としてまとまった教授内容をもちえないとする見方とが併存していた。

その後，2001年度に小学校で外国語会話に取り組む際の参考と指針として，『小学校英語活動実践の手引』が編集され，市販された。そこでの外国語会話と国際理解の関係は，次のように関連づけられた（文部科学省，2001，2ページ）。

> 国際理解を進める具体的な学習活動として「外国語会話」「国際交流活動」および「調べ学習」などがある。これらの活動は，いずれも国際理解を進める上で有効な方法であり，相互に有機的な関連を図りながら取り上げていくことが望まれる。

これは，「外国語会話」が他の2つと相互関連を図りながら，国際理解としてのねらいを果たしていくことを意味する。すなわち，「外国語＝国際理解」という公式は成立しない。また，世界の多くの場面で使用される言語教育の基礎として英語を取り上げる理由を説明し，「国際交流活動」や「調べ学習」でアジアを含むさまざまな国々の文化や，あいさつなど簡単な言葉に触れる活動を行うことも期待されると述べ，「英語中心，英米文化偏重」ではないことを強調した。さらに，国際理解における「外国語会話」は，行動する能力を習得することがねらいとされた。

その後，文部科学省は2002年7月に「『英語が使える日本人』の育成のための戦略構想――英語力・国語力増進プラン」を，2003年度には「『英語が使える日本人』の育成のための行動計画」を発表し，英語の教科化への期待が高まった。この戦略では，英語科担当教員の資質向上が含まれたものの，小学校では外国語会話への支援が言及されるにとどまった。

以上のような内容と趣旨で，「総合的な学習の時間」の「外国語会話」は，実施する・しないも含め，目標も内容も各学校の判断に委ねられていた。このことは，小学校外国語をめぐる新たな課題を生み出した。

文部科学省が2004年に実施した「小学校英語教育に関する意識調査」の結果では，「英語活動への好感度，英語活動の達成度が前年度に比べて低い，英語活動への正しい理解の不足」という傾向がみられ，カリキュラムのばらつきが注目された。同省の「小学校英語活動実施状況調査」の結果概要（2007年）によれば，公立小学校の「総合的な学習の時間」において，約8割以上の学校が英語活動を実施し，特別活動も含めると何らかの形で英語活動を実施している

学校が97.1％だった。

　一方，ベネッセの「第2回 小学校英語に関する基本調査」（2010年）によると，英語活動の必修化を次年度に控え，すでに約94％の地域が英語活動を全小学校で実施し，約80％の小学校は第1学年から英語を取り入れている。低学年（第1学年～第2学年）の子どもたちの英語活動は，英語を「聞く」「話す」体験が中心で，歌ややりとりゲームなどを通して英語のリズムに触れ，ALT（Assistant Language Teacher）の先生など外国の人と交流する，楽しい時間となっている。

　この時期の小学校への外国語導入の意義を，松川（2007, 3～4ページ）は次の2つにまとめた。一つは，英語教育の改善という視点で，小学校からの導入が英語教育の改善に寄与できる，すなわち，話せる英語の切り札になる，という考え方である。もう一つは，「小学校教育論」として小学校への英語教育導入を論じつつ，「小学校教育課程の新しい枠組み作り」と捉えることである。小学校に英語を取り入れることで，子どもたちはどれくらい英語ができるようになるかという英語教育中心的な議論だけでなく，人間形成でどのように役立つかという視点から，その意義を見出していたといえる。

▷5　低学年児童への英語活動の主な内容は，「英語の音やリズムに触れたり，慣れたりする活動（81.2％）」「英語を聞いたり話したりする活動（72.9％）」「外国の人と交流する活動（57.5％）」「外国の文化や生活を知る活動（34.2％）」「英語の文字や文章を読む活動（9.8％）」「英語の文字や文章を書く活動（1.5％）」が中心となっている。低学年からの英語教育は「研究開発学校制度」などによる。

3　「外国語活動」の必修化
　　──「総合的な学習の時間」から「領域」へ

1　外国語活動の目標と内容

　小学校における「外国語活動」の新設が初めて言われたのは，中央教育審議会の2008年の答申，「幼稚園，小学校，中学校，高等学校及び特別支援学校の学習指導要領等の改善について（答申）」である。「教育内容に関する主な改善事項」として，次の文章がある。

> 　小学校段階における英語活動については，現在でも多くの小学校で総合的な学習の時間等において取り組まれているが，各学校における取組には相当のばらつきがある。このため，外国語活動を義務教育として小学校で行う場合には，教育の機会均等の確保や中学校との円滑な接続等の観点から，国として各学校において共通に指導する内容を示すことが必要である。
> 　この場合，目標や内容を各学校で定める総合的な学習の時間とは趣旨・性格が異なることとなる。また，小学校における外国語活動の目標や内容を踏まえれば一定のまとまりをもって活動を行うことが適当であるが，教科のような数値による評価にはなじまないものと考えられる。これらのことから，総合的な学習の時間とは別に高学年において一定の授業時数（年間35単位時間，週1コマ相当）を確保する一方，教科とは位置付けないことが適当と考えられる。

この答申を受けて告示された学習指導要領［平成20年改訂］における，「外国語活動」の目標は，次のとおりである。

> 外国語を通じて，言語や文化について体験的に理解を深め，積極的にコミュニケーションを図ろうとする態度の育成を図り，外国語の音声や基本的な表現に慣れ親しませながら，コミュニケーション能力の素地を養う。

『小学校学習指導要領解説外国語活動編』（2008年）は，「三つの柱を踏まえた活動を総合的に体験することで，中・高等学校等における外国語科の学習につながるコミュニケーション能力の素地をつくろうとするものである」とし，小学校外国語活動の役割を示した。指導に当たっては「外国語を通じて」行い，反復練習中心の口頭文型練習や会話文の暗誦など，音声や基本的な表現の習得の指導に偏らず，技能（スキル）の向上のみを目標とした指導を行わないことがあげられている。つまり外国語活動は，相手の言う意味が「わかった」，自分の言ったことが相手に「通じた」という体験を通して，コミュニケーションを図る態度の育成が目的である。外国語活動は，外国語の文法や語彙などの形式を知識として学ぶのではなく，文脈や話し方などから話し手が伝えようとしている意味や意図を推測する体験を子どもに提供し，コミュニケーションに不可欠な推測力を養う。

さらに外国語活動の内容は，以下のように示された。

> （第5学年及び第6学年）
> 1　外国語を用いて積極的にコミュニケーションを図ることができるよう，次の事項について指導する。
> 　(1)外国語を用いてコミュニケーションを図る楽しさを体験すること。
> 　(2)積極的に外国語を聞いたり，話したりすること。
> 　(3)言語を用いてコミュニケーションを図ることの大切さを知ること。
> 2　日本と外国の言語や文化について，体験的に理解を深めることができるよう，次の事項について指導する。
> 　(1)外国語の音声やリズムなどに慣れ親しむとともに，日本語との違いを知り，言葉の面白さや豊かさに気付くこと。
> 　(2)日本と外国との生活，習慣，行事などの違いを知り，多様なものの見方や考え方があることに気付くこと。
> 　(3)異なる文化をもつ人々との交流等を体験し，文化等に対する理解を深めること。

指導内容は学年ごとでなく，2学年間を通じて示された。あわせて，指導内容や活動は，「児童の興味・関心にあったものとし，国語科，音楽科，図画工作などの他教科等で児童が学習したことを活用するなどの工夫により，指導の効果を高めるようにする」とされた。各学校が子どもの実態に応じて，各学年の指導内容を柔軟に設定し，基本的には学級担任が中心になって教えるとされた。そして外国語活動においては，英語を取り扱うことを原則とした。

▷6　①日本と外国の言語や文化について，知識のみによってではなく，外国語によるコミュニケーション活動を通して体験的に理解させ，学ばせる。
②相手の考えや気持ちを理解しようとしたり，必要に応じて，顔の表情やジェスチャーなどことばによらないコミュニケーションの手段と使って，積極的に自分の考えや気持ちを伝えようとする態度を育成する。
③母音や子音の発音の仕方や文法の細かな規則を詳しく説明したり，理解させたりするのではなく，聞いたり，話したりする体験的な活動を通して音声や表現に慣れ親しませる。

外国語活動に関わる学習評価では，教科のようなペーパーテストの成績による数値評価は，望ましくない。上述した外国語活動目標の3つの柱を観点として，「〜ができる」といった表現よりも，むしろ活動を通した見取りを重視し，「〜しようとしている」様子を評価することとされた。

2　二つの教材『英語ノート』と『Hi, friends!』

外国語活動の導入にともない，文部科学省は2009年に『英語ノート』（CDとマニュアルつき）を作成し，教師の研修も始めた。また，絵カード400枚を備えた小学校英語活動サイトも設立し，電子黒板の開発など，現場の教師の支援体制を固めてきた。とくに，テレビやゲームで優れた画面や画像に慣れた今の子どもたちの興味をひきつけるうえで，電子黒板を使うデジタル教材は最適のサポートである。これらは，各学校が工夫して単元のねらいを達成する，補助的な教材として配慮されている。これらの教材の使用は，義務ではなかった。なぜなら，外国語活動は「教科」ではなく「領域」であり，『英語ノート』は教科用図書ではないからである。

2012年4月の『Hi, friends!』は，『英語ノート』から移行した，外国語活動の教材である。2012年1月，文部科学省が『Hi, friends!』を公にした時の説明の要旨を，以下に示す（直山, 2013, 11ページ）。

> 文部科学省では，平成24年度以降の小学校外国語活動に使用する新たな外国語活動教材『Hi, friends!』を作成し，本年度中に全国の小学校に発送する。平成23年度より小学校学習指導要領が全面実施され，小学校第5学年及び第6学年において週1コマの外国語活動が導入された。外国語活動は，教科としては位置づけられておらず教科書が存在しないが，教育の機会均等等，中学校との円滑な接続，外国語活動の質的水準の担保等の観点から，文部科学省において学習指導要領に沿って共通教材として「英語ノート」を作成し，平成21年度〜平成23年度の間，希望する小学校に配布してきた。「英語ノート」の活用実績や使用する中で出てきた課題等を踏まえ，外国語活動の一層の充実を図るため，平成24年度以降の小学校外国語活動で使用する新たな外国語活動教材を作成した。

『Hi, friends!』を『英語ノート』と比較すると，『Hi, friends!』は総計56ページで，『英語ノート』から24ページも減って薄くなったが，Lessonの数は『Hi, friends! 2』で一つ減っただけである。ページ数を減らしながら，コミュニケーション活動の充実を図るねらいがうかがえる。

表7-1は，2つの教材の諸活動を比較したものである。表7-1中，『Hi, friends!』で授業中の諸活動で増えたのは Let's Chant のみで，『Hi, friends! 1』で4か所，『Hi, friends! 2』で1か所，それぞれ増えた（太字の斜体の数値）。英語の音声やリズムに慣れ親しむねらいがある。その他の活動は，すべて大幅に減少した。一見，児童が取り組むコミュニケーション活動が減ったよ

▷7　研究開発学校などで，既存のカリキュラムや従来用いてきた教材があるなら，無理に『英語ノート』を使用する必要はなかった。そのなかから，内容的に共通する部分で使用可能な教材を効果的に用いたり，教材作成のヒントにしたりすれば十分である。とはいえ，ゼロから「外国語活動」を始める学校にとって，『英語ノート』から学べることは多かった。

表7-1 『英語ノート』と『Hi, friends!』に出てくる諸活動の比較

	Let's Listen	Let's Sing	Let's Chant	Let's Play	Activity	Let's Enjoy
『英語ノート1』	18	4	6	18	30	3
『Hi, friends! 1』	16	2	***10***	14	11	0
『英語ノート2』	21	2	7	15	26	3
『Hi, friends! 2』	12	0	***8***	13	12	0

注：太字の斜体の数字は『Hi, friends!』で増加した活動。
出所：『英語ノート』と『Hi, friends!』をもとに作成。

うに見えるが，時間数は週1コマのままである。『Hi, friends!』では，数を減らして個々の活動に十分な時間をかけ，各校で工夫したコミュニケーション活動等を取り入れることが求められている，と言えよう。

『英語ノート』と同様に，『Hi, friends!』のデジタル教材も作られている。特徴は，(1)チャンツや歌にカラオケがついて，スピードも【ゆっくり】【ふつう】の二段階の設定，(2) Let's Playではネイティブスピーカーが実写となり，ロールプレイ練習が可能，(3)ネイティブスピーカーの発音を聞かせるだけでなく，口の形（上半身，正面の口，横からの口）を見せる。これは，発音指導が目的ではなく，ALTがいない場合を想定している。また，世界地図のページでは，好きな国をクリックすると象徴的な町並みが映った後，小学校第5学年～第6学年の児童が，自国語と英語であいさつと自己紹介をする。多様な絵カードを作れるCDのデータもある。このように，『Hi, friends!』のデジタル教材は充実しており，リソースが豊富になっている。デジタル教材を指導者が手際よく操作できれば，授業内容は濃くなるはずである。指導者の「腕の見せどころ」だろう。

以上，『Hi, friends!』は分量を減らし「コミュニケーション活動の充実」を促すが，コミュニケーション活動の質を高めるためには，まずはコミュニケーション活動の正しい理解が必要である。外国語活動では一般的に，新しい単元に入ると，新出単語をチャンツや歌，レペティション（反復練習）で慣れさせ，新しい表現を聞かせながら，児童にペアで会話練習をさせる。このようなペアでの会話練習は，単に表現に慣れさせる型の練習に過ぎず，コミュニケーション活動ではない。菅（2012，10ページ）が「ある程度慣れ親しんで使えるようになった語彙や表現を駆使しながら，他者に自分の考え方や思いを伝えていく活動」と述べるように，児童の発達段階に見合った中身のある本物の活動こそ，コミュニケーション活動と言えよう。そのため，児童が自ら考え発話する状況，ジェスチャーなど非言語的な要素も表現する場面を，指導者が授業に取り入れ，子どもたちが語彙や表現を使って相手に伝えようとさせることが重要である。指導者による，中身のある本物の会話の場面づくりが求められる。

▷ 8 chants. 英語の文章をリズミカルに歌う活動をさす。

4 「外国語科」の必修化——「領域」から「教科」へ

1 「外国語活動」および「外国語科」の目標

　新学習指導要領の改訂で最も熱心に議論され，これからの教育を考えるにあたって最も大切とされたのは，「これから2030年代に向かって，われわれの国は大きな変化のときを迎える」という時代認識であった。新学習指導要領で，各教科等の目標は，(1)何を理解しているか，何ができるか（「知識及び技能」の習得），(2)理解していること・できることをどう使うか（未知の状況にも対応できる「思考力，判断力，表現力等」の育成），(3)どのような社会・世界とかかわり，よりよい人生を送るか（学びを人生や社会に生かそうとする「学びに向かう力，人間性等」の涵養）という，「育成すべき資質・能力の3つの柱」に沿って示された。小・中学校外国語科の目標も，「知識及び技能」「思考力，判断力，表現力等」「学びに向かう力，人間性等」の3つの柱で設定された。新学習指導要領

▷9　今回の改訂は，「主体的・対話的で深い学び」が英語教育全体の改革指針となっている。児童生徒が対話などを通して，自ら学びとるという英語学習である。

▷10　中学校外国語科の目標
「外国語によるコミュニケーションにおける見方・考え方を働かせ，外国語による聞くこと，読むこと，話すこと，書くことの言語活動を通して，簡単な情報や考えるなどを理解したり伝え合ったりするコミュニケーションを図る資質・能力」を育成すること。

▷11　第3学年～第4学年は「素地」，第5学年～第6学年は「基礎」。

表7-2　小学校の外国語活動と外国語科の目標

	目　標
小学校外国語活動	外国語によるコミュニケーションにおける見方・考え方を働かせ，外国語による聞くこと，話すことの言語活動を通して，コミュニケーションを図る素地となる資質・能力を次のとおり育成することを目指す。 (1) 外国語を通して，言語や文化について体験的に理解を深め，日本語と外国語との音声の違い等に気付くとともに，外国語の音声や基本的な表現に慣れ親しむようにする。〈知識及び技能〉 (2) 身近で簡単な事柄について，外国語で聞いたり話したりして自分の考えや気持ちなどを伝え合う力の素地を養う。〈思考力，判断力，表現力等〉 (3) 外国語を通して，言語やその背景にある文化に対する理解を深め，相手に配慮しながら，主体的に外国語を用いてコミュニケーションを図ろうとする態度を養う。〈学びに向かう力，人間性等〉
小学校外国語科	外国語によるコミュニケーションにおける見方・考え方を働かせ，外国語による聞くこと，読むこと，話すこと，書くことの言語活動を通して，コミュニケーションを図る基礎となる資質・能力を次のとおり育成することを目指す。 (1) 外国語の音声や文字，語彙，表現，文構造，言語の働きなどについて，日本語と外国語との違いに気付き，これらの知識を理解するとともに，読むこと，書くことに慣れ親しみ，聞くこと，読むこと，話すこと，書くことによる実際のコミュニケーションにおいて活用できる基礎的な技能を身に付けるようにする。〈知識及び技能〉 (2) コミュニケーションを行う目的や場面，状況などに応じて，身近で簡単な事柄について，聞いたり話したりするとともに，音声で十分に慣れ親しんだ外国語の語彙や基本的な表現を推測しながら読んだり，語順を意識しながら書いたりして，自分の考えや気持ちなどを伝え合うことができる基礎的な力を養う。〈思考力，判断力，表現力等〉 (3) 外国語の背景にある文化に対する理解を深め，他者に配慮しながら，主体的に外国語を用いてコミュニケーションを図ろうとする態度を養う。〈学びに向かう力，人間性等〉

出所：新学習指導要領をもとに作成。下線は筆者による。

▷12 各教科を学ぶ本質的な意義の中核をなすものであり，社会に出たあともこれらの「見方・考え方」を働かせることにより，よりよい人生を切り開くことに資するものでなければならない。

▷13 CEFR：Common European Framework of Reference for Languages: Learning, teaching, assessment.

▷14 これまで外国語活動は領域を設定していなかったが，新たに3つの領域が示された。

▷15 「外国語を使って何ができるようになるか」という観点から目標が示され，すべて「～できるようにする」という形で構成されている。

▷16 第3学年～第4学年で音声中心に学んできたことを，文字へと円滑に結び付けられるようにするために明記された。

▷17 「話すこと」が「話すこと（やり取り）」と「話すこと（発表）」の2つに分かれ，第3学年～第4学年では3領域，第5学年～第6学年では4技能5領域になった。

▷18 目標をより具体化していく観点から，「ゆっくりはっきりと話されれば」「伝えようとする内容を整理した上で」など，具体的な方法や条件が示された。

▷19 第3学年～第4学年で音声中心に学んだことを，文字を書くことへの学習に円滑に結び付けることが明記された。

における外国語活動および小学校外国語科の目標は，表7-2のとおりである。

3つの資質・能力を外国語活動・外国語で考えると，バラバラではなく，一体的に育成されることが大切である，と大城（2017, 48ページ）は述べる。語彙や文法を個別の知識や技能として学習させるのではなく，目標・場面・状況を設定した言語活動を通して活用させ，その過程で「思考力，判断力，表現力等」も育成され，活動の見通しをもったり，振り返ったりすることが，「学びに向かう力，人間性等」の涵養につながるという。「知識及び技能」は，目的・場面・状況を設定したうえで，思考・判断をともなう表現活動として活用されることが，真に迫るからであろう。この過程の先の活動を考えることが，「学びに向かう力，人間性等」の涵養につながると考えられる。

一方，新学習指導要領において，育成すべき資質・能力とともに新たに書き加えられた「見方・考え方」により，各教科等の「見方・考え方」が示されることとなった。外国語科も，小・中・高等学校を貫く共通事項として「外国語によるコミュニケーションにおける見方・考え方」が示された。外国語やその背景にある文化や社会，他者とのかかわりに注目して捉える重要性が，指摘されている。また，目的・場面・状況などに応じて，情報や自分の考えなどを形成し，整理，再構築するとしている。これは，外国語を単に知識として学ぶのではなく，実際に使われる環境や目的に応じ，自分の考えを発展的に再構築することを意味する。今後の英語教育改革を成功させるカギは，授業実践でコミュニケーションの目的や場面，状況を，いかに明確に設定するかであろう。

次に，学習指導要領の内容は，目標の変更にともない再整備され，構成も大幅に変更された。表7-3の小学校外国語（英語）の領域別の目標をみると，児童・生徒が何ができるようになるかという観点から，国際的基準を参考に，「話すこと」が「やりとり：interaction」と「発表：production」に分けられ，5領域別の目標が設定されている。

学習内容中，新たに導入される「読むこと」「書くこと」は，『小学校外国語活動・外国語研修ガイドブック』（文部科学省，2017, 18ページ）で，次のように述べられている。

新学習指導要領では，外国語活動が高学年から中学年へ，また，高学年は中学校の内容が前倒しされたかのような印象を受ける。しかし，そのように考えることは，その目標を見誤ることにつながりかねない。<u>特に，高学年に導入された「読むこと」「書くこと」は慣れ親しませる段階であることに留意したい</u>。また，文構造や語順等については，<u>コミュニケーション活動を通して気付きを促すことが大切であり</u>，文法的な説明等を優先させることではない。コミュニケーション能力の育成は小中高を通じた共通した目標である。発達段階にあった目標を設定し，樹木が緩やかに成長するように，児童生徒のコミュニケーション能力を緩やかに確実に育んでいくことが重要である。

（下線は筆者による）

表7-3 小学校外国語（英語）の領域別の目標

	外国語活動[14]（小学校第3学年～第4学年）	外国語[15]（小学校第5学年～第6学年）
聞くこと	ア．<u>ゆっくりはっきりと話された際に</u>，自分のことや身の回りの物を表す簡単な語句を聞き取るようにする。 イ．<u>ゆっくりはっきりと話された際に</u>身近で簡単な事柄に関する基本的な表現の意味が分かるようにする。 ウ．<u>文字の読み方が発音されるのを聞いた際に</u>，どの文字であるかが分かるようにする。	ア．<u>ゆっくりはっきりと話されれば</u>，自分のことや<u>身近で簡単な事柄について</u>，簡単な語句や基本的な表現を聞き取ることができるようにする。 イ．<u>ゆっくりはっきりと話されれば</u>，日常生活に関する<u>身近で簡単な事柄について</u>，具体的な情報を聞き取ることができるようにする。 ウ．<u>ゆっくりはっきりと話されれば</u>，日常生活に関する<u>身近で簡単な事柄について</u>，短い話の概要を捉えることができるようにする。
読むこと	／	ア．活字体で書かれた文字を識別し，その読み方を発音することができるようにする。 イ．音声で十分に慣れ親しんだ簡単な語句や基本的な表現の意味が分かるようにする。[16]
話すこと（やり取り）[17]	ア．基本的な表現を用いて<u>挨拶，感謝，簡単な指示をしたり</u>，それらに応じたりするようにする。 イ．自分のことや身の回りの物について，<u>動作を交えながら</u>，自分の考えや気持ちなどを，<u>簡単な語句や基本的な表現を用いて</u>伝え合うようにする。 ウ．サポートを受けて，自分や相手のこと及び身の回りの物に関する事柄について，簡単な語句や基本的な表現を用いて質問したり質問に答えたりするようにする。	ア．基本的な表現を用いて指示，依頼をしたり，それらに応じたりすることができるようにする。 イ．日常生活に関する<u>身近で簡単な事柄について</u>，自分の考えや気持ちなどを，<u>簡単な語句や基本的な表現を用いて</u>伝え合うことができるようにする。 ウ．自分や相手のこと及び身の回りの物に関する事柄について，<u>簡単な語句や基本的な表現を用いて</u>その場で質問したり質問に答えたりして，伝え合うことができるようにする。
話すこと（発表）	ア．身の回りの物について，<u>人前で実物などを見せながら</u>，簡単な語句や基本的な表現を用いて話すようにする。 イ．自分のことについて，<u>人前で実物などを見せながら</u>，簡単な語句や基本的な表現を用いて話すようにする。 ウ．日常生活に関する身近で簡単な事柄について，<u>人前で実物などを見せながら</u>，自分の考えや気持ちなどを，<u>簡単な語句や基本的な表現を用いて</u>話すようにする。	ア．日常生活に関する身近で簡単な事柄について，<u>簡単な語句や基本的な表現を用いて</u>話すことができるようにする。 イ．自分のことについて，<u>伝えようとする内容を整理した上で</u>[18]，<u>簡単な語句や基本的な表現を用いて</u>話すことができるようにする。 ウ．<u>身近で簡単な事柄について</u>，<u>伝えようとする内容を整理</u>したうえで，自分の考えや気持ちなどを，<u>簡単な語句や基本的な表現を用いて</u>話すことができるようにする。
書くこと	／	ア．大文字，小文字を活字体で書くことができるようにする。また，語順を意識しながら声で十分に慣れ親しんだ簡単な語句や基本的な表現を書き写すことができるようにする。[19] イ．自分のことや<u>身近で簡単な事柄について</u>，例文を参考に，音声で十分に慣れ親しんだ<u>簡単な語句や基本的な表現</u>を用いて書くことができるようにする。

出所：新学習指導要領をもとに作成。下線は筆者による。

具体的な指導をみると,「読むこと」の指導として,「文字の読み方」には文字の"名称の読み方"と"文字がもっている音"があること,外国語科は"文字がもっている音"まで指導するが,音と綴りの関係まで指導する必要はない,とされる。「書くこと」の指導では,「語順を意識しながら書き写すことができるようにする」という点がポイントである。英語の文字を「書き写す」過程を通し,英語の語順にも気づかせること,英語は単語と単語の間にスペースを置くことにも注意して「書く」活動に取り組むことが,大切とされている。単純に,中学校の内容が前倒しされているわけではない。

以上の検討を通して,新学習指導要領における小学校外国語教育のポイントを2つにまとめる。(1)学校段階間の学びを接続させるために,小・中・高等学校一貫した5つの領域別の目標を設定した,(2)小学校は第3学年から「聞くこと」「話すこと（やり取り,発表）」を中心とした外国語活動を導入し,外国語に慣れ親しませ,学習への動機づけを高める。第5学年から教科として外国語科を位置づけ,段階的に文字や定型文の「読むこと」「書くこと」を加え,指導の系統性を確保した。これらの目標に示された資質・能力は,言語活動を通して育成することに留意する必要がある。

2 移行期の教材『Let's Try! 1, 2』と『We Can! 1, 2』

新学習指導要領の改訂と関連して,移行措置および先行実施で活用できるよう,第3学年〜第4学年の教材『Let's Try! 1, 2』と第5学年〜第6学年の教材『We Can! 1, 2』,指導編冊子,デジタル教材の3種類が,学年1種類ずつ,開発・公表・配布された。第5学年〜第6学年の外国語科を念頭に作成された『We Can!』は,2020年度に新学習指導要領が全面実施されて教科書が使用されるまで,2年間限定の教材である。他方,第3学年〜第4学年の『Let's Try!』は,教科ではない「外国語活動」の補助教材として位置づくため,2020年度以降も継続して教材として使用される予定である。表7-4に,新教材に出てくる諸活動をまとめた。

『Let's Try!』は,従来の外国語活動の教材『Hi, friends!』と重なる部分もあるが,第5学年以降の教科型の授業へ円滑に移行できるよう,全面的にリニューアルを図った内容構成になっている。『Let's Try!』は,音声中心の「聞く・話す」言語活動が設定され,絵本の読み聞かせや,児童に身近で興味のある題材を設定している。さらに,映像を見て語句や表現の意味を推測させる活動（Let's Watch and Think）も設けている。

『We Can! 1, 2』では,『Let's Try!』にない「読む・書く」言語活動が,設定されている。さらに文字の認識,日本語と英語の音声の違いやそれぞれの特徴,文構造への気付きを促す内容が設定され,過去形や三人称といった文法事

▷20 言語活動とは,実際に英語を使用して互いの考えや気持ちを伝え合うなどの活動で,「聞くこと」などのインプットの活動から「話すこと」などのアウトプットの活動の流れが大切である。高学年では「読むこと」や「書くこと」の言語活動が導入されるので,これらの流れを踏まえたコミュニケーションの目的や場面,状況を明確に設定し,工夫しなければならない。
▷21 移行措置のポイントは,2018年度から2年間はすべての小学校において「外国語科」「外国語活動」の内容のうち,高学年や中学校との接続の観点から必要最低限の内容を指導する。各学校の判断により,より多くの内容も指導可能になる。
▷22 教材名を Let's Try! としたのは,高学年の外国語科で外国語の定着を図る前段階として,中学年では「失敗を恐れず外国語によるコミュニケーションに挑戦してほしい」という願いが込められている。

表7-4 『Let's Try! 1, 2』と『We Can! 1, 2』に出てくる諸活動の数の比較

	Let's Listen	Let's Sing	Let's Chant	Let's Play	Activity	Let's Watch and Think	Story Time
『Let'sTry! 1』	7	5	6	10	11	9	
『Let'sTry! 2』	13	1	7	9	10	14	
『We Can! 1』	30	1	8	18	16	23	9
『We Can! 2』	21		61	18	11	32	9

注：他に，『We Can! 1』は「Jingle」4，『We Can! 2』は「Let' Read and Write」10，「Let's Read and Watch」1，「Let's Talk」3の活動を，それぞれ含む。
出所：筆者作成。

項も扱われる。ただし，小学校に文法事項の項はなく，これらの内容は「文」という項に記されている点に留意する必要がある。

新教材の冊子に付属するデジタル教材は，すべての教材の紙面や各活動にデジタル教材が紐づけられており，教材の紙面そのままに表示される画像の動画ボタンをクリックすると，映像が表示され，英語の音声が流れる仕組みとなっている。画面上に書き込んだり，線を引いたりする機能や，絵カードを簡単に検索し印刷できる機能も備えられている。

▷23 デジタル教材の概要を示した動画も You Tube MEXT チャンネル「小学校外国語教材 We can! デジタル教材の紹介」で配信されている。

Exercise

① 自分が受けた小学校英語教育が中学校以降の英語学習にどのような影響を与えたか，考えてみよう。
② アジアの小学校英語教育について調べ，日本の小学校英語教育と比較しながら話し合ってみよう。
③ 小学校外国語科のために必要な教師の資質・能力について，話し合ってみよう。

📖 次への一冊

卯城祐司編著『初等外国語教育』ミネルヴァ書房，2018年。
　小学校外国語教育を考えるうえで基礎理論になる応用言語学の内容から指導や評価，指導案の作成まで，手厚く書かれた一冊。
鳥飼玖美子『危うし！ 小学校英語』文春新書，2006年。
　タイトルのとおり，子どもの英語教育導入への危険性について，専門家の立場から書かれている。
バトラー後藤裕子『英語学習は早いほど良いのか』岩波新書，2015年。
　英語は「早く始めるほど良い」という神話について，批判的に書かれている。早期

開始よりも重要な要素や，誰がどう教えるかといった点について，参考になる一冊。
樋口忠彦（代表）・加賀田哲也・泉恵美子・衣笠知子編著『新編小学校英語教育法入門』研究社，2017年。
小学校の英語指導に必要な基礎知識をコンパクトに収める。新学習指導要領に対応。

引用・参考文献

大城賢「小学校学習指導要領改訂の概要」『英語教育』66(8)，2017年，48〜50ページ。
菅正隆編著『外国語活動を徹底サポート！ "Hi, friends!" 指導案＆評価づくりパーフェクトガイド CD—ROM 付』明治図書出版，2012年。
東洋館出版社編集部『平成29年版小学校新学習指導要領ポイント総整理』東洋館出版社，2017年。
直山木綿子『小学校外国語活動のあり方と "Hi, friends!" の活用』東京書籍，2013年。
松川禮子・大下邦幸編著『小学校英語と中学校英語を結ぶ——英語教育における小中連携』高陵社書店，2007年。
文部科学省『小学校英語活動実践の手引』開隆堂，2001年。
文部科学省『小学校学習指導要領解説外国語活動編』東洋館出版社，2008年。
文部科学省「小学校外国語活動・外国語研修ガイドブック」2017年。http://www.mext.go.jp/a_menu/kokusai/gaikokugo/1387503.htm（2018年9月20日閲覧）。
文部科学省「小学校学習指導要領」2018年a。
文部科学省『小学校学習指導要領（平成29年告示）解説外国語活動・外国語編』開隆館出版，2018年b。
文部省「小学校学習指導要領」1998年。
文部省「小学校学習指導要領解説総則編」1999年。
吉田研作「次期課程を見すえて　今年度どう指導するか・来年度にどう備えるか」『英語教育』66(3)，2017年，20〜21ページ。

第8章
カリキュラム・マネジメントの理解

〈この章のポイント〉
　2017年,「教育課程」とは異なるカタカナ言葉「カリキュラム・マネジメント」が,学習指導要領に新しく登場した。本章のタイトルでもある「カリキュラム・マネジメントの理解」を達成するには,前提として,他章で説明された「教育課程とカリキュラムとの違い」をはじめ,「教育課程の意義」や「教育課程の編成の方法」といった,基礎的な知識を要する。やや応用的で,これまで教育課程論の関連テキストではあまり扱われてこなかった内容であるが,本章では,その意義および重要性,そして関連するカリキュラム評価について解説する。

1　教育課程とカリキュラムとの違い

　次の各文について,読者はいくつ「そうだ」と思うだろうか。

- 現在,教育課程とはカリキュラムの翻訳語であり,語のさす範囲や意味は,ほぼ同じである。　▷1　"curriculum",本書の第1章を参照。
- カリキュラムという語は,全世界で使われている。
- 戦前から,文部省が教育課程という語を使い続けてきた。
- 各国の中央政府が,法的拘束力をもった学習指導要領を作る。
- 教科や領域の構造は,万国共通である。
- 「かくれたカリキュラム」は,教育課程とは関係がない。　▷2　"hidden curriculum",本書の第1章を参照。

　……これらはすべてある種の「思い込み」で,正しいとは言えない。実際には,次のとおりとなるだろう。

- 教育課程とカリキュラムとは,重なる部分もあるが,基本的に異質な考え方である。
- カリキュラムという語は英語圏が主で,万国共通ではなく,プログラムなど他の語が用いられる場合もある。
- 明治期から教育課程はカリキュラムの訳語として存在し,戦後に文部省が教育課程という語を使い始めた。

・日本の学習指導要領＋教育課程という制度は，全世界にあてはまらない。
・教科や領域の構造は，世界的に一様ではない。
・「かくれたカリキュラム」は，教育課程の副産物と言える。

▷3　国や地域により，演劇や宗教，軍事訓練の扱いはさまざまである。

一言でまとめれば，教育課程は法規や行政の語，カリキュラムは研究や実践の語，となろう。両者は共通部分をもつが，範囲は明らかに異なる。

新学習指導要領に，「カリキュラム・マネジメント」が新たに記された。関連して後述のとおり，教職科目のコア（・）カリキュラムにも，「カリキュラム・マネジメント」や「カリキュラム評価」が登場した。カリキュラム・マネジメントやカリキュラム評価といった「新語」は，以前の教職課程で学んだ教育課程や学習指導要領の知識だけでは，十分理解できない。それらの知識は，カリキュラム研究の重要な基盤ではあるが，すべてではないからである。「新語」を知るには，教育課程や学習指導要領を超えた，カリキュラム研究への接近が不可避である。

本章は，以下の順で論を進める。まず「カリキュラム・マネジメント」が登場した背景を述べる。この語は1990年代末から研究の世界に現れた。次に，新学習指導要領で「カリキュラム・マネジメント」がどう扱われているか，確認する。さらに，「カリキュラム・マネジメント」と密接な関係にある「カリキュラム評価」について，概要を述べる。教育で「評価」となると，テストや通知表といった児童生徒の成績評価と考えがちだが，学校評価をはじめ，学校にはさまざまな評価活動がある。うち「カリキュラム評価」は，「カリキュラム・マネジメント」にとって，不可欠な作業である。最後に，「カリキュラム評価」の方法を簡単に紹介する。

▷4　"curriculum evaluation" の訳。"evaluation" ではなく，"assessment" を用いる場合もある。

2　カリキュラム・マネジメント登場の背景

雑誌記事数の変遷を追った根津（2017）に基づき，まず，カリキュラム・マネジメント登場の背景を簡単に述べる。

カリキュラム・マネジメントの関連語として，「教育課程経営」がある。この語は半世紀近い歴史をもち，1990年代の末まで主に用いられてきた。学習指導要領［平成10年改訂］で「総合的な学習の時間」が必修化された頃から，カリキュラム・マネジメントを扱った記事は急増し，学習指導要領［平成20年改訂］以降は，教育課程経営をしのぐ勢いで用いられている。そして2017（平成29）年，新学習指導要領で，「カリキュラム・マネジメント」の語が，総則において新たに記された。「カリキュラム・マネジメント」は，研究の世界と教育行政とで意味するところがやや異なるものの，提唱からほぼ20年の「前史」

第**8**章 カリキュラム・マネジメントの理解

を経て，学習指導要領に導入されたことになる。

以上の経緯は，表8−1による。表8−1は，根津（2017, 222ページ）の表のデータを更新して得た。各年代の区切りには，意味がある。それぞれ，起点の1966年は根津（2017）の半世紀前，1998年は学習指導要領［平成10年改訂］の告示年，2008年は学習指導要領［平成20年改訂］の告示年，そして2016年は新学習指導要領の告示直前，となる。なお，2017年は本章の執筆中で，データベースへの記事登録も継続中のため，表8−1の「2017-2018＋」の件数は途中経過となる。

表8−1 雑誌記事の件数にみる用語の変遷（2018年9月21日現在）

	1966-1998	1999-2008	2009-2016	2017-2018+	計
カリキュラム・マネジメント	0	212	308	346	866件
カリキュラム　マネジメント	17	339	430	370	1156件
教育課程経営	27	56	37	0	120件
教育課程　経営	124	271	164	43	602件

注：CiNii（http://ci.nii.ac.jp NII学術情報ナビゲータ（国立情報学研究所））による。
　　「カリキュラムマネジメント」は，「カリキュラム・マネジメント」と同語扱いとなる。
出所：根津（2017, 222ページ）の「表2」を更新し，筆者作成。

▷5 "CiNii"は「サイニィ」と読む。

カリキュラム・マネジメントの登場と，総合的な学習の時間の導入とは，密接な関係にある。総合的な学習の時間の特徴は，各教科のような専門の免許状がなく，検定教科書もなく，各学校が創意工夫して「どうにかする」「うまくやる」点にある。この「どうにかする」「うまくやる」が，まさに「経営」や「マネジメント」にあたる。原語の動詞"manage"の訳を，スマホや英和辞書で確認してほしい。これに「教育課程」を超えた「カリキュラム」概念が加わり，「カリキュラム・マネジメント」の語が成立した，とも言える。

カリキュラム・マネジメント登場の背景を知るうえでは，10年以上前に発表された論文だが，田村（2006, 138ページ）が参考になる。この論文を含め，田村知子の一連の論文や著作は，「カリキュラムマネジメント」と「・」（なかてん，ナカグロ）なしの表記が採用されている。この記号の有無には，ある意図が込められている。そこはぜひ直接，田村の論文や著作で確認してほしい。

田村（2006）の整理を要約すると，表8−2のとおりとなる。前述のとおり，カリキュラム・マネジメントの登場は，総合的な学習の時間の導入と密接な関係にある。このことは表8−2からも裏づけられ，カリキュラム・マネジメントの登場には，行政および研究の背景があり，両者が連動したといえる。学校の裁量権の拡大や企業経営のマネジメント研究の参照により，それまでの用語「教育課程」や「教育課程経営」からの転換が目指された，とも言えよう。その具体例が，新設必置の総合的な学習の時間だった。

もちろん，いいことばかりではない。用語の違いは，漢字かカタカナかと

いった表記の問題にとどまらず，主張や論の違いに直結する。ゆえに「教育課程経営」から「カリキュラム・マネジメント」への転換には，異論や批判もある。ともあれ，約20年前からこの議論が始まり，それを約10年前に研究者が整理したことは，事実である。繰り返すが，カリキュラム・マネジメントには「前史」があり，2017年の新学習指導要領で突如出現したわけではない。

表8-2 カリキュラム・マネジメントの登場背景

	動 向	結 果	意 義
行政的	学習指導要領改訂による「総合的な学習の時間」導入（1998）	学校を基礎としたカリキュラム開発が実質的に要求される	教育課程基準の大綱化・弾力化
	中央教育審議会答申『今後の地方教育行政の在り方について』（1998）	地教行法＊の改正 学校教育法施行規則改正	学校の自主的・自律的な経営を可能にする，一定の条件整備
研究的	カリキュラム研究の発展	教育課程の実施の意味合いをも含有する「カリキュラム」の語が一般化	「教育計画」の意味合いのみで認識されがちな用語「教育課程」の転換
	教育経営学の分野の用語転換	自律的学校経営の実現の文脈で，語「マネジメント」の使用増	「経営」と「マネジメント」を互換可能にし，企業経営のマネジメント研究の成果を導入

＊ 「地方教育行政の組織及び運営に関する法律」の略。
出所：田村（2006）を参照し，筆者作成。

3 学習指導要領等にみるカリキュラム・マネジメント

ここで，今回の新学習指導要領で「カリキュラム・マネジメント」がどう扱われているか，確認する（以下，おおむね根津（2017）に基づく）。

語「カリキュラム・マネジメント」は，第1章「総則」第1の4に，次のとおり登場する。なお中学校の場合，「児童」が「生徒」となる。

> 各学校においては，児童や学校，地域の実態を適切に把握し，教育の目的や目標の実現に必要な教育の内容等を教科等横断的な視点で組み立てていくこと，教育課程の実施状況を評価してその改善を図っていくこと，教育課程の実施に必要な人的又は物的な体制を確保するとともにその改善を図っていくことなどを通して，教育課程に基づき組織的かつ計画的に各学校の教育活動の質の向上を図っていくこと（以下「カリキュラム・マネジメント」という。）に努めるものとする。

引用によれば，「カリキュラム・マネジメント」とは，「教育課程に基づき組織的かつ計画的に各学校の教育活動の質の向上を図っていくこと」をさす。具体的には，(a)各学校で，(b)各種実態を把握し，(c)教育内容を教科等横断的な視点で組み立て，(d)教育課程の実施状況を評価改善し，(e)人的物的な体制を確保

第8章 カリキュラム・マネジメントの理解

し改善する,という諸活動からなる。(a)から(c)は計画立案や実施を,(d)と(e)は評価や改善を,それぞれ意味する。いわゆるPDCAサイクルが埋め込まれている,とも読める。細かいが,末尾に(f)「努めるものとする」とあるため,完璧に実施できない場合も想定されている。

▷6 計画(Plan)—実施(Do)—評価(Check)—改善のための活動(Act(ion)),それぞれの頭文字からなる。

関連して,「総則」第5の1「ア」に,次の記載がある。

> 各学校においては,校長の方針の下に,校務分掌に基づき教職員が適切に役割を分担しつつ,相互に連携しながら,各学校の特色を生かした<u>カリキュラム・マネジメント</u>を行うよう努めるものとする。また,各学校が行う学校評価については,教育課程の編成,実施,改善が教育活動や学校運営の中核となることを踏まえ,<u>カリキュラム・マネジメント</u>と関連付けながら実施するよう留意するものとする。
> （下線は引用者による）

この引用から,「カリキュラム・マネジメント」に関し,次の事柄を読み取れる。すなわち,(1)管理職だけの仕事ではなく,教職員の役割分担と相互連携を前提とする,(2)横並びではなく,各学校の特色を生かす,(3)学校評価と関連づける,(4)完全ではなくとも実施に「努めるものとする」,と。この引用は,「カリキュラム・マネジメント」の実施体制や留意点を述べたものと言えよう。

他章で扱われたとおり,学習指導要領には文部科学省による「解説」もある。学習指導要領の「本体」とは異なり,「解説」は官報で告示されないが,「本体」を理解する資料となる。「解説」は「本体」同様,冊子のほか,文部科学省のホームページからPDF形式で入手できる。「解説」は総則編のほか,教科や領域ごとに刊行され,教職課程のテキストや参考書となる場合もある。

「解説」の総則編を検索すると,語「カリキュラム・マネジメント」は30か所以上みつかる。うち,代表的な記述を2つ示す（下線は引用者による）。

> ②カリキュラム・マネジメントの充実
> ・カリキュラム・マネジメントの実践により,<u>校内研修の充実等</u>が図られるよう,章立てを改善した。
> ・児童の実態等を踏まえて教育の内容や時間を配分し,<u>授業改善</u>や必要な人的・物的資源の確保などの創意工夫を行い,組織的・計画的な教育の質的向上を図るカリキュラム・マネジメントを推進するよう改善した。
> 文部科学省（2018,7ページ「(3)総則改正の要点」）
>
> カリキュラム・マネジメントは,学校教育に関わる様々な取組を,教育課程を中心に据えながら組織的かつ計画的に実施し,教育活動の質の向上につなげていくことであり,本項においては,<u>中央教育審議会答申の整理</u>を踏まえ次の三つの側面から整理して示している。具体的には,
> ・児童や学校,地域の実態を適切に把握し,教育の目的や目標の実現に必要な教育の内容等を教科等横断的な視点で組み立てていくこと,
> ・教育課程の実施状況を評価してその改善を図っていくこと,

> ・教育課程の実施に必要な人的又は物的な体制を確保するとともにその改善を図っていくこと
>
> などを通して，教育課程に基づき組織的かつ計画的に各学校の教育活動の質の向上を図っていくことと定義している。
>
> 文部科学省（2018，39〜40ページ「4　カリキュラム・マネジメントの充実」）

これらの引用から，「解説」は，「授業改善」や「校内研修の充実等」「中央教育審議会答申の整理」といった，「本体」にない情報を含むとわかる。「本体」と「解説」とを併読すれば，より具体的に理解できるかもしれない。

4　カリキュラム評価とは

1　カリキュラム評価とカリキュラム・マネジメント

いきなり「カリキュラム評価とは」と言われても，ほとんどの読者は「ああ，あれね」「そうそう，こうやればいいんだ」とは，まず考えられないだろう。この語を理解するには，前提として，学校教育で用いられる「評価」の多義性，多様性を確認する必要がある（以下，一部は根津（2009；2014；2016；2017）に基づく）。

学校教育で「評価」というと，児童生徒の成績評価を思い浮かべる読者が多いだろう。「評価される側」として，各種のテストや検査，「通知表」や「あゆみ」，作品やノートの提出を，さまざまな地域で多くの読者が経験してきたはずだ。教職科目で，「教育評価」という語を聞いたかもしれない。近年では，学生による「授業評価」を採用する大学も珍しくない。前の節には「学校評価」という語もあった。根津（2016）の掲載誌名は『指導と評価』である……等々。実際，学校教育は，さまざまな評価活動と不可分である。

「カリキュラム評価」もまた，さまざまな評価活動の一つにあたる。要点は，評価の対象が「カリキュラム」であり，児童生徒ではないことだ。ここで「カリキュラムって，教育課程とどう違うんだっけ」と思った読者は，本書のはじめのほうの章を再読してほしい。

語「カリキュラム評価」は，学習指導要領の「本体」や「解説」にはない。どこにあるかというと，「教職課程コアカリキュラム」（教職課程コアカリキュラムの在り方に関する検討会，2017，16ページ）という文書にある。これは，各大学の教職課程で，「教職に関する科目」の内容を記した文書である。このテキストや本章と関連の深い科目は，「教育課程の意義及び編成の方法（カリキュラム・マネジメントを含む。）」である。この科目は，教科や学校段階を問わず，必修である。大学により「教育課程論」や「教育内容論」「教育課程の編成」と

いった名称で単独開講されたり，特別活動等とあわせて「学校教育課程論」といった名称で開講されたりする。

　科目「教育課程の意義及び編成の方法（カリキュラム・マネジメントを含む。）」の「全体目標」は，「学習指導要領を基準として各学校において編成される教育課程について，その意義や編成の方法を理解するとともに，各学校の実情に合わせてカリキュラム・マネジメントを行うことの意義を理解する」とされる。さらに，「(1)教育課程の意義」「(2)教育課程の編成の方法」「(3)カリキュラム・マネジメント」といった，3つの内容からなる。これらの内容を網羅するよう，このテキストは企画編集され，本章は主に(3)にあたる。ここまで述べても，まだ「カリキュラム評価」は見当たらない。

　「(3)カリキュラム・マネジメント」は，「一般目標」が「教科・領域・学年をまたいでカリキュラムを把握し，学校教育課程全体をマネジメントすることの意義を理解する」とされ，2つの「到達目標」として「1）学習指導要領に規定するカリキュラム・マネジメントの意義や重要性を理解している」「2）カリキュラム評価の基礎的な考え方を理解している」を有する。ここでようやく本題の，「カリキュラム評価」が登場する。このようにカリキュラム評価は，カリキュラム・マネジメントと密接な関係にある。当然「カリキュラム評価」は，児童生徒の成績評価とは，目的や対象が異なることになる。評価すべき直接の対象は「カリキュラム」であり，児童生徒ではない。

2　カリキュラム評価とPDCAサイクル

　前述したように「カリキュラム・マネジメント」のサイクルを，PDCAサイクルの例とみなせば，「カリキュラム評価」はC（評価）に相当する。D（実施）を受けてA（改善のための活動）へと結びつける，PDCAサイクルの要とも言えるプロセスである。通常の教育活動でも，P（計画）とD（実施）はある程度行われるが，それと対照的に，「カリキュラム評価」は教員養成に限らず，各学校や教育委員会でもなじみが薄い。筆者は年に数回，各種の教員研修の講師を担当する機会があるが，ここ数年の経験からみても，参加者の多くは，カリキュラム評価以前に，教育課程とカリキュラムとの違いを示された時点で，混乱してしまう（講師の力量の問題かもしれないが）。それゆえ，カリキュラムという考え方を含め，「カリキュラム・マネジメント」におけるC（評価）の周知と充実が，PDCAサイクルを「回す」ために求められることとなる。

　ここまで述べておいて恐縮だが，自称「ゴール・フリー男」の筆者は，PDCAサイクル万能論者ではない（根津，2017，230ページ）。このサイクルを「回す」ことだけがカリキュラム・マネジメントだと思い込まれると，カリキュラム評価は，当初の目標達成度の確認という「答え合わせ」の作業に限ら

▷7　「ゴール・フリー評価」（goal-free evaluation）にちなむ。

▷8　これを「ゴール・ベースド評価」（goal-based evaluation）とも呼ぶ。

れてしまう。他方，実践の常として，目標以外にさまざまな想定外の事態が発生する。細かい目標を十二分に達成しても，広く全体に目を向ければ失敗というケースも，当然ありうる。つまりカリキュラム評価は，目標達成度の確認にとどまらず，目標にない望外のよさやまずさを発見し，理解する作業でもある。

　よって，いつも必ず P（計画）から着手する必要はない。現状把握や事実確認を兼ね，C（評価）から始めることも有効だろう。これを「CAPD サイクル」と呼ぶ場合もある（田中，2009，田村，2016）。何にせよ，各種のサイクルを「回す」のは，手段にすぎない。前に引用した，「教育課程に基づき組織的かつ計画的に各学校の教育活動の質の向上を図っていく」「各学校の実情に合わせてカリキュラム・マネジメントを行う」という要点を，忘れてはなるまい。

5　なぜカリキュラムを評価するのか

　見出しの問いに答えるため，以下，児童生徒の「低学力」を例に考察する。
　教職に役立てようと考え，塾講師や家庭教師のアルバイトに励む大学生は，珍しくない。思い当たる読者もいるだろう。時給は悪くないが，他者の学習にかかわる以上，責任も重いはずだ。さて，教える立場として，次の問いに解答してみてほしい――児童生徒の「低学力」は，何が原因か？

1　「低学力」は，児童生徒に原因があるのか

　この問いへの解答は一つとは限らず，簡単に決められない。思いつくだけでも，児童生徒本人の問題，児童生徒を取り巻く状況の問題，教える側の教え方の問題，教える内容の問題があげられる。試みに，表8-3に整理する。
　「低学力」の原因を，児童生徒本人の「努力」に求める読者もいるだろう。「意欲や頑張りが足りず，こつこつ積み上げられないから，この子は学力が低いんだ」という解答である。このやや「上から目線」な解答は，塾講師や家庭教師の例でいえば，「もうできる（た）人（＝大学生）が，まだできない人（＝児童生徒）に教える」という構図に，典型的かもしれない。この場合，教える側の仕事は，児童生徒を鼓舞し，意欲を喚起することとなる。ノートの取り方やスケジュール管理等，学習方法を具体的に指導する必要もあるだろう。
　当の児童生徒が，「低学力に陥る状況や，低学力でも困らない環境に置かれている」可能性もある。無理に進学しなくても家庭が裕福なので，もともと勉強に無関心な場合がありうる。保護者が家庭学習の重要性を理解せず，託児所がわりに塾や家庭教師にお任せ，という場合もあるだろう。交通が不便で塾に通えない，そもそも近くに塾がない，家庭教師を雇う金銭的な余裕がないといった，社会的，経済的な「格差」も見過ごせない。

表8-3 児童生徒の「低学力」の原因

	内 的	外 的
児童生徒	個人の事情 例：努力の不足や学習習慣の欠如	社会的，経済的状況 例：家庭の無理解，資源の不足，「格差」
	教え方	教える中身
教える側	学習指導に難あり 例：教え方がヘタ，「相性」	内容が不適当 例：学年が合わない，誤りを教える，量が多すぎる

出所：筆者作成。

2 「低学力」は，教える側に原因があるのか

　ここまでの解答には，「教える側」がすっぽりと抜け落ちている。

　児童生徒をうんぬんする前に，教える側が「低学力になるように教えてしまっている」可能性がある。身もふたもないが，別の言い方をすれば，「内容以前，教え方がヘタ」ということである。同じ内容なのに，A先生はちんぷんかんぷんでB先生だとパッとわかった，できたという経験が，読者にはないだろうか。先生よりも，先輩や同級生がうまく教えてくれた記憶はないだろうか。このあたりは，大学の一教員としても，気になるところである。

　まだ別解がある。児童生徒が努力し，学力向上のための状況や環境も整えられ，教え方が上手でも，児童生徒の低学力は起こりうる。それは，「低学力になるような内容をせっせと教えこんでいる」場合である。内容が学年と合わなかったり，既習事項と整合性がなかったりすれば，当然「低学力」は生じる。教える側が，教える内容の誤りに気づけない場合もあるだろう。さらに教える内容の量が多過ぎれば，当然，理解は追いつかない。

3 「低学力」は，テストのせいなのか

　以上の2つは，「教え方」や「内容」が，低学力の要因となる解答例である。

　まだまだ別解は尽きない。低学力は児童生徒や教える側の問題だけではない，「低学力」と判断する，そのテストや評価の方法自体がおかしい，という解答もある。ある児童生徒たちが，選択肢から正答を選ぶテストだけを受け続けてきたとしよう。彼らが面接試験で「小中高の総合的な学習の時間を通じ，あなたは何を学びましたか？」と問われたり，「高等教育の無償化について，あなたの意見を2000字で述べなさい」という論述問題に直面したりしても，十分に対応できないだろう。小学生向けのテストを大学生が解いても，落第者は続出するはずだ……未知の外国語で出題されれば。つまり，テストの作成や採点といった学習評価の手続き自体，「低学力」を産出するという解答である。

　これで最後だが，少々意地悪な解答もある。それは，「児童生徒の『低学

力』は，何が原因か？」という問い自体が成立していない，表8-3のように整理すること自体おかしい，という解答である。児童生徒はまったく低学力ではないし，何かの原因が単純に学力を決めると言えるのか，そもそも「学力」って何？　と，問いの前提にツッコミを入れるわけである。この見方からすれば，低学力の原因を探すのはただの「悪者探し」で無意味だ，となろう。

　ここまで述べた諸要因や解答，見方が複雑に絡み合い，結果として「低学力」という状態が発生している（かもしれない）。あげなかった他の要因も，十分ありうる。ゆえに繰り返すが，「この問いへの解答は一つとは限らず，簡単に決められない」。現実には，さまざまなデータを集めて分析し，個別の事例ごとに低学力の主な要因を特定してから，対応策を講ずる必要があるだろう。

4　カリキュラムを評価する理由

　そろそろ見出しの問い，「なぜカリキュラムを評価するのか」に戻る。ここまでの考察によれば，児童生徒の低学力の原因として，「教え方」や「内容」，さらには「学習評価」といった，児童生徒以外の要因も無視できない。一例として「低学力」を考察したが，「教え方」「内容」や「学習評価」といった要因は，この例に限らない。これらはいずれも，前に第3節のカリキュラム・マネジメントの箇所で述べた，「教育課程の実施状況を評価してその改善を図っていくこと」のうち，「教育課程の実施状況」を構成する。ゆえに「その改善を図っていく」ことが，カリキュラムを評価する理由と言える。要するに，カリキュラムの整備，点検である。これを「教育課程の評価」とすると，「実施状況」という意味が薄まり，計画段階の評価にとどまってしまう。

　以上の考察は，教育課程や学習指導要領の範囲に限られる。そのため，広く研究の世界でいう「カリキュラム（・）マネジメント」や「カリキュラム評価」とは，確実に意味や論旨がズレる。行政の用語と研究の用語との使い分けには，くれぐれも留意してほしい。

6　カリキュラム評価の方法

　筆者は，実証的な検討を交えつつ，カリキュラム評価の方法を提案してきた（例えば根津，2006；2009；2011）。うち2つの方法を，簡単に紹介する。

1　チェックリストの利用

　評価においてチェックリスト（checklist）とは，あらかじめ準備した点検項目をさす。これに沿って，評価者が観察や確認を行う。チェックリストの形式は，各項目に「はい」「いいえ」や点数で回答する「閉じた（closed）」形式と，

「なぜ」「どのように」に文章で回答する「開いた（open(ed)）」形式がある。両者の区別は社会調査をはじめ、各種の調査で知られる（根津，2006，191ページ）。チェックリストの例を表8-4に示す。これは、米国の製品評価研究に由来するチェックリストを筆者が全14項目へと翻案し（根津，2006，192ページ；2009，43ページ），一部改編したものである。

表8-4 チェックリストの例（抜粋）

項　目	概要・コメント	評　点
1　評価しようとするカリキュラム（実践）は、どのようなものですか。		／10
2　どうしてこの実践を行おうとしたのですか。		／10
3　この実践は、誰に直接働きかけるのですか。また、間接的には誰に影響を及ぼしますか。		／10
4　この実践を行う上で、必要な「もの」「こと」（場所や機材、知識等も含む）は何ですか。		／10

出所：筆者作成。

　このチェックリストは、汎用性の高さを目指し、「開いた」形式による回答を重視した。項目を特別活動の運営に合わせたものもある（根津，2011）。
　右の欄「評点」は、評価者の独断と偏見で記入する。ちょうど、映画や本、飲食店のレビューで、「星」をつける要領である。それでは主観的すぎる、と思うかもしれない。確かにこのチェックリストを一人で使えば、文字通り「独断と偏見」である。次の段階として、多様な人々が「独断と偏見」をもち寄って見比べると、おぼろげだが何らかの全体像が得られるはずだ。つまりこのチェックリストは、医療検査のように専門家が検査数値を通知する手続きではなく、多様な関係者が集まって互いの異同を確認する手続きを念頭に置く。
　関連して、筆者は次のとおり述べたことがある（根津，2009，42ページ）。

> 「評価＝学習者に対するテスト」、あるいは「調査はなんでもアンケートで」、「とにかく数値で、％で」という先入観は、なお非常に根強く持たれている。こうした先入観の対極にある方法が、チェックリスト法といえる。対比的に表すならば、「評価＝カリキュラムに対する点検」、「人から話を聞くのも評価のうち」、および「数値や％ばかりがデータじゃない」、となろうか。

　この文章で示された「先入観」は、なかなか強固である。これは、人間の判断を主観的として疑問視し、科学的な手法を客観的とする見方に基づく。では、「客観的であるべき」とする論拠は、何だろう。その「べき」論自体、人間の意思や判断による以上、主観そのものではないか。また、医師のセカン

ド・オピニオンや裁判の三審制のように，専門家によって判断が異なる場合，それぞれの判断を主観的と呼ぶだろうか。ある児童生徒について，学級担任のA先生と専科担任のB先生とで見解が違うと，主観的でダメなのだろうか。現実の社会や人間は，主観対客観の二項関係ではなく，「間主観」として成立するというのが，筆者の回答である。主観は間主観への出発点であり，一概に排除すべきでない。

▷9 "inter(-)sudjectivity"の訳語。「間主観性」ともいう。

2 卒業生調査

　広く見れば，カリキュラム評価は「プログラム評価」の一種である。人が何らかのプログラムを体験し，その結果を「よかった」「いまひとつ」などと判断する営みである。ゆえにカリキュラム評価は，映画や本，遊園地や「お化け屋敷」，2泊3日の温泉ツアー，各種イベント，短期長期の語学留学プログラムについて，「顧客やユーザー」が良し悪しを言うことと似る。各種の「プログラム」は人為的な「仕掛け」であり，「製品」の一種である。つまりカリキュラム評価はプログラム評価の一種であり，広くは製品評価に含まれる。

　学校の「顧客やユーザー」は誰だろうか。目の前の児童生徒が，すぐ思い浮かぶ。保護者や地域の住民も含まれるだろう。広くは納税者も含まれる。さらに各学校が教育課程を編成する以上，文字通り自作自演する各学校の教職員も，重要な「顧客やユーザー」である。時間軸を長く取れば，児童生徒の進学先や就職先，そして将来の社会も無視できない。

　「卒業生調査」は文字通り，ある学校の卒業生を対象に調査する方法を指す。この方法は，卒業生を学校の「顧客やユーザー」とみなし，個人の経験について意見を求める。これにより，在校時には気づかなかった学校生活のよさや意義と，教育課程の編成とを結びつけて扱える。複数名，かつ数年間にわたる卒業生を調査すれば，画期的な出来事や，普段は意識されない「伝統」を発見する機会となるだろう。ただし記憶は美化されやすく，「回顧」はしばしば「懐古」に陥りやすい。ゆえに思い出の羅列にとどまらず，それらを当時の教育課程と結びつけて解釈する必要がある。また，出身校に不満や反感をもつ卒業生は，調査協力を拒否したり，過度に批判したりするかもしれない。

　以下，カリキュラム評価の方法として実施された，卒業生調査の例を示す。
　筆者は調査者として，質問紙調査（根津，2006，138～159ページ），および集合形式の聴き取り調査（安藤ほか，2007）により，卒業生調査を行った。ともに学校の協力を得つつ，前者は約7000名の卒業生名簿をもとに2000名弱を標本抽出，後者は入学した「期」ごとの代表を卒業生が選出する形式で，それぞれ実施した。別の例もあげておく。小学校の学習指導要領に「外国語活動」や「外国語科」が導入される前から，一部の学校で外国語教育についての研究開発が

行われてきた。これらを対象に金（2009）は、「卒業生調査による小学校英語カリキュラム評価」を試みた。ある学校で独自に開発された「小学校英語」を評価するため、卒業生を対象に質問紙調査を行うとともに、集計結果を教師に報告し、自由記述を求めた。

　これらの例から、カリキュラム評価にとって重要なのは、実証的な調査の手法、およびそれを継続する組織の存在と言える。言い換えれば、「誰がどんな証拠をどう収集するか」という、持続可能な手続き面への配慮が必須となる。この意味で、全国学力・学習状況調査[10]に代表される既存の調査データを各校で分析し、活用できる体制の構築が求められる。

▷10　2007（平成19）年度開始。「教科に関する調査」と「生活習慣や学校環境に関する質問紙調査」からなる。あくまで「調査」であり、「テスト」や「試験」ではない。

Exercise

① 「次への一冊」以外で、複数の教育課程論関連のテキストを読み比べ、本章と同じような内容があるか、確かめてみよう。
② 学校評価やカリキュラム評価、およびカリキュラム・マネジメントにとって、どういう情報が有用なのか、具体例を探して考えてみよう。
③ カリキュラム評価やカリキュラム・マネジメントの方法として、他に何が提唱されているか、どういう場合にどれが使えそうか、情報を集めてみよう。

📖 次への一冊

安彦忠彦編『新版　カリキュラム研究入門』勁草書房、1999年。
　　カリキュラム研究の基本文献。同編者による旧版『カリキュラム研究入門』(1985)と合わせて読むと、1970年代から2000年頃の研究動向がわかる。
日本カリキュラム学会編『現代カリキュラム事典』ぎょうせい、2001年。
　　2000年頃の日本のカリキュラム研究の水準を示す事典。今日のカリキュラム・マネジメントにとって、基盤となる知識を示す。
田中統治・根津朋実編『カリキュラム評価入門』勁草書房、2009年。
　　カリキュラム評価に特化した入門書。前半で理論、後半で具体的な方法や事例を紹介する。本章やカリキュラム・マネジメントとも関係が深い。
篠原清昭編『学校改善マネジメント』ミネルヴァ書房、2012年。
　　理論編と実践編からなり、実践編はPDCAサイクルを意識して構成されている。筆者もActionサイクルの第11章「カリキュラム開発」を執筆した。
田村知子・村川雅弘・吉冨芳正・西岡加名恵編『カリキュラムマネジメント・ハンドブック』ぎょうせい、2016年。
　　タイトルをあえて「カリキュラム・マネジメント」としなかった、著名な執筆陣による「こだわり」の一冊。事例も多彩で、近年の動向に詳しい。

引用・参考文献

安藤福光・根津朋実・田中統治「附属駒場中高卒業生による座談会の概要」筑波大学附属駒場中・高等学校編『筑駒「リーダー形成」プロジェクト報告書（第3年次）』平成18年度筑波大学「教育プロジェクト支援経費」報告書，2007年，13～18ページ。

金玥淑「小学校英語カリキュラムの評価」田中統治・根津朋実編『カリキュラム評価入門』勁草書房，2009年，51～74ページ。

教職課程コアカリキュラムの在り方に関する検討会「教職課程コアカリキュラム」2017年。http://www.mext.go.jp/component/b_menu/shingi/toushin/__icsFiles/afieldfile/2017/11/27/1398442_1_3.pdf

田中統治「カリキュラム評価の必要性と意義」田中統治・根津朋実編『カリキュラム評価入門』勁草書房，2009年，1～27ページ。

田村知子「カリキュラムマネジメントのモデル開発」『日本教育工学会論文誌』29 (Suppl.)，2006年，137～140ページ。

田村知子「カリキュラムマネジメントの全体構造を利用した実態分析」田村知子・村川雅弘・吉冨芳正・西岡加名恵編著『カリキュラムマネジメント・ハンドブック』ぎょうせい，2016年，36～51ページ。

根津朋実『カリキュラム評価の方法』多賀出版，2006年。

根津朋実「カリキュラム評価の理論と方法」田中統治・根津朋実編著『カリキュラム評価入門』勁草書房，2009年，29～49ページ。

根津朋実「『特別活動の評価』に関する課題と方法」『筑波大学教育学系論集』35，2011年，55～65ページ。

根津朋実「教育評価の基礎」岩川直樹編『教育の方法・技術』（教師教育テキストシリーズ第10巻）学文社，2014年，112～129ページ。

根津朋実「カリキュラム評価の目的と方法」『指導と評価』62(10)，2016年，12～14ページ。

根津朋実「新教育課程のカリキュラム・マネジメント」天笠茂編著『小学校教育課程実践講座 総則』ぎょうせい，2017年，217～234ページ。

文部科学省『小学校学習指導要領（平成29年告示）解説総則編』東洋館出版社，2018年。

＊学習指導要領は省略した。

第9章
高等学校の多様な教育課程

〈この章のポイント〉
　高等学校の教育課程は小・中学校とは異なり，多様である。それを可能にしているのは「単位制」という制度であり，そのもとで3つの課程，3つの学科が設置されている。そして，高等学校の教育課程は，社会や生徒の変化に応じて多様化・弾力化を進めてきた。本章では，高等学校の教育課程について概説するとともに，現状と課題を示し，今後の高等学校のあり方について検討する。

1　高等学校における教育課程の前提としての「単位制」

1　高等学校の「単位制」と「単位」

　「高等学校は，単位制である」。このように聞くと，「私の出身高校は『単位制高校』ではなかったから，誤りでしょう？」「私の母校の高校では，1科目でも不合格になると留年になっていたから，単位制ではないのでは？」などと疑問をもつ人が多いのではないだろうか。
　この，「高等学校は，単位制である」というのは間違いではないが，必ずしも正確な実態を示しているとは言えない。本章で高等学校の教育課程を論じる前に，その前提となる高等学校の「単位制」について説明をしておこう。
　「単位制」とは，単位を基準として学習量を測るとともに，科目ごとに履修と修得の状況を評価して単位を認定する制度である。一方，「学年制」とは，「学年」という期間ごとに履修した教科・科目全体について修得の状況を評価し，その学年の課程の修了を認め，上位の学年の課程の学習に進ませる制度である。日本の場合，小・中学校では学年制を，高等学校や大学では単位制を採用している。しかしながら実質的に高等学校では，単位制と学年制とが併用されていると解釈されている。
　単位制はもともと，戦後の新制高等学校発足時に，アメリカのハイスクールで使用されていた制度に倣ってCIE（連合国軍最高司令官総司令部民間情報教育局）教育課によって提案されたものであるという（矢野，1985）。日本では，戦前の中等学校やそれ以下の学校段階で学年制を採っていたため，単位制が浸透しにくかった。また，学年制のほうが生徒の管理と教科指導がしやすいという

▷1　留年
正しくは「原級留置」（げんきゅうりゅうち。「げんきゅうとめおき」と読む場合もある）と言い，何らかの理由で次の学年に進級できず，現在の学年に留め置かれ，再度，当該学年の教科・科目をすべて履修し直すことをさす。

▷2　履修と修得
「履修」とは，特定の科目を学習することをさす。通常，授業時数のうちの一定の割合に出席することにより，履修が認定される。「修得」とは，履修した科目について，学習の成果が認められることを言う。
厳密には，履修と修得は区別され，それぞれに単位認定される。そのため，高等学校の卒業に必要な要件は，(1)必履修科目をすべて履修することと，(2)修得単位数の合計が規定の数を満たすこと，の2つである。

利点もあり，実質的には学年制を採ることが多く，単位制は衰退していった。

しかし学年制のもとでは，学年ごとに教育課程の区分が設けられているため，必要な単位が1単位でも不認定になれば原級留置の措置が取られてしまう。そのことが直接的・間接的に高校中退を引き起こす原因となっていた。

そこで，履修・修得した単位を積み重ね，定められた単位数をおさめることで卒業が可能となる単位制が見直され，1988年度から定時制・通信制課程で，1993年度からは全日制課程で「学年による教育課程の区分を設けない課程」を置く「単位制高校」の設置が可能となった。

現在，高等学校の教育課程のなかで「単位」は，修得および卒業の認定，各教科・科目の標準単位数などに用いられている。学習指導要領によって，卒業までに生徒に修得させる単位数は74単位以上と定められており，どの課程・学科でも同じである。また，1単位の算定に必要な授業時数が定められている。しかし，学校教育法施行規則に各教科の「標準授業時数」が定められている小・中学校とは異なり，高等学校の場合，各教科・科目や総合的な探究の時間の授業時数は，標準単位数などに基づいて各学校が具体的な単位数を配当することとなっている。すなわち，授業の1単位時間を柔軟に設定することや，とくに必要がある場合には各教科・科目の単位数を標準単位数より増やすだけでなく減らすことも可能であるなど，小・中学校に比べて高等学校では，より各学校の特色を生かした教育課程を編成しやすくなっている。

2　高等学校の教科・科目

高等学校では「教科」をさらに複数の「科目」に分け，生徒の将来の進路などの必要性や，興味・関心あるいは能力などに応じるため，「科目」の一部を選択しながら，それぞれを専門的に掘り下げて学んでいくこととなっている。これは小・中学校の教育課程と大きく異なる点である。

高等学校の必履修科目は，学習指導要領の改訂年度にもよるが，多くの教科の場合，複数の科目のなかから選択履修することが可能になっている。この点も，ほぼすべての教科を履修し，選択の余地がない小・中学校とは異なっている。

加えて高等学校では，学習指導要領に規定された教科・科目以外にも，「学校設定科目」と「学校設定教科」を設定することが可能である。これらは，従前の，特定の学校やとくに必要がある場合に高校の設置者が定めるとされた「その他特に必要な教科」や「その他の科目」から学習指導要領〔平成11年改訂〕で改編されたものである。「学校設定科目」「学校設定教科」は設置できる学校・学科が拡大したことに加え，各学校が設定できるようになったことから，各学校がさらに特色ある教育課程編成に取り組むことが可能となっている。

▷3　大学の「単位」は「大学設置基準」によって定められ，高等学校とは1単位の認定の基準や学習の内容等が異なっている。

▷4　現行ならびに2018年3月告示の新学習指導要領。

▷5　1単位時間を50分とし，35単位時間の授業を1単位として計算する。

▷6　新学習指導要領において，「総合的な学習の時間」から「総合的な『探究』の時間」へと改称した。

▷7　保健体育（体育ならびに保健）は，教科内選択ができず，常に全員必履修となってきた。

▷8　中学校にも「選択教科」はあるが，学習指導要領〔平成20年改訂〕以降では「標準授業時数の枠外で」設定することができるとされ，実質的には廃止された。

▷9　1951年改訂以降の学習指導要領に示され，特定の高校（私立学校で宗教教育を行う場合など）や，特定の，とりわけ職業関係の学科などで設定が可能であった。

3 「多様性」と「共通性」の狭間で

　小・中学校の教育課程と比べ高等学校では，科目の選択を一定程度認めることにより生徒個人の個性や多様なニーズに応えようとしている。学習指導要領の改訂のたびに，卒業に必要な単位数に占める必修教科・科目とそれ以外（選択教科・科目）の割合を変えてきた（図9-1）。社会の変化を踏まえ，選択科目の割合を増やして「多様性」を保障する流れの一方で，高等学校としての「共通性」をある程度確保する必要性もあり，どのように両者のバランスをとるかが常に課題となってきたと言える。

　選択科目を多く用意すれば，それだけ生徒の選択の幅も広がり，多様な学習が可能になる。しかし，学校の規模により教員数や施設・設備には限りがあり，すべての生徒のニーズに応える科目を用意できるとは限らない。選択肢が広がれば，その分だけ生徒の時間割の組み合わせや教員・教室の割りあてが複雑になり，教育課程の管理が困難になる。そのため，時には学校側がコースなどを設定し，生徒にそのコースのなかで設定された教科・科目から選択させるような運営を行う場合も多い。

　また，どのような科目を用意し，選択させるかは，大学入試に必要な科目の影響を受けやすい。例えば2006年に相次いで発覚した，高等学校の「未履修問題」はそれを顕著に表している。未履修と認められた教科・科目には，理系の大学・学部の入試で選択せずに済むことの多い「世界史」や，センター試験の受験科目にない「情報」などがある。このような，「受験に必要がない」科目が軽視され，他の「受験に必要な」科目の授業に替えられてしまう傾向は，生徒個人の学習の多様性を無視し，高校教育の目標を履き違えていると言えよう。

▷10　必履修科目であっても，単位数を減じることが可能な場合は，最低単位数を示した。また，単位数の異なる複数の科目の間で選択が可能な場合には，単位数の少ない科目を用いた。

▷11　**未履修問題**
学習指導要領に，卒業に必要な必履修科目が定められているにもかかわらず，それらの教科・科目を生徒に履修させていない高校が全体の12.3％（生徒の9.0％）に及び，結果的に履修単位の不足となって卒業が危ぶまれることとなった（文部科学省「高等学校における必履修科目の未履修について」）。2006年10月24日に富山県の県立高等学校で発覚して以降，全国各地の高等学校で同様の状況にあることが明らかになり，根深い問題であることが浮き彫りになった。

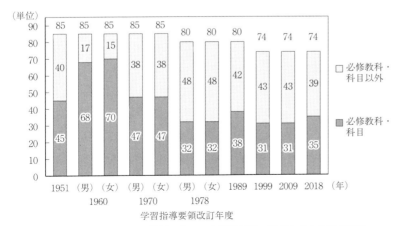

図9-1　卒業に必要な単位数に占める必履修教科・科目とそれ以外の割合
出所：学習指導要領をもとに作成。各科目は最低単位数で算出した。

2　高等学校における3種類の「課程」

1　全日制課程

次に，高等学校における3つの課程——全日制，定時制，通信制課程——について概説する。なお，本章ではとくに断りのない限り，「高等学校」には「中等教育学校の後期課程[12]」を含むものとする。

学校教育法第4条において，「通常の課程」とされているのが「全日制課程」である。英語に訳せば full-time course であり，毎日，基本的には朝，登校して一定の時間（8時前後から15〜16時頃まで），高等学校における授業に出席することが想定されている課程である。修業年限は3年である。また，学習指導要領総則において，週あたりの授業時数の標準は30単位時間と定められている。

2018年5月現在，全日制課程を有する高等学校は4730校であり，すべての高等学校のうち約94％が全日制課程である（2018年度学校基本調査速報値より算出）。このことからも，私たちの多くがもつ高等学校のイメージは，「通常の課程」である全日制課程なのではないかと推察される。

2　定時制課程

定時制課程は，「夜間その他特別の時間又は時期において授業を行う課程」（学校教育法第4条）と定められている。英語では part-time と表され，一日に4時間程度と全日制課程に比べ短時間の授業時間を設けている。そのため，卒業までに修得できる単位数が限られており，修業年限は「3年以上[13]」と規定されている。

図9-2に示すように，定時制課程を有する学校の約9割は「夜間」の時間帯に授業を行うコースを設置しており（「昼夜併置」ならびに「昼夜にわたるコース」を含む），一般に「定時制」といえば「夜間」のイメージが強い。しかし，「昼間」の時間帯に授業を行うコースも3割近く存在する。また，かつては「季節定時制」と呼ばれ，農閑期等に集中して授業を行う定時制課程も存在したが，現在ではほとんどみられなくなった。

定時制課程は，戦後，中学校を卒業して勤務に従事するなど種々の理由で全日制の

▷12　義務教育段階終了後の学校種に「高等専門学校」（中学校卒業程度を入学資格とし，修業年限5年または5年6か月の教育課程を有する）がある。高等学校や中等教育学校の後期課程と同じ年齢の学生が在籍するが，中等教育機関である高等学校とは異なり，大学などと同じ高等教育機関と位置づけられるため，本章では扱わない。

▷13　1988年の単位制導入以前は，「4年以上」と規定されていた。後述する「多部制の定時制課程」などの活用により，3年間で卒業に必要な単位を修得することが可能になったため，「3年以上」と改められた。

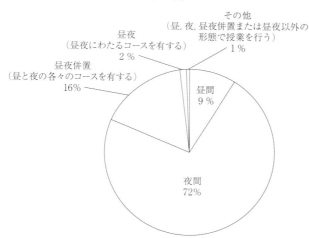

図9-2　定時制課程を有する学校の昼夜間の別（平成29年度）
出所：学校基本調査（平成29年度）をもとに作成。

高等学校に進めない青少年に対し、高校教育を受ける機会を与えるため設けられた（1947年学校教育法）。「企業内高等学校」と呼ばれる学校の創設や、「技能連携制度」の確立など、働きながら学ぶ勤労青少年に対する負担を軽減する取り組みがなされ、勤労青少年の学習の場が広がった。1955年前後には、定時制課程を有する学校は3000校を超え、在籍する生徒数は約55万人に達し、全高校生のうちの2割程度を占めるほどであった。ところが高度経済成長期の全日制高校進学者の増加と働きながら定時制に通う高校生の減少にともない、定時制を設置する高等学校や定時制課程への進学者は減少し、1980年頃には約15万人にまで生徒数が落ち込んだ。

そこで、先述のように1988年に定時制・通信制課程において単位制高等学校の制度が設けられ、定時制課程では単位制を利用して多様な履修形態を可能にした教育課程の編成が可能になった。例えば、夜間定時制課程と昼間定時制課程とを組み合わせた「多部制の定時制課程」を設置することにより、生徒は、在籍する課程（部）の時間帯の授業に加え、別の時間帯に開設されている科目を履修することができる（図9-3）。そのことにより必要な単位数を修得して3年間で卒業することが可能になるため、生活スタイルに合わせて全日制課程より柔軟に履修をしながらも、全日制課程と同様に3年間で高校を卒業できるというメリットに変わり、現在でも約10万人程度と生徒数の減少に歯止めをかけている。

▷14 このことからも、全日制課程が「通常の課程」と認識されていたことが窺えよう。
▷15 企業が学校法人を設立して併設した高等学校定時制課程。その多くは工業系の昼間定時制課程であり、従業員の交代勤務に合わせた始業時刻を設定していた。なお、企業が社員教育のために社内に教育・研修施設を設け、「学校」と呼ぶことがあるが、学校教育法第1条に定める学校ではなく、ここでいう「企業内高等学校」とは異なるものである。
▷16 高等学校定時制・通信制課程に在籍する生徒が、企業内の職業訓練所で学習したものを高校の学習とみなして単位化する制度。定時制・通信制課程の生徒が、都道府県教育委員会が指定する技能教育施設において教育を受けている場合、卒業に必要な単位数の2分の1以内で、施設における学習を高等学校における教科の一部の履修とみなすことができる。1961年の学校教育法一部改正により制度化された。

	Ⅰ部（午前部）	Ⅱ部（午後部）	Ⅲ部（夜間部）
1校時	主な学習時間帯		
2校時	主な学習時間帯		
3校時	主な学習時間帯		
4校時		他部履修	
5校時	他部履修		
6校時	他部履修	主な学習時間帯	
7校時		主な学習時間帯	他部履修
8校時		主な学習時間帯	他部履修
9校時		他部履修	
10校時			主な学習時間帯
11校時			主な学習時間帯
12校時			主な学習時間帯

図9-3 多部制の定時制課程の履修イメージ

3 通信制課程

通信制は「通信による教育を行う課程」（学校教育法第4条）として、添削指導、面接指導および試験による教育を行うこととされている（高等学校通信教育規程第2条）。生徒は毎日学校に通学する必要はなく、自宅や、学校が設置する学習センターなどで学び、添削指導、面接指導（スクーリング）、試験によって単位を修得し、卒業要件を満たすことによって卒業となる。

通信制課程は、全日制・定時制の高校に通学することができない青少年に対して、通信の方法により高校教育を受ける機会を与えるものとして、学校教育法に「高等学校は通信による教育を行うことができる」と明記されたことに始まる（1947年）。ただし、制度の発足当初、通信教育で取得できる単位は24単位とされ、通信教育のみで高等学校を卒業することはできず、定時制課程との併修によってはじめて卒業が可能であるとされていた（矢野, 1987）。その後、通信教育による取得単位数が徐々に拡大し、1955年の文部事務次官通達により、

▷17 通信制課程やほかの高等学校の定時制課程・通信制課程の科目を履修し、単位を修得することもできる（定通併修）。
▷18 「高等学校通信教育の実施科目の拡充ならびに同通信教育による卒業について」。
▷19 「広域」に対し、学校が設置されている都道府県のみ、もしくはその隣接する1つの都道府県から入学ができる学校を「狭域通信制」という。「広域」の範囲は多様であり、全国47都道府県から入学を可能にしている学校もあれば、いくつかの都道府県に限って入学ができる学校もある。なかにはインターネットを利用した学習により、海外に在住している生徒の入学が可能な学校もある。
▷20 収容定員が引き下げられたほか、教員数、校舎の面積や施設・設備などの条件が緩和された。

通信教育のみで高等学校を卒業することが可能となった。この頃すでに4万人が通信教育で高校教育を受けていたが、徐々にその数を増やしていった。

1961年の学校教育法の一部改正によって通信制課程が全日制課程・通信制課程と並ぶ、高等学校の課程の一つとして位置づけられ、同時に通信制課程のみの「独立校」を設置できるようになったほか、3つ以上の都道府県から入学できる「広域通信制」課程の制度化などもなされた。翌年、「高等学校通信教育規程」が改められ、「放送による指導等」の方法が加えられた。

これ以降、通信制高校の生徒数は増加した（図9-4）。定時制同様に「技能連携制度」により、企業や自衛隊等で働きながら学ぶ生徒が集団で入学することが多かったためである。また、広域で生徒を集める私立高校の設置が続き、1970年代初めには私立通信制高校の生徒数の割合が公立の半数に及んだ。

しかし、高等学校（とりわけ全日制課程）への進学率の上昇や、働きながら学ぶ生徒の減少などから、1972年の16万人強をピークに通信制の生徒は減少した。それが再び増加に転じるのは、中退者や不登校経験のある生徒の受け皿として通信制高校が注目されるようになったことや、1988年の単位制導入以降、定時制課程との併修が認められることによって単位の履修・修得の制限が緩和され、修業年限が「3年以上」に改められたことなどが影響している。

2004年の高等学校通信教育規程の改正で、教育の方法にインターネットなどの「多様なメディアを利用した指導」が加わったことや、設置基準が大綱化されたことなどを背景に、増加傾向にあった私立の通信制課程の設置が急激に増

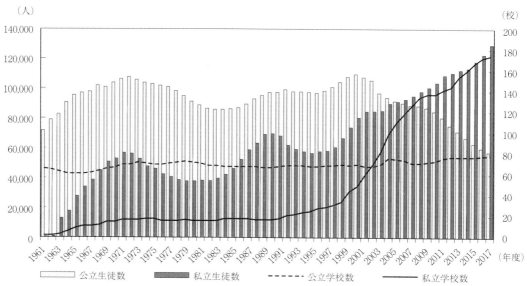

図9-4 通信制高校生徒数・学校数の推移（公私別）
出所：各年度の学校基本調査をもとに作成。

え，とくに私立通信制独立校の数が併置校のそれを超えるほどに増加した。現在は学校数も生徒数も，公立より私立高校のほうが多くなっている。

「毎日学校に通学する必要がない」通信制課程であるが，通学や学習の形態が多様化している。学校によっては，見かけ上，もはや全日制課程と変わらない学習スタイルをとることが可能であり，「通信教育」の意味が失われつつある。

3　高等学校における3種類の「学科」

1　「総合制」の理念と崩壊

学校教育法第50条には，高等学校の目的として「中学校における教育の基礎の上に，心身の発達及び進路に応じて，高度な普通教育及び専門教育を施すこと」が掲げられている。戦後，新制高等学校発足時より，普通教育と専門教育とは併せて行うこととされていた。そのことが「高校三原則」のよりどころの一つとなっていた（大谷，2008）。高校卒業後は大学などへ進学するより就職する生徒のほうが多く，職業教育の需要も高かった。また，普通科と専門学科とを併置することで，ある程度の学校の規模を維持することにつながっていた。

しかし，戦後の高度経済成長期を経るなかで産業界からの要請に応えるように職業教育が充実し，次第に普通科と職業学科とに分化し，さらに「普通科高校」と「職業高校」とに分かれ，「総合制」の原則が崩れた。1960（昭和35）年の学習指導要領改訂において，必修とする教科やその単位数が学科ごとに異なって設定されたことにより，普通科と職業学科との壁が明確になった。

2　普通科

高等学校設置基準第5条に「普通教育を主とする学科」として定められている学科が「普通科」である。ここでいう「普通教育」とは，専門分化した職業教育や専門教育に対して一般的・基礎的で共通の教育をさし，「普通科」とは，高等学校学習指導要領における「各学科に共通する教科・科目」を中心に学ぶ学科と言える。2017年度学校基本調査の結果によれば，全日制課程に在籍する生徒のうち普通科の生徒は73.1％を占めており，最もメジャーな学科であると言えよう。

しかし，普通科においても職業に関する教科・科目を設け，生徒に学ばせることは可能である。高校進学率が全国平均で90％を超えた頃，普通科の生徒の多様化に対応すべく職業教育の充実が目指され，その後も普通科には「職業に関する科目・教科の履修の機会」を確保・充実させることが求められている。

▷21　少子化を背景に，全日制課程や定時制課程の数は増えていないのにもかかわらず，通信制課程を有する学校は増加傾向にある。

▷22　例えば神奈川県立横浜修悠館高等学校では，通常，自宅でレポート課題に取り組み，スクーリングは日曜日のみという「日曜講座」，平日のスクーリングに出席し，レポート作成もそのなかで行う「平日講座」，インターネットを通じて学習およびレポート提出を行う「IT講座」を，履修する科目ごとに選ぶことが可能である（神奈川県立横浜修悠館高等学校ウェブページより）。

▷23　高校三原則
戦前の旧制高等学校をはじめとする中等教育は，学校間・男女間などに存在する格差を前提とした制度であった。戦後，それらを見直し，高校教育を受けたいと願うすべての生徒に対して門戸を広げるため，(1)通学区域を小さくして，区域内の進学希望者を地域で受け入れようとする「小学区制」（希望者全入制とも），(2)一つの学校のなかに普通科と専門学科など多様な学科等を併設し，さまざまな進路に対応できるようにする「総合制」，(3)男女ともに平等な教育機会を開く「男女共学」の3つの原則が採用され，「高校三原則」と呼ばれている。

▷24　高校進学率が全国平均で90.8％を超えたのは1974（昭和49）年であった（文部省「学校基本調査」より）。ただし，調査時より2年前に日本に返還された沖縄県（74.2％）をはじめ，岩手県（82.0％）や福島県（82.2％）など80％台前半にとどまる地域から，広島県（97.1％）や東京都

（96.9％）などほぼ100％に近い進学率を示す地域まで，幅があった。

▷25 「産業社会と人間」
産業社会における自己の在り方生き方について考えさせ，社会に積極的に寄与し，生涯にわたって学習に取り組む意欲や態度等を養うことをねらいとして，就業体験等の体験的な学習等を通じ，社会生活や職業生活に必要な基本的な能力や態度および望ましい勤労観，職業観の育成等について指導する，総合学科に特徴的な科目として設けられた。

職業学科と異なり，普通科においては「自己の進路や職業についての理解を深め，将来の進路を主体的に選択決定できる能力の育成」（文部科学省，2018, 101ページ）に主眼を置いた職業教育のため，「産業社会と人間」を学校設定教科に関する科目として設け，活用することが望まれている。

3　専門学科

専門学科は，「専門教育を主とする学科」として高等学校設置基準第5条に定めがあり，さらに第6条第2号により，表9-1に示すような15の学科が想定されている。

表9-1　専門学科

		学科の例	専門教科
1	農業に関する学科	農業科，畜産科学科，園芸科，林業科，フードシステム科，農業経営科，バイオ技術科　など	農業
2	工業に関する学科	機械科，建築科，電気科，自動車科，土木科，インテリア科，デザイン工学科　など	工業
3	商業に関する学科	商業科，会計科，情報処理科，流通ビジネス科，国際経済科　など	商業
4	水産に関する学科	海洋漁業科，海洋技術科，水産食品科，水産増殖科　など	水産
5	家庭に関する学科	家政科，被服科，食物科，保育科，ライフデザイン科，トータルエステティック科，生活文化科　など	家庭
6	看護に関する学科	看護科，衛生看護科　など	看護
7	情報に関する学科	情報システム科，マルチメディア科，情報コミュニケーション科　など	情報
8	福祉に関する学科	福祉科，社会福祉科，介護福祉科　など	福祉
9	理数に関する学科	理数科，数理科学科，サイエンス科　など	理数
10	体育に関する学科	体育科，保健体育科，スポーツ科学科，スポーツ健康科学科　など	体育
11	音楽に関する学科	音楽科，芸術科　など	音楽
12	美術に関する学科	美術科，芸術科，デザイン科　など	美術
13	外国語に関する学科	英語科，外国語科，国際科　など	英語，外国語に関する学校設定教科
14	国際関係に関する学科	国際科，国際教養科　など	英語，国際関係に関する学校設定教科
15	その他専門教育を施す学科として適当な規模及び内容があると認められる学科	書道科，観光科，人文科，演劇科，舞台表現科，探究科学科，鉄道科，地域創生科，フロンティア科　など	

出所：学習指導要領ならびに高等学校設置基準をもとに作成。

第9章　高等学校の多様な教育課程

　新学習指導要領の総則では「主として専門学科において開設される」専門教科・科目を示している（第2款3(1)ウ）。各学科ではその専門教科・科目を25単位以上（すなわち，卒業までに必要な74単位のうち約3分の1以上）履修させることとしているほか，当該学科のすべての生徒に履修させる科目（「原則履修科目」）を定めており，そのことが専門学科であることを特徴づけている。

　このうち，農業，工業，商業，水産，家庭，看護，情報，福祉に関する学科は「職業教育を主とする専門学科」（いわゆる「職業学科」），その他の専門学科は「職業以外の専門教育を主とする学科」と分類されることがある。前者の，実習等を通して職業に関する専門的な知識・技術を体験的に学んだり，課題研究を通して深めたりする「職業学科」に対し，後者は普通教育のうちの特定の教科を専門的に学習することから，「普通科系専門学科」と呼ばれることがある。

　高度経済成長期以降，職種の専門分化に対応する形で専門学科は「細分化」されてきた。しかし社会の高学歴化にともない，進学傾向の強い普通科への志向が高まる一方で，専門教育の学習が多い職業学科の教育課程は大学進学に有利とはいえず，職業学科への不本意入学者をかなりの割合で生み出すことになっていた。さらに偏差値による学校の序列化が進むなか，職業学科は普通科より下位に位置づけられることが多くなり，魅力を失っていった。

　逆に，職業学科においても，細分化された専門分野の知識や技術よりも変化に柔軟に対応できる知識・技術や想像力などが求められるようになり，1978年，専門科目の必修単位数の引き下げと，普通科目の履修をもって専門科目の履修とみなす措置の拡大などが行われ，専門学科の教育課程上の「職業」色は薄められた。さらに文部省（当時）は1994年から「職業教育の活性化方策に関する調査研究会議」において検討を行い，1995年3月に「スペシャリストへの道」と題する最終報告書をとりまとめた。このとき，「職業高校」という名称を「専門高校」と改め，職業教育はすべての人にとって必要な教育であることを明確に示した。

　しかし，先に触れたように，専門学科をいわゆる「職業学科」と「普通科系専門学科」とに分けることが少なくない。教育課程編成において「職業学科」には特例が設けられたり，実験・実習に配当する授業時数を確保するよう配慮が求められたりするなど，「普通科系専門学科」と区別して扱われる場合がある。「普通科系専門学科」では，大学入試の際に求められる普通教育に関する教科を多く学ぶことに加え，大学等の高等教育機関での学習につながるような「探究」の仕方やグローバルな視点などを学習する科目などを設定することもあり，大学進学率の向上に貢献している。その結果，2017年3月に高等学校を卒業した生徒のうち大学等へ進学した生徒の割合は，普通科では63.9％，「普

▷26　なお，「国際関係に関する学科」や「その他専門教育を施す学科として適当な規模及び内容があると認められる学科」には該当する専門教科がないため，これらの学科では他の専門教科のほか適切な学校設定教科および当該教科に関する科目を専門教科・科目として含めることができる。

▷27　ただし，商業に関する学科では，外国語に属する科目を5単位まで含めることができる。また，商業以外の専門学科においても，専門教科・科目以外の教科・科目の履修によって専門教科・科目の履修と同様の成果が期待できる場合，これらの単位を5単位まで含めることができる（学習指導要領　総則第2款3(2)イ）。すなわち，この規定を適用すれば，専門教科・科目の履修は最低20単位必要ということになる。

▷28　文部科学省では，「職業学科」を置く高等学校を「専門高校」と呼んでいる（文部科学省，2017，1ページ）。

▷29　『学習指導要領解説総則編』には，「職業学科における配慮事項」など，この分類に従った記述が見られる。

▷30　例えば，英語や外国語などの教科を専門的に学ぶ「外国語に関する学科」や「国際関係に関する学科」，理科や数学を深く学ぶ「理数に関する学科」などがある。

▷31　職業学科では，原則履修科目である「課題研究」や「看護臨地実習」，「介護総合演習」の履修と，総合的な学習の時間（2018年改訂の学習指導要領では総合的な探究の時間）の履修との代替が認められている。

▷32 1999年に「探究科」を設立した京都市立堀川高等学校は、1期生卒業時に国公立大学への現役合格者数を前年度の約17倍に増やし、注目を集めた。その後、全国各地に類似の学科が設立され、その多くが大学進学率の向上や入学志願者の増加に成功している。

▷33 「職業学科」の内訳をみると、大学等への進学率が最も高い学科では84.7％（看護に関する学科）、最も低い学科では14.4％（工業に関する学科）と、学科により幅がある。

通科系専門学科」では68.7％と7割近くに達する。「職業学科」では21.3％と他の学科ほど高くはないものの、近年、大学への進学率が増加している。推薦入試やAO入試、専門学科枠など多様な入学者選抜の機会が用意されるようになり、大学入試に不利だと考えられていた「職業学科」の生徒の大学進学へのハードルが低くなったことが一因である（図9-5）。

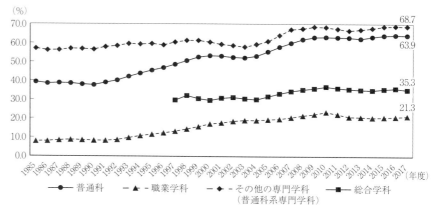

図9-5　高等学校卒業者の学科別大学等進学率の推移（1985〜2017年）
出所：各年度の学校基本調査をもとに作成。

4　総合学科

　制度上、普通科であれ専門学科であれ、それぞれの学科の特色に応じて普通教育と専門教育の双方が行われることが想定されてきた。しかし、時を経るなかで次第に学科ごとに施す教育がそれぞれ固定化し、普通科は大学等への進学を、専門学科は就職を前提に教育課程が編成されるようになってきた。そこで1993年、普通科・専門学科に並ぶ第3の学科として「普通教育及び専門教育を選択履修を旨として総合的に施す学科」（高等学校設置基準第5条第3号）である「総合学科」が設けられた。総合学科の教育の特色には、自己の進路への自覚を深めさせる学習を重視するとともに、幅広い選択科目から生徒が主体的に選択して学習することを通して、学ぶ楽しさや成就感を体験させることなどがある。また、単位制による弾力的な教育課程を編成することや、学校間連携を推進すること、転・編入学の積極的な受け入れなどが期待されていた。

▷34 なお、文部省（当時）では1999年「教育改革プログラム」において、全国で約500ある通学範囲に最低1校ずつ、合計500校程度、総合学科を設置する公立高校を配置することを目標として設定していた。2017年5月現在、総合学科を置く高等学校（通信制を含まず）は369校、生徒数は17万5529人で、全生徒数の約5.4％を占める（文部科学省「学校基本調査」より）。

▷35 課題研究は、「多様な教科・科目の選択履修によって深められた知的好奇心等に基づいて自ら課題を設定し、その課題の解決を図る学習を通して、問題解決能力や自発的、創造的な学習態度を育てるとともに、自己の将来の進路選択を含め人間としての在り方生き方について考察させること」も目的としている。

　総合学科では発足当初、学科の原則履修科目として「産業社会と人間」「情報に関する基礎的科目」「課題研究」の履修が求められ、この3科目が総合学科を特徴づけてもいた。しかし、1999年の学習指導要領改訂において他学科でも学校設定教科に関する科目として「産業社会と人間」の開設が可能になった。また同改訂では教科「情報」が新設されるとともにすべての高等学校で必履修となったため、情報に関する基礎的科目が総合学科ならではの科目とはい

えなくなった。加えて，新設・必修となった「総合的な学習の時間」における学習活動をもって総合学科の「課題研究」の履修に替えることができるとされたため，総合学科を原則履修科目の存在でもって総合学科たらしめることはできなくなった。すなわち総合学科は，教育課程の弾力化の影響を受けて教育内容が融合する傾向にあり，それぞれの学科の独自性は失われつつあると言えよう。

4　新しいタイプの高等学校

1　単位制高等学校

　ここでいう「単位制高校」とは，1988年度から定時制・通信制課程で，1993年度から全日制課程で導入が可能となった，学年制をとらない（学年による教育課程の区分を設けない）高等学校のことである。学年による教育課程の区分が設けられていないため，生徒は自分の興味・関心・進路等に応じて履修教科・科目を選択し，自分だけの時間割を作ることができる。なかには「空き時間」を設定したり，入学や卒業を学期ごとに認めたりすることも可能である。

　しかし，全日制課程で単位制をとる学校630校，定時制課程で単位制をとる学校348校（2018年度学校基本調査速報値）を数えるほどとなった単位制高校のすべてが，このような柔軟な単位制の運用を可能にしているわけではない。科目選択を大幅に自由にしただけで，入学・卒業の時期は従来と同じ年度始め・年度末のみ，他校からの中退者は受け入れない，空き時間を作ることは認めない，といった単位制高校がとりわけ全日制課程に多く見られる（遠藤，2004）。

2　総合選択制高等学校

　中学校を卒業した生徒の90％以上が高等学校に進学するようになった1970年代以降，急増する高校生を収容するために，「教育内容から校舎構造まで画一的な」高等学校が作り出された（西本，1996）。次第に，不本意入学や不適応が生徒の課題として浮かび上がり，また，高等学校の学科構造が産業構造と適合していないことなどからも，高等学校の改革が求められていた。早くも1977年に「高校問題プロジェクトチーム」が「新しいタイプの高等学校の開発」を構想したなかに，複数の高校の相互連携により生徒の選択履修の幅を拡大する「集合型選択制高校」があった。これは後に「総合選択制高校」となって実現する。

　主に首都圏に創設された総合選択制高校は，2ないし3校の高校を一体的に設置して，相互の交流・連携によって生徒の履修選択の幅を広げたり，3校規

▷36　学年制のもとでは，原則として入学は年度始め（4月），卒業は年度末（3月）のみであり，学期ごとの認定は行っていない。

▷37　隣接した敷地に建設した，千葉県立幕張東・西・北の3高校（1980年開校，1996年に幕張総合高校として統合再編）や，同一敷地に建設した，神奈川県立弥栄東・西の2高校（1983年開校，2008年に弥栄高校として統合再編）などがある。

模の学校とすることで大幅な科目選択制を実現させたりして、いずれも生徒一人ひとりが個別の時間割を組むことができる学校であった。

3　多様なニーズに応える高等学校

　高等学校では近年、大都市を中心に、不登校経験をもつ生徒、中途退学者、発達障害等の障害のある生徒、学力不振に悩む生徒など、多様な生徒のニーズに対応する取り組みがなされている。

　東京都では既存の高等学校を改組して、不登校経験をもつ生徒や中途退学者等を主に受け入れる「チャレンジスクール」（多部制の定時制課程・総合学科）や、小・中学校で十分に能力を発揮できなかった生徒のやる気を育て、頑張りを励まし、応援する「エンカレッジスクール」をいずれも複数校設置した。また、インターネットを使用し、引きこもりや学習時間に制約のある生徒でも学習に取り組みやすい通信制の「トライネットスクール」を設置している。大阪府でも、「クリエイティブスクール」と称する多部制の定時制高校や、生徒の「わかる喜び」や「学ぶ意欲」を引き出し、しっかりとした学力と社会で活躍できる力を身に付ける新たなタイプの学校として「エンパワメントスクール」を設置している。

　これらの学校では、一部、30分程度の短い授業時間や習熟度別学習を取り入れてきめ細やかな指導を行い、生徒の可能性を引き出すことに取り組んでいる。

4　中高一貫教育

　中学校教育と高等学校教育とを一貫して行う「中高一貫教育」の制度については、1985年の臨時教育審議会第1次答申以来、「6年制中等学校」といった形で提案されてきた。1998年、学校教育法第1条に定める学校として、新たに「中等教育学校」が加えられた。

　中高一貫教育制度には、(1)中等教育学校、(2)併設型中高一貫教育、(3)連携型中高一貫教育の3種類がある。このうち(1)および(2)については教育課程編成において柔軟な取り扱いが認められており、前期課程（＝中学校教育）と後期課程（＝高校教育）の区分によらない教育を行うことが可能である。

5　株式会社立高等学校

　1990年代以降、行財政改革が進行するなかで、教育に関しても規制緩和による学校教育の多様化が進められてきた。2002年施行の「構造改革特別区域法」第12条は、学校設置会社（株式会社）による学校の設置を認めたものである。株式会社立学校は、国からの補助金や税制上の優遇措置などが受けられない反面、私立学校（学校法人立）の高等学校に比べ、設置等に関する基準や教育課

▷38　1984年に開校した、埼玉県立伊奈学園総合高校。各年次24学級、合計72学級という大規模校で、学校内に「ハウス」と呼ばれる独立した6つの校舎を設けている（なお、2003年に中高一貫校となったことにより、現在、6ハウスのうち1つは伊奈学園中学校となっている）。

▷39　エンパワメント（empowerment）とは、「力を引き出す」という意味である。

▷40　2018年度の学校基本調査（速報）の結果によれば、中等教育学校は53校、併設型中高一貫教育校は490校、連携型中高一貫教育校は92校となっている。
▷41　高等学校入学者選抜を行わずに、同一の設置者による中学校と高等学校を接続する形態をいう。
▷42　簡便な高等学校入学者選抜を行い、同一または異なる設置者による中学校と高等学校を接続する形態をいう。人口減少が進む地域の高等学校の存続のために、地元の中学校と連携を図るケースが多い。

程に関する規制が緩和され，自由度の高いカリキュラムを提供できる。なお，この特区を利用して設置された高等学校は，現在，すべて通信制課程である。

2015年，一部の株式会社立の通信制高校において，不適切な教育課程を施していることが明らかになった。通信教育の質の改善を促すため，2016年9月，「高等学校通信教育の質の確保・向上のためのガイドライン」が策定された。

5　高等学校の多様な教育課程を支える制度

学習指導要領に定められた教科・科目や学校設定教科・科目，特別活動などのほかにも，さまざまな学修成果を一定程度まで，高等学校の単位として認定する制度がある。はじめは，勤労青少年が多く在籍していた定時制・通信制課程や職業学科について，生徒の学習負担の軽減を目的に，「技能連携制度」のもとで学んだ成果や，定時制と通信制との併修の成果，実務等をもって職業に関する科目の履修の一部に替えること（実務代替）などであった。1988年，定時制・通信制課程に単位制が導入されると，在籍する学校以外で学修した成果の単位認定の種類が拡大し，その後全日制課程にもほぼ同様に適用されている。

現在，全日制課程に適用できる「学校外学修の成果の単位認定」は，学校教育法施行規則によって規定された，以下に示すような学修を行い，校長が認めた場合に可能になっている（カッコ内は学校教育法施行規則における規定。(1)～(4)は合わせて36単位まで）。

(1) 学校間連携[44]（第97条第1項），(2) 高大連携[45]（第98条第1号），(3) 技能審査[46]（第98条第2号），(4) ボランティア活動やスポーツ・文化活動等[47]（第98条第3号），(5) 外国の高等学校における履修[48]（第93条第2項），(6) 高等学校卒業程度認定試験の合格科目[49]（第100条第1号），(7) 別科の科目[50]（第100条第2号）。

現在，卒業に必要な単位数は74単位である。ということは，卒業に必要な単位のうちのほぼ半分を，当該高等学校が提供する教科・科目等の履修によらずに，在籍する高等学校以外の場所で学修を行った成果で置き換えることが可能であるということになる。

これまで見てきたように，高等学校の教育課程は，学校ごとに多様に編成されている。しかし，各学校の用意する教育課程を超えて学修を行い，その成果の一部を「在学する高等学校における履修とみなして」卒業することが，制度上可能になっている。このことを私たちはどのように考えたらよいだろうか。

▷43　学習指導要領に定められた教科等の学習内容・水準から逸脱していたことや，定められた特区の区域外でレポートの添削や面接指導などが行われていたことなど，多岐にわたる違反が報告された。

▷44　生徒が他の高等学校または中等教育学校の後期課程において一部の科目の単位を修得した場合，その単位数を在学する高等学校の卒業に必要な単位に加えること（同一の高等学校に置かれている全日制・定時制・通信制の課程間併修についても準用）。

▷45　大学・高等専門学校または専修学校（高等課程・専門課程），その他の教育施設等における学修について，在学する高等学校における科目の履修とみなして単位を与えること。

▷46　知識及び技能に関する審査にかかる学習について，在学する高等学校における科目の履修とみなして単位を与えること。

▷47　ボランティア活動やその他の継続的に行われる活動にかかる学修を，在学する高等学校における科目の履修とみなして単位を与えること。

▷48　留学が許可された外国の高等学校における履修を，国内の高等学校における履修とみなし，単位の修得を認めること（36単位まで）。

▷49　高等学校に在学中または入学する前に高等学校卒業程度認定試験において合格点を得た試験科目に係る学修について，在学する高等学校における科目の履修とみなして単位を与えること。

▷50　高等学校に在学中または入学する前に，高等学校の別科において修得した

科目に係る学修について，在学する高等学校における科目の履修とみなして単位を与えること。なお，高等学校の別科とは，高等学校への入学資格を有する者に対して，簡易な程度において，特別の技能教育を施すことを目的としたもので，修業年限は1年以上である（学校教育法第58条第3項）。2018年現在，高等学校に別科を置いているのは，横浜市立横浜商業高等学校（理容科，美容科）の1校のみである。

Exercise

① 高等学校の課程や学科は，明確に区別され，それぞれ高い独自性をもつほうがよいのだろうか，それともその境界が曖昧で，互いに関連性をもつほうがよいのだろうか。その理由も併せて考えてみよう。

② あなたの住む（または出身の）都道府県の高等学校には，どのような学科が多く設置されているだろうか。また，どのような特色ある学科が見られるだろうか。学校基本調査の結果や都道府県教育委員会のホームページなどで調べ，その理由を考えてみよう。

③ 通信教育やインターネットを中心に用いながら教育を受け，高等学校卒業の資格を得ることを，あなたはどう考えるか。そして，なぜそう思うのだろうか。高等学校の教育とは何を目指し，どのような活動をすることなのか，意見を出し合ってみよう。

次への一冊

古賀正義編著『学校のエスノグラフィー――事例研究から見た高校教育の内側』嵯峨野書院，2004年。
　　さまざまな高等学校のケーススタディを集めた一冊。発行から時間が経っているが，教育課程も含め，多様な高等学校の内部や，高等学校を取り巻く社会のあり方を知るために参考になるであろう。

片山悠樹『「ものづくり」と職業教育――工業高校と仕事のつながり方』岩波書店，2016年。
　　「ものづくり」がどのように工業教育と結びついてきたのかを描き出し，職業教育の専門性や，社会の変化と職業教育との関連を考えることができる。

崎谷実穂『ネットの高校，はじめました。新設校「N高」の教育革命』KADOKAWA，2017年。
　　斬新な教育方法や教育課程で注目を浴びている「N高等学校」のルポルタージュである。高校教育とは何か，そして先端の情報技術の活用のあり方とは何かを考えさせられる。先入観をもたずに，まずは読んでみよう。

引用・参考文献

荒瀬克己『奇跡と呼ばれた学校――国公立大合格者30倍のひみつ』朝日選書，2007年。

飯田浩之・遠藤宏美「『学校設定教科・科目』の設置とその運営」『筑波大学教育学系論集』第29巻，2005年，1～25ページ。

遠藤宏美「学年制を崩すシステムと共生への試み」古賀正義編著『学校のエスノグラフィー――事例研究から見た高校教育の内側』嵯峨野書院，2004年，42～59ページ。

大谷奨「『普通教育及び専門教育を施す』とは何か」清水一彦監修，藤田晃之・高校教育研究会編著『講座 日本の高校教育』学事出版，2008年，16〜21ページ。

門脇厚司・飯田浩之編『高等学校の社会史――新制高校の〈予期せぬ帰結〉』東信堂，1992年。

門脇厚司・陣内靖彦編『高校教育の社会学――教育を蝕む〈見えざるメカニズム〉の解明』東信堂，1992年。

崎谷実穂『ネットの高校，はじめました。新設校「N高」の教育革命』KADOKAWA，2017年。

手島純編著『通信制高校のすべて「いつでも，どこでも，だれでも」の学校』彩流社，2017年。

西本憲弘「高校教育改革の潮流」耳塚寛明・樋田大二郎編著『多様化と個性化の潮流をさぐる――高校教育改革の比較教育社会学』学事出版，1996年，14〜28ページ。

藤田晃之・高校教育研究会編著『講座 日本の高校教育』清水一彦監修，学事出版，2008年。

耳塚寛明・樋田大二郎編著『多様化と個性化の潮流をさぐる――高校教育改革の比較教育社会学』学事出版，1996年。

文部科学省「高等学校における必履修科目の未履修について」2006年。http://www.mext.go.jp/b_menu/shingi/chukyo/chukyo3/siryo/attach/1399311.htm（2018年10月25日閲覧）

文部科学省『専門高校パンフレット プロフェッショナルを目指すなら専門高校』2017年。http://www.mext.go.jp/a_menu/shotou/shinkou/data/1356623.htm（2018年10月25日閲覧）

文部科学省「高等学校学習指導要領総則編」2018年。

矢野裕俊「高校における単位制の成立事情」大阪市立大学文学部教育学教室『教育学論集』第11号，1985年，15〜28ページ。

矢野裕俊「高校通信教育の開設構想」大阪市立大学文学部教育学教室『教育学論集』第13号，1987年，1〜13ページ。

山口満編著『教育課程の変遷からみた戦後高校教育史』学事出版，1995年。

第10章
学習指導要領の変遷（1）
―― 戦後復興からゆとり路線まで ――

〈この章のポイント〉

　戦後の日本では試案・学習指導要領の下，民主的な教育のあり方が模索され，経験主義的カリキュラムが開発されたが，1958年改訂より告示化され，経済成長に資する人材育成に向けた系統主義的カリキュラムが重視され始めた。しかし，価値観の多様化，受験競争やその他の教育荒廃によって学校への絶対視も薄れ，1977年改訂より「ゆとり」路線を採るようになる。本章では，このように学習指導要領に反映されることとなった，民主化→高度経済成長→その終焉という社会背景と改訂内容の対応関係について学ぶ。

1　試案・学習指導要領に基づく民主的な教育の模索
　　　――経験主義の時代

1　GHQによる民主主義改革

　1945年8月15日の天皇による「ポツダム宣言」受諾の詔書によって，1931年の満州事変から15年間続いた戦争を終結した日本は，連合国軍最高司令官総司令部（GHQ）の統治下に置かれ，1951年のサンフランシスコ条約締結までその占領政策に従うこととなった。

　文部省（当時）は終戦直後に「新日本建設の教育方針」を発表し，平和国家の建設を掲げ，教科書から軍国主義的な教材を削除するための「墨塗り」が行われた。GHQの民間情報教育局（CIE）は，日本の教育制度の管理，教育関係者の資格，国家神道の問題，修身科，国史科，地理科の中止などを指令（四大指令）するとともに，1946年3月より第一次アメリカ教育使節団による実態調査を行い，同年4月に民主主義社会に向けた教育改革を勧告した。文部省は「新教育指針」を作成し（1946～47年），戦後教育改革に踏み出す。

　文部省は，第一次アメリカ教育使節団の報告に対応する委員会として1946年8月に安倍能成を委員長とする教育刷新委員会を組織した。教育刷新委員会の役割は，法令主義に則り，新しい憲法に準拠し教育関係のすべての法令を基礎づける根本となる法を制定することにあった。同年11月に「日本国憲法」が公

▷1　ストッダード団長以下27人が来日した。当初，使節団の団長はジョン・デューイが予定されていたが，高齢のため実現しなかった。

布された。

　1947年3月20日，「第一次アメリカ教育使節団報告書」（1946年）の勧告をもとに，『学習指導要領一般編（試案）』が刊行された。その内容は，教育の目標，指導方法などの一般的概説であり，これに続いて，各教科の目標，内容，指導と評価，注意事項を内容とする各科編が相次いで刊行された（同年5月に社会，理科，算数・数学，6月に音楽，12月に国語）。『学習指導要領一般編（試案）』は，カリフォルニア州やヴァージニア州のコース・オブ・スタディ（course of study）の影響を色濃く受けたものであった。

　1947年3月31日に教育基本法，学校教育法が公布，翌日の4月1日には新学制（6・3制）による小学校・中学校が発足した。5月に同法施行規則が公布され，学習指導要領は法的に位置づけられることになった。同法施行規則では「小学校の教科課程，教科内容及びその取扱いについては，学習指導要領の基準による」と規定し，この規定は中学校にも準用された（同55条）。また，高等学校（以下，高校）についても，「高等学校の教科に関する事項は，学習指導要領の基準による」と規定した。

2　学習指導要領［昭和22年］の特徴

　『学習指導要領一般編（試案）』の序論は，「これまでの教師用書のように，1つの動かすことのできない道をきめて，それを示そうとするような目的でつくられたものではない。新しく児童の要求と社会の要求とに応じて生まれた教科課程をどんなふうに生かしていくかを教師自身が自分で研究して行く手引きとして書かれたものである」とその教育方針を述べている。「教育の出発点は児童の現実である」との認識に立った経験主義とともに，指導方法・形態における児童中心主義が見て取れる。

　小学校の教科課程には，国語，社会，算数，理科，音楽，図画工作，家庭，体育および自由研究の9教科が位置づけられている。戦前の天皇制イデオロギーを色濃く帯びていた教科であった修身（公民），日本歴史，地理が廃止され，児童が自分たちの社会に正しく適応できるように社会的態度や社会的能力を養うことを目的とした「社会科」が設置された。また，「家庭科」は男女共学となり，児童が各自の興味と能力に応じて教科の活動では十分に行うことのできない自主的活動を行うための時間として「自由研究」が設置された。

　中学校の教科課程としては，必修科目と選択科目が設けられるとともに，必須科目として「職業科」が設置された。

　なお，「考査」が指導過程の教育評価であるとされ，評価の結果を目標の設定や指導の改善に生かすことが推奨された。

　新制高等学校の教科課程については1947年4月に文部省学校教育局長名で

▷2　「コース・オブ・スタディ」に「学習指導要領」という訳語をあてたのは石山脩平（当時，教科書局第一編修課長）と言われている（日本教育新聞編集局『戦後教育史への証言』教育新聞社，1971年）。

▷3　ここには，教師と児童生徒がそれぞれの目標を設定し，目標を達成するための教材・学習内容を組織し実践し，その結果を評価することによって，さらなる指導・学習の向上につながるという教育理念が埋め込まれており，PDCAサイクルに通じる観点とも言える。ただし，1948年に作成された学籍簿（1949年に「指導要録」と改名）においては相対評価が採用され，学力評価を教育改善につなげる回路は実際には閉ざされていた。

「新制高等学校の教科課程に関する件」と題する通達が出された。戦前まで複線型教育制度によってエリートと庶民が分断されていた後期中等教育段階が等しく高等学校とされ、その教科課程は『一般編（試案）』第3章の「補遺」として位置づけられた。高校の教科課程は、高等普通教育を主とする「進学課程」「職業課程」の2種と「実業を主とする教科課程」（農業、工業、商業、水産など）29種類の計31種類に分類された。いずれの場合も卒業に必要なのは85単位で、国語、社会、体育を必修教科（20〜25％）とし、「国民に共通な教養」の形成と進路に応じた教科選択・単位修得の方法を採用した。

3 学習指導要領［昭和26年改訂］の特徴

　文部省は、急いで作成された1947年版学習指導要領の改訂に向けて、学習指導要領の使用状況調査を実施したり、「教育課程に関する事項を調査研究し、及び審査すること」（文部省設置法第24条）を目的とした「教育課程審議会」を1949年7月に設置したりした。それまで「教科課程」と称されていたものを「教育課程」に改めた。

　1951年版は、1947年版の「試案」という基本的性格と内容を継承・発展させたものであり、「教育の生活化」を目指した。その教育課程も、「経験の組織が教科である」との教科観に立脚している。小・中学校の教育課程として以下の3点の特徴をあげることができる。

　第一に、1947年から実施されてきた「自由研究の時間」のうちの「教科の発展としての自由な学習」は、教科の学習時間内でその目的を果たすことが望まれ、「教科以外の活動の時間」（小学校）、「特別教育活動」（中学校）へと発展的に解消された。この結果、学校の教育課程は、小学校では教科と「教科以外の活動の時間」、中学校では教科と「特別教育活動」の2領域に分けられた。それまで教科領域のみによって構成されていたカリキュラムに、教科以外の領域を入れたより包括的な教育課程の構造となった。なお、「自由研究の時間」のうちの児童会、クラブ活動、学級委員などは、その組織・運営面での教育的価値が認められ、教育のなかに明確な位置をもつようになった。

　第二に、教科の特性と教科間の連携が強調され、教育課程における再編・統合が行われた。小学校ではもとの9教科が、4つの経験領域、すなわち「主として学習の技能を発達させるのに必要な教科」（国語・算数）、「主として社会や自然についての問題解決の経験を発展させる教科」（社会・理科）、「主として創造的表現活動を発達させる教科」（音楽・図画工作・家庭）、「主として健康の保持増進を助ける教科」（体育）と2つの学年ごとにまとめて時間配当が示された。中学校のそれも授業時間数が弾力的に表示され、「習字」が「国語」に、「日本史」が「社会」に含まれ、数学教科書などの内容編成も社会生活に密着

▷4 「児童生徒がどの学年どのような教科の学習や教科以外の活動に従事するのが適当であるかを定め、その教科や教科以外の活動の内容や種類を学年的に配当づけたもの」をさす。

したものとなった。なお、「体育」は「保健体育」に、「職業科」は「職業科・家庭科」に改名された。

第三に、道徳教育の重要性が強調された。1951年の教育課程審議会「道徳教育振興に関する答申」に基づいて、「道徳教育のための手引書要綱」が作成されるとともに、『学習指導要領一般編』において、道徳教育は学校教育のあらゆる機会に指導すべきであるとされ、社会科をはじめ各教科の道徳教育にかかわる役割を明確にしたうえで、全体計画を作成することが強調された。

高等学校については、それまで「普通教育を主とする普通科」と「専門教育を主とする学科」とに大別されていたが、1951年版ではそれぞれ「普通課程」「職業に関する課程」と呼ばれた。その教育課程の特徴として以下の3点をあげることができる。

第一に、高等学校の卒業時において、一般青年は日本国民としての共通教養を身につけている状態にあるべきと明示され、「青年に共通に必要とされる最低限度の教養」科目38単位がコアとして位置づけられた。具体的には、国語、一般社会、体育、社会（一般社会を除く）、数学、理科の教科群から各1教科を、すべての生徒が履修しなければならないと限定された。必修38単位のほかに、自己の必要や能力や興味に応じて47単位の科目を選択し、3年間に合計85単位以上を履修することが義務づけられた。

第二に、日本史が社会科に位置づけられるようになった。1951年版においてようやく内容が構成され、理論づけられるようになり、とくに政治・経済・社会生活における民主化の諸問題として、「労働問題・農地改革や国土資源の開発計画の問題・財政金融の問題・国際的理解の問題」について討論できることが重視された。

第三に、特別教育活動の時間を明確化した点である。1951年版では、「教科の学習に重点をおき過ぎるあまり、特別教育活動が軽視されることのないように注意しなければならない」とされ、「特別教育活動の時間としては、週あたり少なくとも、ホームルーム1単位時間、生徒集会1単位時間、クラブ活動1単位時間をとることが望ましい」という目安が示された。

以上のように、1951年版はあくまで試案という性格を引き継いだが、学習指導要領の原型ともなった。

4 経験主義的な教育課程と教育運動の展開

地域や学校現場の教師たちを信頼し、教育課程編成や教育実践を大胆に委ねた1947〜51年版学習指導要領（試案）の時期は、戦後新設された社会科や自由研究においてカリキュラム開発運動が盛んになった。とくに、社会科を中心（コア）とし、これに他教科の技能、知識、態度を関連づけたプラン（カリキュ

ラム計画)を構成する学校が多かった。関東では,「桜田プラン」(東京都港区桜田小学校)や「北条プラン」(千葉県館山市北条小学校),関西では「明石附小プラン」,奈良女子大高等師範附属小学校の「しごと・けいこ・なかよし」などが展開した。地域教育計画としても「本郷プラン」(広島県本郷町)や「川口プラン」(埼玉県川口市)などが生み出されていった。これらの生活単元学習,コア・カリキュラム,地域教育計画は戦後新教育と総称される。

戦後新教育運動の理論的指導者の一人であった梅根悟(1903～80)は,『新教育への道』(1947年)において,教育内容を成すのは「科学の体系」ではなく「生活の体系」であり,「知識の単位」ではなく「生徒が営む生活活動の単位」である(「生活単元学習」)との考えから,生活の時間を学習する中心(中核)課程(コア・コース)とそれに関連する必要な限りでの基礎的な知識や技能を学習させる周辺(基礎)課程から成る「コア・カリキュラム」を提唱した。

大正新教育と戦後初期の生活綴方教育を継承した教師による教育改革も行われた。1951年には山形県山村中学校教師・無着成恭の『山びこ学校』が出版され,生活綴方をはじめとする日本の教育遺産への関心も復活していた。また,斎藤喜博は自身が校長を務めた群馬県の島小学校の実践(1952～1963)において,「授業の改革」を「学校づくり」の中心にすえた。

2 学習指導要領の告示化と系統性の重視

1 イデオロギー対立と経済復興

1948年に朝鮮民主主義人民共和国が,翌1949年には毛沢東が率いる中国共産党による中華人民共和国が成立した。冷戦体制下の米ソ対立は朝鮮戦争という形で顕在化した。マッカーサーは警察予備隊(現・自衛隊)の創設を指示して再軍備の道を開き,日本を「反共の砦」とする政策を推し進めることとなった。日本はサンフランシスコ条約による主権回復を前に日米安保条約を締結したが,このような政治状況は日本国憲法の平和主義や民主主義に逆行しているという批判が起き,「逆コース」と呼ばれた。

「逆コース」の展開により文部省と日本教職員組合との対立が決定的となり,世界的な冷戦構造を背景とする「55年体制」という保革対立を反映した「文部省対日教組」の対立構図が形成された。1956年に愛媛県で教員の定期昇給の抑制策として昇給・昇格を勤務評定で行うことが決定され,次第に全国化したことに対し,日本教職員組合が「組合つぶし」として反発し,全国的な反対運動が起こった(勤評闘争)。

一方で,日本経済は朝鮮特需を契機に急激な復興を遂げることとなった。日

▷5 冷戦
アメリカとソ連が,第二世界大戦後の国際政治の主導権を,直接には戦火を交えず,兵器の開発や生産などの点で争った様子をさす。

▷6 日本教職員組合
1945年の終戦直後に連合国軍最高指令官総司令部(SCAP)が民主化の一環としてその結成を指令した。当初,地域ごと,小中・高等学校・大学ごとに組織されていたが,1947年6月にそれらを統合して結成大会が開かれた。

▷7 55年体制
1955年にスタートした与党が自民党,野党第一党が社会党の体制。

米安保条約により国防をアメリカに一任することにより，多額の国家予算を経済復興と教育に充てることとなった。1956年には「もはや戦後ではない」（経済企画庁）と言われるほどの復興が実現する。この間，第二次・第三次産業の急速な拡大と雇用労働化に加えて，地方から都市への人口移動，専業主婦化などの著しい社会変化が生じた。日本人の所得は年々上がり，電化製品が徐々に広がり，勤勉に働けば「団地族」として明るくリッチな暮らしができるという国民像が成立していく時期でもあった。

[2] 教育課程政策の転換と学力論争

　教育課程行政に目を転じると，1952年7月の文部省設置法改正によって学習指導要領編成権が文部省のみに属するように改正された。また翌1953年8月には学校教育法一部改正に拠り，教科書検定の権限が文部省に属することが確定された。1956年6月には教育委員会法を廃止し，新たに「地方教育行政の組織及び運営に関する法律」を制定した。1958年にはGHQ撤退後，日本が初めて独自に学習指導要領の全面的な改訂を行った。改訂された1958年版からは「試案」の二文字は削除され，同時に官報に掲載・告示されることにより，それまでの「手びき書」としての性格から法的拘束力を有する「国家基準書」という性格へと転換されていった。これ以後，学習指導要領は教育課程の国家基準として告示形式で改訂されることとなった。

　教育課程についても，吉田茂首相の私的諮問機関である政令改正諮問委員会答申（1951年5月）で系統主義カリキュラムへの転換が要請された。

　当時の経験主義的な戦後新教育への批判は，主に道徳教育と基礎学力に向けられたものだった。当時，再軍備を必要とする立場から，道徳教育を通じた「愛国心」教育の必要性が政界の一部と一般世論から叫ばれ，「修身の復活」や「特設『道徳』」の設置を求める教育改革へと展開し，今日まで続く道徳教育をめぐる議論の基本的な構図が形成された。

　基礎学力については，戦後新教育の単元学習や問題解決学習が「這い回る経験主義」であり，読み書き算の基礎学力の低下を招いているとの批判がなされた。とくにコア・カリキュラムに対する批判は，当時の政官界や経済界，さらにはCIEからもあがった。この後，「コア・カリキュラム連盟」から改称した「日本生活教育連盟」は，教育内容に日本社会の現実に連なる教育目標を掲げ，学習過程三層（「生活実践課程」と「基礎（習得）課程」とそれを結ぶ「問題解決課程」）とそれらそれぞれに学習対象四領域（「表現」「社会」「経済（自然）」「健康」）を設定した「三層四領域」のカリキュラム構造論を提起した。次第に，学習方式としての「問題解決学習」の強調へと推移していくことになるが，科学をその体系に従って学習していくことを基本とする「系統学習」との華々し

▷8　矢川徳光（1900～82）によって児童生徒が地域を調査して回る学習方法が「這い回る」だけの学習法として批判された。「コア・カリキュラム」運動内部からも広岡亮蔵（1908～95）が，敗戦後まもない衣食住もきわめて不十分な子どもとその親たちの厳しい生活現実から遊離した「牧歌的なカリキュラム」であるとの自己批判を行っている。

い論争も生んだ。

　日本が経済復興を迎える頃，アメリカは科学技術の革新とそれにともなう知識の量的拡大と質的変化，中等教育段階への進学率の増大とドロップ・アウトの増加という社会的な変化と同時に，「スプートニク・ショック」という直接的な契機により教育改革に大きく舵を切る（経験主義教育からの転換）ことになった。1958年に国家防衛教育法を成立させ，翌1959年には全米から自然科学を中心とする第一級の研究者を集め，「ウッズホール会議」を開催し，新しい教育方針を模索する。その会議の議長となった心理学者ブルーナー（J. S. Bruner, 1915～2016）は，その会議の討議をまとめた『教育の過程』（1960年）を著し，以後1960年代を中心とした「教育の現代化」運動の理論的リーダーとなっていく。『教育の過程』では「どの教科でも，知的性格をそのままにたもって，発達のどの段階のどの子どもにも効果的に教えることができる」という仮説が示された。ある教科における原理や基本的観念を子どもの発達段階に適した形にするならば，教師はそれを教えることができ，子どもも学ぶことができるとしたのである。『教育の過程』では，知識の「構造」は発見という形で最もよく学ばれるとされ，その学習は「発見学習」とされた。教科にとって原理や基本的観念，その母体となっている学問に由来していることから，教科内容は，その領域における原理や基本的観念から最新の研究成果までに至る関連（学問の「構造」）を踏まえること（教育内容の現代化）が推奨された。実際にこの運動のなかで PSSC（The Physical Science Study Committee）や SMSG（The School Mathematics Study Group）など中等教育段階のカリキュラムが開発されていった。

▷9　1957年，当時の社会主義ソビエトによる人類初の人工衛星の打ち上げ成功は科学技術開発競争の面においても社会主義ソビエトに遅れをとっているということを意味し，危機感をもたらした。

3　1958（昭和33）年および60（昭和35）年改訂の特徴

　1958年改訂では，「最近における文化・科学・産業などの急速な進展に相応」し，「国民生活の向上を図り」「独立国家として国際社会に新しい地歩を確保するために」，(1)道徳教育の徹底，(2)基礎学力の充実，(3)科学技術教育の向上，(4)職業的陶冶の強化を図ることが主眼とされた。小・中学校について主に以下の変更点があった。

　小学校では，第一に，経験主義に行き過ぎた学習指導を改め，系統性重視の原則が強調されるようになった。『学習指導要領総則編』では，「教育課程の編成」において，「発展的，系統的な指導を行うことができるようにしなければならない」と述べられ，「『各事項』のまとめ方や順序をくふうして指導する」という形で，順序性・系統性を重視する系統主義の教育課程への転換を意図していることが見受けられる。

　第二に，基礎学力の充実の観点から，国語，算数の時間数が増加した。

　第三に，教育課程が各教科，道徳，特別教育活動と学校行事に細分化され

た。とりわけ，領域として「道徳の時間」を新たに特設することが一番のポイントとなった。この道徳特設の背景には，戦後復興期の社会的荒廃，ならびにアメリカ合衆国とソビエト連邦の冷戦構造という時代状況があった。

中学校についても，小学校と同じように「道徳の時間」を特設し，系統性を重視する教育課程を編成することが志向されている。これに加え，(1)職業的陶冶の観点から，「生徒の進路，特性に応じた教育」が推進され，とくに中学校第3学年からの選択制の大幅な導入により選択教科が9教科となった，(2)日本の国民性を陶冶する観点から，地理・歴史・古典（国語）・君が代の教育が重視された（とくに社会科については，地理的分野を第1学年，歴史的分野を第2学年，政治・経済的分野を第3学年で学習させることを原則とした），という特徴を見ることができる。

高等学校学習指導要領については1958年に一般編のみが改訂され，そこで初めて「高等学校の教育は，この段階における完成教育であるという立場を基本とすること」に言及し，「特に普通課程においては，教育課程の類型を設け，これにより生徒の個性や進路に応じ，上学年に進むにつれて分化した学習を行うようにすること」が強調された。教育課程審議会への諮問事項は，(1)能力・適性・進路に応じた多様な教育課程のあり方，(2)道徳教育の充実徹底，(3)基礎学力と科学技術教育の向上の方策であり，1960年に改訂された教科編では，(1)については領域・コースの基本的類型および卒業の最低単位数の明記と，各高等学校の裁量を尊重する方針の記載，(2)については「倫理・社会」が新設，(3)については普通科において，理科の単位が2倍に増えたり，外国語必修化という方策が立てられたりといった変更があった。なお職業科では，専門科目の必修単位を30単位から35単位に引き上げられるなど，「中間産業人」の養成が目指された。

▷10 「日本史の学習に重点をおきまして，世界史のあらましに触れるように，特に近代史については，あまり細かいことに立ち入らないで，大きな筋をつかむ」程度にとどめることと説明された。

3　高度経済成長下における「教育の現代化」

1　所得倍増計画と全国一斉学力テスト導入

1960年に池田勇人内閣によって「国民所得倍増計画」（1961〜70年）とそれを支える長期教育計画が打ち出され，海外輸出の増進による外貨獲得によって国民総生産（GNP）の倍増を目指す経済政策を展開した。産業全体の近代化が推進され，1968年にはGNPが世界第2位となった。

この間，「人的能力政策（マンパワー・ポリシー）」のために早期に有能な人材を発掘・確保し，適切な教育訓練を実施する必要性が強調された。

1961年，その一環として，教育課程に関する諸政策を遂行・改善するための

科学的資料の収集，各学校における学習指導用の資料の収集を目的に中学校第3学年を対象にした全国一斉学力テスト（悉皆調査）が行われた。しかし，中学校の予備校化や，文部省がテスト問題を作成し，生徒個人の得点の指導要録への記載が義務づけられるなどした点に対し，日本教職員組合は教育内容の統制として批判した。

▷11 それ以後頻繁に「学テ反対闘争」が起き，1966年に全国一斉学力テストは廃止された。

また，科学技術開発競争を担う人材の育成を望む経済界の意向（1963年経済審議会答申「経済発展における人的能力開発の課題と対策」）に沿い，ハイ・タレント（同一年齢人口の3～5％程度とみなされた優秀な能力をもった子ども）の小学校段階からの早期発見と中学校段階での進学・就職指導（学校の人材選別機能の拡大）による効率的なエリート教育の推進のため，「教育の現代化」が目指された。

▷12 佐藤三郎によれば，「教育の現代化」は「教育内容の現代化を中核にして，それとのかかわりにおいて教育の制度，組織，方法などを改める」ことである（佐藤，1986，49ページ）。

なお，同時期，日本では，第一次ベビーブーマーが高校に進学することで，公立の学校でも補習が日常的に行われるなど，受験競争が激化していった。高校進学率の劇的な上昇は激しい入試競争を生み，受験地獄という言葉を生んだ。入試準備のための「テスト主義」の教育が社会問題となった。

そうしたなか，文部省は1965年，教育課程審議会に「小学校，中学校の教育課程の改善」について諮問した。

2 「期待される人間像」

一方，1966年10月に中央教育審議会答申の付属文書として「期待される人間像」が示された。その第二部第4章「国民として」には，「日本国を愛するものが，日本国の象徴を愛するということは，論理上当然である。天皇への敬愛の念をつきつめていけば，それは日本国への敬愛の念に通ずる。けだし日本国の象徴たる天皇を敬愛することは，その実体たる日本国を敬愛することに通ずるからである。このような天皇を日本の象徴として自国の上にいただいてきたところに，日本国の独自な姿がある」として，経済成長の競争目的として戦後初めて「天皇」が持ち出されている。いわゆる愛国心教育はいちだんと強められていった。

3 学習指導要領[昭和43・44・45年改訂]の特徴

高度経済成長政策・人的能力開発政策と「調和と統一のある教育課程」のキーワードの下，1968年に「学校教育法施行規則」の一部を改正するとともに小学校学習指導要領を全面的に改訂，翌1969年には中学校学習指導要領が改訂された。小・中学校に共通する改訂ポイントは以下の2点である。

第一に，教育課程の基本編成を，従来の4領域から「学校行事等」を除いた，各教科・道徳・特別活動の3領域へと変更した。とくに新設された特別活動を通して，「心身の調和的な発達を図るとともに，個性を伸長し，協力して

▷13 「調和と統一」における「調和」はテスト主義の競争による人間的ゆがみの是正のために十全な成長発達を求めることであり，「統一」とは高度経済成長過程での階層分化と反社会的行為の増大に対応するための概念である。

よりよい生活を築こうとする実践的態度を育てる」ことが目指された。

第二に、教育内容の精選と現代化である。「精選」については、国語、社会、音楽において、各教科の内容の領域にもとづいて基礎・基本を精選し、「発展的・系統的な学習」ができるように配列することが求められた。▷14「教育内容の現代化」については、主に算数・数学と理科に反映された。たとえば算数・数学では諸外国で取り扱っている新しい概念（「集合」「関数」「確率」など）が導入され、第一学年〜第二学年から指導を開始するなど水準向上策がとられた。従来の経験主義に基づく教育課程は姿を消し、学問中心の系統主義的な教育課程が志向され、各都道府県の教育委員会に科学教育研修センター（のちの教員研修センター）が設置された。▷15

中学校学習指導要領の改訂版では、総則で「学業不振児に対する配慮」すなわち能力別指導の具体策が示された。「各教科の目標の趣旨をそこなわない範囲内で、各教科の各学年または各分野の目標および内容に関する事項の一部を欠くことができる」とされた。とくに数学・理科・外国語においては、能力差に応じた指導や配慮という項目が記載され、個性・能力・特性などによって振り分ける教育政策が具現化された。

1970年には高等学校の学習指導要領が告示された。戦後新制高校の三原則（①男女共学、②通（小）学区制、③総合制）からの転換を図った高校の「コース制・多様化（＝さまざまな職業高校の成立と普及）」政策が推進されていった。

従来の3領域から「特別教育活動及び学校行事等」は外れ、「各教科・科目」と「各教科以外の教育活動」の2領域に改訂された。その基本方針・特色は、次の3点である。

第一に、社会科で国家および社会の有為な形成者を養成することが目指された。冒頭の第1項目では「進んで国家・社会の進展に寄与しようとする態度を養う」ことが指示され、政治経済では「良識ある公民」、日本史では「国民としての自覚」、世界史では「国際社会に生きる日本人としての自覚」、地理でも「国民としての自覚」が目標に加わるなど、公民的資質を養成するという方針が映し出された。

第二に、教育課程の多様化である。職業科のみならず、普通科も、各教科のなかですべての生徒に履修させる科目（共通性）を規定するとともに、他の多種多様な科目については地域・学校・生徒の実態に合わせて選択させること（多様性）が推奨されるようになった。実習単位の読替えなども含め、生徒の能力・適性、男女の特性、地域や学校の実態などに応じて教育課程を編成するために、弾力性のある科目編成と履修方法へと変更されたことになる。

第三に、「教育内容の現代化」も数学・理科を中心に推奨された。そこでは、現代科学の進歩に見合った科学教育の強化のための教育内容の再編が図ら

▷14　例えば、音楽では鑑賞と表現に共通する基礎内容が「基礎」という領域にまとめられ、国語では読み書き能力の充実が図られ、社会科では観察力・資料活用の能力・思考力を伸ばすことに重点が置かれた。

▷15　これに呼応して、日教組は「教育課程の自主編成運動」を提起した。教師たちが「科学と教育との真の結合（教育の民主化と学問の大衆化）」を目的とし、自主的に教科等領域ごとの研究組織に参加した。例えば、教育科学研究会国語部会によるテキスト『にっぽんご』、遠山啓らの数学教育協議会による計算指導体系「水道方式」、板倉聖宣らによる自然科学の基本概念と方法の習得指導体系「仮説実験授業」方式などがある。

れ，科学的な方法と知識の構造を重視した。

4　「ゆとり」路線への転換

1　学校教育の荒廃と価値観の多様化

　1970年代，教育状況はふたたび大きな転換期を迎えることになる。

　1960年代のアメリカは，泥沼化したベトナム戦争とそれに対する反戦運動，黒人解放運動，大学改革運動の高まりなどに直面していたが，教育面においても「ディシプリン中心カリキュラム」への批判が高まった。ジャーナリストのシルバーマン（C. E. Silberman）は，アメリカ教育の現状を調査して著した『教室の危機（Crisis in the classroom）』（1970年，邦訳1973年）において，ドロップアウトの増加などに苦悩するハイ・スクールの深刻な状況を描いている。1970年およびそれ以降の教育のあり方を論議していた全米教育協会（NEA）も「学校の人間化（humanizing the schools）」を基本目標として打ち出し，学習内容を，社会が直面している課題に関連性をもっていることや，自分自身にとってもリアルであったり切実であったりすることが感じられるようなものとすること，すなわちカリキュラムにおける「レリバンス（relevance：適切性・関連性）」が強調された。1970年代アメリカのハイ・スクールは，「人間中心（human-centered）カリキュラム」への転換が図られ，カリキュラムの多様化と自由選択の方向で改革を進めていったのである。

　またイリッチ（I. Illich）は，その著書『脱学校の社会』において，生徒が教授されることを学習することと，進級することを教育を受けたことと，免状を能力と，よどみなく話せることを何か新しいことを言う能力があることと勘違いするようになり，総じて価値の代わりに制度によるサービスを受け入れるようになっている社会の「学校化」を批判した。学校の教育機能の肥大化により，文化遺産の伝承を超えて，学校システムが人間を支配・抑圧するような状況を指摘したのである。

　日本では1970年代には，高度経済成長を背景に高等学校進学率が90％を超えるようになり，学校教育が大きく普及・進展し，学力水準の高いことが世界的に有名になった。しかしそのような大衆教育社会の出現の裏で，学校カリキュラムの過密化により，定められた教授内容をこなすために猛スピードで授業を進める「新幹線授業」や，授業についていけない「落ちこぼれ（落ちこぼし）」の問題が顕在化した。また，校内暴力，登校拒否などの問題が社会現象になった。

　1971年6月，中央教育審議会答申「今後における学校教育の総合的な拡充整

▷16　具体的には，児童生徒たちが「公害」「差別」「戦争」「ゴミ処理」といった社会生活上の諸問題や自分自身の生活や生き方に目を向けていく「人間科プロジェクト」をカリキュラムのなかに入れていくことなどを提起した。

▷17　「教育が量的に拡大し，多くの人びとが長期間にわたって教育を受けることを引き受け，またそう望んでいる社会」（苅谷，1995，12ページ）。

▷18　1960年代初期には，「相対評価」の非教育的な性質が指摘され，教師の努力と反省にもとづいた「絶対評価」が擁護される風潮が強くなった。また，児童生徒の内面の成長・発達に注目し，それらを記述する方法を原理とした「個人内評価」が提唱されるようになった。1961年改訂の指導要録では，「評定」欄で「相対評価」，「所見」欄で横断的な「個人内評価」，「進歩の状況」欄では縦断的な「個人内評価」というように配置されていると説明された。

備のための基本的施策について」が出される（その和暦から「四六答申」とも呼ばれる）。この答申では教育課程の改善として，教育課程の人間化を基本に，小中高を一貫させ，小学校は基礎基本，中学校は選択の準備段階，そして高等学校では多様なコースの教育課程という基本方針が取られた。この答申は，そこで示された改革プランを明治初期と第二次世界大戦後の教育改革を踏まえ「第三の教育改革」と位置づけている。

社会では，第一次石油ショック（1973年）を直接的な契機として高度経済成長の時代は終わりを迎え，安定成長期に入り，バブル経済に向かう好景気と消費社会を迎えることになる。価値観が多様化し，能率的・合理的であるよりも人それぞれが好みに応じて選択して生きていくことが肯定的に捉えられる成熟社会となった。一方で都市部での人口の過密，貧困，公害や学園紛争問題などにも直面することとなる。

▷19 これらを背景に，東井義雄，真壁仁などの地域に根ざす教育のあり方が教師の関心を呼んだ。

1974年，文部省とOECD（経済協力開発機構）が協力して開催した国際セミナーでは，目標が固定された従来のカリキュラム開発が工場で大量生産するような「工学的接近」にたとえられ，それとは対照的なカリキュラム開発のアプローチとして，子どもたちの学びの多面的な展開を活性化できる目標にとらわれない「羅生門的接近」が提唱された。

こうしたなかで，1976年の教育課程審議会答申「小学校，中学校及び高等学校の教育課程の基準の改善について」で「ゆとりのあるしかも充実した学校生活」の実現を打ち出した。

2 学習指導要領［昭和52・53年改訂］の特徴

1977年に学習指導要領が改訂された。学習内容および授業時数を削減し，「学校が創意工夫を生かした教育活動を行う時間（別称「ゆとりの時間」）」特設の方針をとった。

教育課程の改善策としては，(1)小学校から高等学校まで一貫性を徹底すること，(2)小学校段階では基礎教育の徹底を図るため，教育内容の精選と履修教科の再検討を行うこと，(3)中学校，前期中等教育段階では基礎的共通的なものをより深く修得させる教育課程を履修させながら，他方では，個人の特性の分化に十分配慮して，将来の進路準備段階としての観察指導を徹底すること，(4)高等学校，後期中等教育段階で能力・適性・希望などの多様な分化に応じて教育内容を多様化することがあげられた。

▷20 その代わりに授業の1単位時間が児童生徒の実態に合わせて設定されることができるようになり，指導の順序などに関して学校の創意を生かした指導計画の作成が要請されることとなった。

より具体的には，学習指導要領［昭和52年改訂］は小・中学校ともに，(1)教育課程の基準の大綱化（指導内容を簡明にし，学校現場の判断や創意工夫に委ねる部分が多くなった），(2)時間数の削減（小学校では第4学年以上は週当たり2～4時間の削減，中学校第1学年～第2学年では週当たり4時間減，第3学年では3時間減），

(3)道徳教育と特別活動の重視（中学校の「ゆとりの時間」では，体力増進活動，自然・文化の体験的な活動，教育相談活動やクラブ活動などが期待された）という特徴をもつ。

1978年には高等学校学習指導要領が改訂された。(1)国民共通の教育期間が高校を含めて12年間とする，(2)成績に応じて，教育内容および単位数を増減できるようにする，(3)職業体験と勤労体験学習を重視する，(4)習熟度別学級編制を認める，(5)教科外活動において「国旗掲揚」と「国歌」斉唱の儀式を要求する，という5つの特色があった。

なお，1980年に改訂された指導要録では，「絶対評価」の考え方が採用され，日常の学習評価を改善するための契機として「観点別学習状況」欄では，学力の要素となる「観点」それぞれについて3段階の到達度が示された。ただし，「関心・態度」が観点として位置づけられたもののその評価方法が曖昧なこともあり，観点が評価対象として重視されたとは言い難い状況であった。

Exercise

① 第二次世界大戦後から1960年代までの日本の教育課程政策の変遷を，アメリカからの政治的，教育学的影響を軸に整理してみよう。
② 学習指導要領が1958年に告示化されてから1980年代までの教育課程政策が，当時の政治，経済状況をどのように反映して変化したかを整理しよう。
③ 戦後の高等学校，大学進学率の上昇を踏まえて，日本の中高生の学校生活を推測してみよう。その際，どの時期に，どのような教材で授業を受けたか，教師と生徒の関係はどうだったか，どのような気持ちで試験に臨んだかなどを調べてみよう。

次への一冊

水原克敏ほか『新版 学習指導要領は国民形成の設計書――その能力観と人間像の歴史的変遷』東北大学出版会，2018年。
　明治時代から現代までの日本の体系的な教育課程政策史である。本章，次章でも本書に多くを拠っている。
木村元『学校の戦後史』岩波書店，2015年。
　戦後70年間の学校や児童生徒を，社会変化との関係から描く通史である。
小玉重夫『教育政治学を拓く――18歳選挙権の時代を見すえて』勁草書房，2016年。
　戦後に模索された，民主主義社会を担う市民を育てるための政治教育を現代でどのように実現していくかを考察している。

竹内洋『革新幻想の戦後史』中央公論新社，2011年。
　その一部で，教育社会学の観点から「文部省対日教組」という構図の（文化）政治的背景が分析され，革新を支持した若者の心性を理解するのに適している。

斎藤環『世界が土曜の夜の夢なら——ヤンキーと精神分析』角川書店，2012年。
　ヤンキーを一時代の不良としてではなく，地元志向や家族主義といった精神性から論じており，現代の青少年文化とのつながりを知ることができる。

引用・参考文献

イリッチ, I., 東洋・小澤周三訳『脱学校の社会』東京創元社，1977年。

歌川光一・野内友規『教職をめざす大学生のための青少年文化概論——教育の基礎的理解をめざして』三恵社，2016年。

苅谷剛彦『大衆教育社会のゆくえ——学歴主義と平等神話の戦後史』中央公論新社，1995年。

木村元『学校の戦後史』岩波書店，2015年。

斉藤利彦・佐藤学編著『新版　近現代教育史』学文社，2016年。

佐藤三郎『ブルーナー「教育の過程」を読み直す』明治図書出版，1986年。

シルバーマン, C. E., 山本正訳『教室の危機　上・下』サイマル出版会，1973年。

高見茂・田中耕治・矢野智司監修，西岡加名恵編著『教職教養講座第4巻　教育課程』協同出版，2017年。

ブルーナー, J. S., 鈴木祥蔵・佐藤三郎訳『教育の過程』岩波書店，1963年。

水原克敏ほか『新版　学習指導要領は国民形成の設計書——その能力観と人間像の歴史的変遷』東北大学出版会，2018年。

第11章
学習指導要領の変遷（2）
――グローバル化と学力観の転換――

〈この章のポイント〉
　ポストモダンの時代となり，学習指導要領は経済のグローバル化や，その時々のマスコミ・世論に敏感に呼応して改訂される。1989～98年改訂では「ゆとり」路線を継承しつつ，課題対応型で教科横断的な生活科や総合的な学習の時間が新設されるなど，21世紀にふさわしい学力をめぐる模索が続く。2000年代の学力低下論争・ゆとり批判を経て，世界水準での学力向上が政治イシュー化し，2008～17年改訂では言語活動，理数教育，道徳の教科化，小学校の外国語などをめぐって矢継ぎ早に教育課程改革が進んでいる。本章では1980年代から現在に至るまでの学力観の変遷を中心に改訂内容を学ぶ。

1　生涯学習社会の到来と新学力観の提示

1　経済のグローバル化と臨教審路線

　「ゆとり」路線の教育課程政策下で，1970年代後半からは「教育荒廃」と言われる深刻な状況が進行していった。例えば授業時間が削減されたことで，不足した授業時間を補うべく公立学校の生徒の塾通いが加速化し，進学競争が盛んになった。また，非行，校内暴力，いじめ，登校拒否といった逸脱行動が全国各地で見られるようになった。とくに非行については，1980年代には少年非行が戦後第三のピークに達し，教育問題が深刻化した。さらに，国際化・情報化・成熟化・高齢化社会が進む日本の現状に応じて，学校教育中心の教育体制から生涯学習体系へと移行する必要性が出てきた。

　このような状況を受け，当時の中曽根康弘首相の提唱により，1984年8月に内閣直属の機関「臨時教育審議会」が設置された。臨時教育審議会は，イギリスのサッチャー首相，アメリカのレーガン大統領が遂行していたような新自由主義の教育改革を企図していた。具体的には，「戦後教育の総決算」をスローガンに掲げ，「教育荒廃」状況を克服すべく，21世紀に向けた教育改革のあり方を検討し，3年間の検討の間に計4回の答申を提出した。最終答申（1987年）では，改革の柱として，(1)個性重視の原則，(2)生涯学習体系への移行，(3)変化への対応（国際社会への貢献，情報化への対応）の3つが示され，その後の市

▷1　**新自由主義（ネオ・リベラリズム）**
シカゴ大学の新古典派の経済学者ミルトン・フリードマンの経済理論に代表されるイデオロギーと政策をさす。「小さな政府」によって，すなわち公共的領域を可能な限り民営化して市場競争原理にゆだね，人々の自由な競争，自由な選択，自己責任によって社会を統制することを目指す。

▷2　**生涯学習**
1981年の中央教育審議会答申「生涯教育について」において，「国民の一人一人が充実した人生を送ることを目指して生涯にわたって行う学習」と定義された。文部省は1988年に生涯学習局を筆頭とした組織再編を行い，生涯学習政策を展開した。

場原理による教育改革（学校選択制度の導入，教育消費者のニーズに即した学校の多様化，競争原理の導入，子どもと親の自由な選択と自己責任の徹底，公教育の「スリム」化等）はこれらをベースとして進行した。

2 学習指導要領［平成元年改訂］の特徴

　この臨時教育審議会答申の内容も反映させた教育課程審議会答申をもとに学習指導要領の改訂が行われた。学習指導要領［平成元年改訂］は，生涯学習社会や情報社会の進展を背景に，「社会の変化に主体的に対応できる能力の育成」が強調され，いわゆる「新しい学力」観の必要性が謳われた。「新しい学力」観とは，自ら学ぶ意欲の育成や思考力，判断力などの能力育成を基本とする学力観をさす。1991年改訂指導要録では，この「新しい学力」観が全面的に打ち出され，それまでの知識の習得を中心とした学習のあり方からの転換を図るために，「関心・意欲・態度」が第一の「観点」として位置づけられた。

　教育課程改善のねらいは，具体的には次の4つの方針に表れている。

　第一は，「心豊かな人間の育成」である。小学校低学年で社会科・理科が廃止され，自立への基礎を養うことをねらいとした「生活科」が新設された。生活科は，具体的な活動や体験を通して，自分と身近な社会自然に関心をもち，自分自身や自分の生活について考えさせるとともに，その過程において生活上必要な習慣や技能を身に付けさせ，自立への基礎を養うことをねらいとして構想された。生活科の指導に際しては，幼稚園との連携の観点から，「合科的な指導」「体験的な活動」が要請・重視された。

　第二は，「自己教育力の育成」の主張である。各教科等において，知識だけではなく，思考力・判断力・表現力・論理的思考力・創造力・直観力・情報活用力等の諸能力を結実させることで，変化の激しい社会において，生涯を通して学習し，逞しく生き抜いていくことができる「自己教育力」が身につくとされた。

　第三は，「基礎・基本の重視と個性教育の推進」である。小・中・高等学校における各教科等の内容の精選と一貫性の確保をあげつつ，中学校における選択履修の幅の拡大と習熟度別指導導入の奨励，高等学校における多様な科目の設置（「社会科」の「地理歴史科」と「公民科」への再編，家庭科の男女必修化等）によって，個性化を求める社会的な要請に対応した。

　第四は，「文化と伝統の尊重と国際理解の推進」である。学習指導要領解説では，グローバル化が進むなかで，「諸外国の生活と文化を理解すると同時に，わが国の文化と伝統を大切にする態度の育成を重視すべき」ことが強調された。その具体的な項目として，(1)中・高等学校での古典学習，(2)小・中・高等学校の学校行事における国旗・国歌の取扱いの明確化，(3)英語の授業におけ

る会話の重視，(4)高等学校における世界史の必修化などがあげられる。

　以上のように，学習指導要領［平成元年改訂］は，基本的に1977（昭和52）年改訂版の人間性重視の方針を受け継ぐものであるが，生涯学習・個性化・国際化への対応といった時代の流れに応じて教育課程を再編した内容となった。

2　基礎・基本重視の「生きる力」育成とその批判

1　冷戦体制の終焉とバブル崩壊によるポストモダン状況の到来

　1989年，東西を分けていたベルリンの壁は崩壊し，政治経済体制に関係なく情報や商品が世界中を駆け巡る時代が到来した。日本でも，1993年8月に日本新党の細川護煕内閣が成立し自由民主党が初めて野党に転落したことで，38年間にわたって続いた55年体制が崩壊した。1995年には文部省と日教組も和解し，学習指導要領の性格や初任者研修の是非などへの認識について大筋で合意することとなった。経済面では，日本のバブル経済は崩壊し，同一種類の物を大量に製造してきた近代的な大工場生産方式が終わりを告げた。少量異種，高度の知識・技術やアイディアを生かした付加価値の高いポストモダン型のサービスを生産する必要が出てきた。

　1990年代，いじめや不登校といった教育荒廃現象や，国際化・情報化のさらなる進展，少子高齢化社会の到来，新自由主義政策の推進などといった社会変化を背景に，豊かな人間性を育むと同時に，一人ひとりの個性を生かしてその能力を十分に伸ばす新しい時代の教育のあり方が問われるようになった。文部省は臨教審路線を継承しつつも，新たな教育改革を構想することになった。

　1989年改訂の結果は，成績評価においても「関心・意欲・態度」面の重視と「知識・理解」面の相対的軽視を生んだ。中学校での選択制拡大や習熟度別指導の導入は，受験指導に活用される結果を招いた。高校入試改革として学校における業者テストと偏差値の廃止の方針が打ち出されもしたが，受験指導に際して塾・予備校の有する受験情報・データに依存せざるを得ない現実がかえって明るみになった。

　1995年4月文部大臣は第15期中教審に「21世紀を展望した我が国の教育の在り方について」諮問し，中教審は翌年7月に第1次答申を提出した。そこでは新しい教育理念として「ゆとり」の確保と「生きる力」の育成を掲げた。また，生きる力の育成のための教育内容の厳選と基礎・基本の徹底，「総合的な学習の時間」の設置，完全学校週5日制の導入などが提言された。同年4月，経済同友会は「21世紀の学校像」として「学校から『合校』へ──学校も家庭も地域も自らの役割と責任を自覚し，知恵と力を出し合い，新しい学び育つ場

▷3　1995年のWindows95登場により，コンピュータは誰でも使える世界共通の道具に変わり，インターネットの利用も容易になった。

▷4　「自分で課題を見つけ，自ら学び，自ら考え，主体的に判断し，行動し，よりよく問題を解決する資質や能力」「自らを律しつつ，他人とともに協調し，他人を思いやる心や感動する心など，豊かな人間性」「たくましく生きるための健康や体力」

▷5　現在の学校教育の機能を，国語と算数・数学と歴史と道徳を教える「学校（基礎・基本教室）」，その他の教科を教える「自由教室」，クラブ活動や諸行事を「体験教室」に分け，基礎教育のみを公教育とし，自由教室は民間の塾やカルチャースクールに，体験教室は地域のボランティアやスポーツ企業に委譲する構想。

をつくろう[45]」を発表した。公教育を3分の1にスリム化するプランであり，画一主義の弊害がなくなり，いじめや学級崩壊を解決するのではないかという期待から，発表直後に文部大臣と中央教育審議会委員長に，半年後には日教組委員長の賛同も得ることとなった。

1996年8月，教育課程審議会は文部大臣から「幼稚園，小学校，中学校，高等学校，盲学校，聾学校及び養護学校の教育課程の基準の改善について」諮問を受け，1998年7月に答申を行った。

2 学習指導要領［平成10年改訂］の特徴

学習指導要領［平成10年改訂］もまた，「ゆとり」路線を継承し，かつ一段と強化する方針を採るものとなった。「ゆとり」を実現するため（学校内外での学びを促進するために），完全学校週5日制が実施され，それへの対応として教育内容の厳選が行われ，授業時間は大幅削減，教育内容は3割削減された。また，「総合的な学習の時間」が創設され，「各学校において教育課程上必置とし，全ての生徒がこの活動を行うものとする」と位置づけられた。その原則は児童生徒の「興味・関心等に基づく学習」（関心・意欲の喚起）にあり，「自ら課題を見つけ，自ら学び，自ら考え，主体的に判断し，よりよく問題を解決する資質や能力を育てること」（課題設定・解決能力の育成），「情報の集め方，調べ方，まとめ方，報告や発表・討論の仕方などの学び方やものの考え方を身に付けること」（学習方法の習得），「問題の解決や探究活動に主体的，創造的に取り組む態度を育成すること，自己の生き方について自覚を深めること」（主体性の確立），「各教科等でそれぞれ身に付けられた知識や技能などが相互に関連付けられ，深められ児童生徒の中で総合的に働くようになる」（総合化）が期待された。

中学校では，(1)選択教科も時数・内容が拡大され中学校第1学年から設定が可能になった，(2)「外国語」を必修とし英語の履修が原則となった，という変化が生じた。

高等学校では，「情報社会に主体的に対応する能力」を形成するために普通教科に「情報」が，専門教科に「情報」と「福祉」が新設され，中学校・高等学校「特別活動」中の「クラブ活動」は廃止された。

2001年改訂の指導要録において，「観点別学習状況」欄だけではなく，「評定」欄でも「目標に準拠した評価（いわゆる絶対評価）」が採用され，小学校第3学年以上において，学習指導要領に示す各教科の目標に照らして，その実現状況を3段階により記入することとなった。

3 学力低下論争とゆとり批判の展開

1999年に『分数ができない大学生』（西村和雄ほか，東洋経済新報社）という本

が世に出されたことにより，大学生の学力低下が危機的な状況になっているという印象を世間に与え，文部省，教育学者，マス・メディアなど多くのアクターを巻き込む学力低下論争が起きる。この背景には，少子化の進行により受験競争が緩くなっているなかでの学習内容削減が不安をあおったという側面もある。また，1998年の学習指導要領改訂にともなって導入された「総合的な学習の時間」と学校の裁量権の拡大によって，各学校の創意工夫による教育課程編成が本格的な課題となったが，実態としては学習指導要領の遵守を最優先としてきた学校現場には混乱を生じさせた。

日本は，OECDによって2000年以降3年ごとに実施されている「生徒の学習到達度調査」（Program for international Student Assessment：PISA）を導入し，15歳児（日本では高等学校第1学年）を対象に読解リテラシー，数学的リテラシー，科学的リテラシーを測定・評価することとなった。PISAのねらいは，教科書の知識を習得した量を測定するのではなく，「コンピテンシーの枠組みを根拠とする知識や学習に対して，個人がどの程度思慮深いアプローチをしているかを知ること」にあり，「活用し判断する能力」を評価するものである。1964年から小学校第4学年，中学校第2学年に実施してきた国際教育到達度評価学会（The International Association for the Evaluation of Educational Achievement：IEA）の「国際数学・理科教育動向調査」（Trends in International Mathematics and Science Study：TIMSS）によれば，20世紀後半の日本の子どもの学力は世界でも1，2を争うトップレベルであり，世界的に注目されてきた。しかし，2003年に実施され2004年12月に結果が発表された第2回PISAでは，参加国41か国中，数学が6位（前回は1位），読解力が14位（同8位），科学2位（同2位）であり，マス・メディアなどを通じて学力トップ陥落のイメージが喧伝された。

このPISAショックによって，懸念され始めていた「学力低下」に根拠が与えられ，「ゆとり」教育政策と学習指導要領見直しの論議は加速した。

教育内容の削減による学力低下を危惧した世間の批判を受けて，文部科学省は2002年1月に「確かな学力の向上のための2002アピール――学びのすすめ」（通称，「学びのすすめ」）を公表した。これは「きめ細かな指導で，基礎・基本や自ら学び自ら考える力を身に付ける」「発展的な学習で，一人一人の個性等に応じて子どもの力をより伸ばす」など5つの事項を提示し，個に応じたきめ細かな指導（少人数授業・習熟度別指導）の実施，補充的な学習や家庭学習の充実といった方策を掲げるとともに，学習指導要領が最低基準であることを明確にした。「ゆとり」路線を進めてきた文科省が一転して「確かな学力」の向上という方策を示したことは，世間や学校現場に少なからぬ衝撃を与えた。

▷6 それぞれ，「自らの目標を達成し，知識と可能性を発達させ，社会に参加するために，書かれたテクストを理解し，活用し，深く考える能力（capacity）」「数学が世界で果たす役割を知り理解するとともに，社会に対して建設的で関心を寄せる思慮深い市民として，自らの生活の必要に見合った方法として数学を活用し，より根拠のある判断を行う能力」「自然の世界および人間活動を通してその世界に加えられる変化についての理解と意思決定を助けるために，科学的知識を活用し，科学的な疑問を明らかにし，証拠に基づく結論を導く能力」と定義される。

4　学力をめぐる格差，働かない若者への社会的関心の高まり

　1990年代末から展開された学力低下論争は，学力をめぐる社会階層による格差の指摘にもつながった。佐藤学は，「学びからの逃走」という表現で教養全般の解体を指摘し，社会階層の二分化をも指摘した。苅谷剛彦は社会に存在する「努力の不平等」としての「インセンティブ・ディバイド」が学力差を広げる可能性を指摘した。塾や予備校に通える／通えないという目に見える家庭の経済格差はそれ以前からあったが，(受験)勉強への努力を惜しまなければいつか同じ社会的地位につける（≒同じ学歴を得たり，職業に就くことができる）という努力神話が機能しなくなっていることを予感させた。

　また，2000年代半ば，経済成長の鈍化による低い労働力需要によって，戦後日本型循環モデルの破綻がいっそう明るみになり，「学校」から「仕事」へと移行する時期にあたる若者は「就職しない若者」として問題視されるようになった。いわゆるフリーター（非正規雇用者）やニート（就学・就業・求職をしていない状態にあること）の社会問題化である。これが若者当事者の責任と言えるのかは定かではないものの，教育政策としては，「キャリア教育」が据えられることとなった。

▷7　学校から会社へは新規学卒一括採用により常に労働力を一定数供給し，会社から家族へは長期安定雇用，年功序列賃金により見通しをもって安定した収入を保証し，安定した収入を得た家族はその収入を子どもの教育費に充てることができ，学校や教育機関へ子どもの将来のために教育費を投入することができる，というような図式（本田，2014）。

5　2003（平成15）年の学習指導要領の一部改正

　こうした背景のもと，2003年には学習指導要領[平成10年改訂]のねらいをいっそう実現するとともに，「確かな学力」の向上を目指して，学習指導要領の一部改正が行われた。2003年の一部改正では，第一に「学習指導要領の基準性を踏まえた指導の一層の充実」が打ち出され，「○○は扱わないものとする」という歯止め規定の廃止により児童生徒の実態に応じて学習指導要領に記述されていなくても発展的な内容を教えることが認められるようになった。第二に，「総合的な学習の時間の一層の充実」のための方策として，「総合的な学習の時間」の役割（目標・内容・全体計画）を明確化するとともに，各教科等と一体になって子どもたちの力を伸ばすこと，体験的な学習を配置しつつ，教科等の枠を超えた横断的・総合的な学習，探究的な活動の充実を図ることが求められた。第三に，「個に応じた指導の一層の充実」のため，習熟度別指導，児童生徒の興味・関心に応じた課題学習，補充・発展的な学習や発展的な学習などの指導方法が例示された。

　また上記の関連事項として，年間の行事予定や各教科の年間指導計画等について保護者や地域住民らに対して積極的に情報提供すること，必要に応じて各教科等の年間授業時数の標準を上回る適切な指導時間を確保することなどが明示された。

1977年改訂以来,「ゆとりある充実した学校生活」を求めて,授業時数および高度な教育内容が数次にわたって縮減されてきていたが,行政,学者,マス・メディア間で渦巻いていた「学力低下」の懸念がPISAの結果によって裏づけされる形で明らかになった。したがって,2003年一部改正は,「学力低下批判」への対応策として実施されたという側面が強く,「生きる力」を育むという基本方針に変更はなかった。

しかしながら,「確かな学力」の形成がいっそう強調されるなかで,学校現場では,1時間目の授業が始める前の10分程度の時間を「朝の読書時間」に使ったり,「百ます計算」ブームが起こったりするなど,基礎学力への回帰が見られた。また,「目標に準拠した評価」を一層重視する傾向も強まった。

2007年には,文部科学省による全国学力・学習状況調査が始まり,日本全国の小学校第6学年と中学校第3学年の主に算数／数学,国語を対象に原則として毎年実施されている。調査は,国語,算数・数学の教科に関する調査と,児童生徒の生活習慣や学習環境などを内容とする質問紙調査から構成されており,前者はさらに,基礎的な知識や技能を調査する「知識」に関する問題と,知識や技能を生活のなかで活用する力を見る「活用」に関する問題で構成されている。2007～09年度は悉皆調査として行われたが,2010年度以降は抽出調査となった。[8]

3　グローバルな知識基盤社会における「確かな学力」

1　教育基本法改正とグローバル基準の学力競争の重視

2000年代に入ると,新しい知識や技術が政治・経済・文化をはじめ社会のあらゆる領域で活用できる基盤として重要性を増し,それらの知識・技術が国際的に活用される「知識基盤社会」が到来した。中央教育審議会は2005年答申「我が国の高等教育の将来像」中の第1章の1「今後の社会における高等教育の役割」の文中で知識基盤社会の特質について,「例えば,①知識には国境がなく,グローバル化が一層進む,②知識は日進月歩であり,競争と技術革新が絶え間なく生まれる,③知識の進展は旧来のパラダイムの転換を伴うことが多く,幅広い知識と柔軟な思考力に基づく判断が一層重要となる,④性別や年齢を問わず参画することが促進される,等を挙げることができる」と述べている。

一方で,日本は2006年から2008年にかけて,社会と教育のしくみに大きくかかわる教育改革に取り組んできた。

まず,教育基本法を2006年に大幅に改正した。この改正教育基本法では,教育の目的・目標を明確に掲げ,「生涯学習の理念」（第3条）を共有化し,子ど

▷8　調査結果については,各学校には児童生徒の個人票が提供され,設問ごとの正答・誤答の状況が把握できるようになっている。教育委員会に対しては各学校の学力状況の情報が提供され,施策に生かすことになっている。

もの教育は「学校，家庭及び地域住民等の相互の連携協力」（第13条）により進め，合わせて「教育振興基本計画」（第17条）を設け，2000年代後半に取り組むべき課題を掲げ，それらの内容を各自治体で検討していくことになった。

　また2007年に改正された学校教育法においては，生きる力と関連づけて，(1)「基礎的な知識及び技能」の習得，(2)「基礎的な知識・技能を活用して課題を解決するために必要な思考力，判断力，表現力等」，(3)「主体的に学習に取り組む態度」が学力の3要素として規定された。そこでは，「生きる力」の中核である「確かな学力」を育むために，活用する学習活動を通して，基礎・基本的な知識・技能の育成（習得型の教育）と自ら学び自ら考える力の育成（探究型の教育）を総合的に実践することが目指された。また，義務教育として行われる普通教育を9年間とし，義務教育の目標に10項目を掲げ，それらの目標を学校段階に応じて取り扱うことにした。

　2008年1月，中央教育審議会は「幼稚園，小学校，中学校，高等学校及び特別支援学校の学習指導要領の改善について」を答申した。ここでは，持続可能な発展を実現できる21世紀型の日本社会を構築するために，生きる力を育むことがいっそう強調された。この答申の「2．現行学習指導要領の理念」のなかで「『知識基盤社会』の時代と『生きる力』」という小項目を設け，前述の知識基盤社会の特質を踏まえ，以下のように提言した。

> このような社会において，自己責任を果たし，他者と切磋琢磨しつつ，一定の役割を果たすためには，基礎的・基本的な知識・技能の習得やそれらを活用して課題を見いだし，解決するための思考力・判断力・表現力等が必要である。しかも，知識・技能は，陳腐化しないように常に更新する必要がある。生涯にわたって学ぶことが求められており，学校教育はそのための重要な基盤である。

　この答申では，「生きる力」はOECDが提案した「キー・コンピテンシー」という考え方を「先取りしていた」との見解が示された。「コンピテンシー」とは，単なる知識や技能の習得だけでなく，知識，技能や態度などを含めたさまざまな心理的・社会的なリソースを活用して，特定の文脈のなかで複雑な課題や要求に対応できる力をさす。「キー・コンピテンシー」は，そのなかでも，(1)人生の成功や社会の発展にとって有益，(2)さまざまな文脈のなかでも重要な課題や要求に対応するために必要，(3)特定の専門家ではなく，すべての個人にとって重要，といった性質を有するものをさす。キー・コンピテンシーは，より具体的には，(1)自律的に活動する力，(2)社会的・文化的，技術的ツールを相互作用的に活用する力，(3)多様な社会グループにおける人間関係形成能力，といったカテゴリーで構成される。

▷9　OECDが1997年に組織したDeSeCoという研究プロジェクトのなか，とくにPISAの概念的な枠組みとして定義づけられた。

▷10　それぞれの具体的な内容として，(1)大局的に行動する能力，人生設計や個人の計画をつくり実行する能力，権利，利害，責任，限界，ニーズを表明する力，(2)言語，シンボル，テクストを活用する能力，知識や情報を活用する能力，テクノロジーを活用する能力，(3)他人と円滑に人間関係を構築する能力，協調する能力，利害の対立を御し，解決する能力，があげられる。

2 学習指導要領［平成20・21年改訂］の特徴

　改正教育基本法と改正学校教育法に明文化された内容を踏まえて，2008年1月に学習指導要領が改訂された。2008年改訂は，グローバルな知識基盤社会で活躍する日本的市民像を目指し，「活用能力」の育成を重視した。学力低下による「ゆとり」批判がありながらも，総合的な学習の時間は存続された。OECDのキー・コンピテンシー論やPISAによって測定される，学校外でも活用し判断できる能力であるリテラシーが求められることになり，いわゆる「活用型学力」の学習指導要領と言われた。[11]

　生きる力を育む具体的な手立てについて，学習指導要領［平成20年改訂］では，教育課程の基本的な枠組みの変更と教育内容の改善という2つの側面から捉えている。

　教育課程の基本的な枠組みについて，(1)小・中学校では国語・社会・算数など教科を中心に授業時数が増加したこと，(2)「総合的な学習の時間」に関しては，小・中学校においては週1コマ程度縮減し，高等学校においては弾力的な扱いが求められていること，(3)学校週5日制を維持しつつ，探究活動や体験活動等を行う場合に土曜日を活用すること，という3つの点が特徴的である。

　教育内容の改善の特徴は，(1)「生きる力」という理念の共有，(2)基礎的・基本的な知識・技能の習得，(3)思考力・判断力・表現力等の育成，(4)確かな学力を確立するために必要な授業時数の確保，(5)学習意欲の向上や学習習慣の確立，(6)豊かな心や健やかな体の育成のための指導の充実，などである。これらの事項のなかで「生きる力としての資質・能力」を育てるために学校・家庭・地域社会の人々が共通理解して子どもの教育にあたることとなった。また全教育活動のなかでは，道徳的実践力の育成に努め，学校内外の教育活動のなかでは公共の精神や社会的規範意識の形成，体験活動やコミュニケーション能力，人間関係力の育成に配慮し，人間力と社会力の育成を工夫した活動の充実を図っていくようにした。

　教科内容にかかわる改善のポイントとして，(1)国語のみならず教科横断的に記録・説明・論述といった言語活動を充実させること，(2)科学技術の土台である理数教育を充実させること，(3)音楽科での唱歌・和楽器，保健体育科での武道などにより伝統や文化に関する教育を充実させること，(4)国際化への対応として小学校第5学年〜第6学年から外国語活動を導入すること，(5)豊かな心や健やかな体をはぐくむために道徳教育・体験活動・体育を充実させること，(6)現代社会の課題に対応するために教科等を横断して，情報モラル教育，環境教育，キャリア教育，食育や部活動に対する理解を深めることなどがある。

▷11　1990年代の学校を席巻した「新しい学力」観は，その成績評価における「関心・意欲・態度」面の強調やその評価方法に対する疑問・批判も強まり，やや後退したが，それに代わって「生きる力」という新たな呼称での学力観が登場し，それを構成する3つの要素（「確かな学力」「豊かな人間性」「健康・体力」）のうち，「確かな学力」（「自ら課題を見付け，自ら学び，自ら考え，主体的に判断し，行動し，よりよく問題を解決する資質や能力」）の育成が強調され，「ゆとり」路線が継続された。

4　「資質・能力」育成のいっそうの重視へ

1　資質・能力を育むための教育課程・教育方法の改善の必要性

　2016年12月，中央教育審議会答申「幼稚園，小学校，中学校，高等学校及び特別支援学校の学習指導要領等の改善及び必要な方策等について」が出された。そこでは，2030年の社会と子どもたちの未来を見すえ，持続可能な開発のための教育（ESD），新しい時代に必要となる「資質・能力」や学習評価などをキーワードとして，これまでの教育課程における課題と改善策が示された。

　その背景には，近年，人工知能（AI）などのテクノロジーが飛躍的に進化するなか，学校で教えていることは，時代が変化したら通用しなくなるのではないかという問いがあった。これからの時代に求められる知識と力とは何かを明確にし，学校教育の目標に盛り込み，授業の改善を行わなければならないということである。子どもたちに求められる資質・能力とは何かを社会と共有し，連携する「社会に開かれた教育課程」が重視されている。

　また，グローバル化の進展とともに，国境を越えた連携がさらに緊密になっている。例えば，OECDが推進する事業「Education 2030」に，2015年から日本が主要メンバーとして加わったことで，複雑で予測の激しい2030年の世界を生きる子どもたちのために育成すべきコンピテンシーの再定義とその育成の課題が共有されている。「グローバル・コンピテンス」の育成と評価の仕方など，その成果は2018年のPISAにおける新しい枠組みに反映される予定である。

　同答申で，「資質・能力」の育成を目指すためにとくに重要視されているのは，(1)「何ができるようになるか」，(2)「何を学ぶか」，(3)「どのように学ぶか」の3点である。これまでの学習指導要領では，「何を学ぶか」を中心に組み立てられてきたが，新学習指導要領では「何ができるようになるか」が強調されている。ここには，先が見通せない時代にあって，コンピテンシー・ベースの教育への転換が目指されていることがうかがえる。とくに，新学習指導要領では，育成すべき資質・能力として，(1)「生きて働く知識・技能」，(2)「未知の状況にも対応できる思考力・判断力・表現力等」，(3)「学びに向う力，人間性等」という3つの柱が提案されている。

　「何を学ぶか」では，各教科等を学ぶ意義と教科等間・学校段階間のつながりを踏まえて教育課程を編成し，小・中・高等学校を通じて一貫した目標設定を行うことが求められている。なお，「ゆとり」批判への反省から，「学習内容の削減は行わない」ことが強調された。

　「どのように学ぶか」では，「主体的・対話的で深い学び（アクティブ・ラーニ

ング)」が推進されている。「アクティブ・ラーニング」は元来，学習者自身が他者や環境との相互作用を通じて知識を社会的に構築・構成していく過程に参加することで学ぶという社会構成主義的な学習観に基づき，高等教育の授業改善のために導入された活動の手法であった。しかしながら，アクティブ・ラーニングでは，活動主義の授業になるのではないかという危惧もあり，単に活動を取り入れるだけではなく，活動をとおして思考を促すような深い学びを意識する必要がある。それを踏まえ，答申では，「主体的・対話的で深い学び」をキーワードとして位置づけ直し，それを実現することの意義を明確にすることとした。

2 新学習指導要領の特徴

新学習指導要領では，これらの流れを発展させて，資質・能力の形成を目指して，主体的・対話的で深い学びやカリキュラム・マネジメントを強化する方針が打ち出されている。

具体的には，まず，知・徳・体にわたる「生きる力」を子どもたちに育むため，「何のために学ぶのか」という学習の意義を共有しながら，授業の創意工夫や教科書等の教材の改善を引き出していけるよう，すべての教科等が，(1)知識及び技能，(2)思考力，判断力，表現力等，(3)学びに向かう力，人間性等の3つの柱によって再整理された。◁12

また，教科等の目標や内容を見渡し，とくに学習の基盤となる資質・能力（言語能力，情報活用能力，問題発見・解決能力等）や健康・安全・食や主権者への形成といった現代的な諸課題に対応して求められる資質・能力の育成のために，教科等横断的な学習の充実が求められることとなった。合わせて，主体的・対話的で深い学びの充実には単元など数コマ程度の授業のまとまりのなかで，習得・活用・探究のバランスを工夫することが重要であることから，学校全体でカリキュラム・マネジメントを確立する（教育内容や時間の適切な配分，必要な人的・物的体制の確保，実施状況に基づく改善などを通して，教育課程に基づく教育活動の質を向上させ，学習の効果の最大化を図る）必要性が謳われている。

小・中学校の教育内容の変化として，道徳教育の充実のために道徳の特別教科化を先行させ（小学校2018年，中学校2019年），外国語活動の充実のために，小学校第3学年～第4学年において「外国語活動」が，第5学年～第6学年において「外国語科」が導入された。その他，言語能力の確実な育成，理数教育の充実，伝統や文化に関する教育の充実，体験活動の充実などが掲げられている。その他に，情報活用能力育成のために，算数，理科，総合的な学習の時間などを利用したコンピュータでの文字入力などの習得のほかに，プログラミング教育も加わることとなった。

▷12 例えば中学校理科の生物領域では，「①生物の体のつくりと働き，生命の連続性などについて理解させるとともに，②観察，実験など科学的に探究する活動を通して，生物の多様性に気付くとともに規則性を見いだしたり表現したりする力を養い，③科学的に探究しようとする態度や生命を尊重し，自然環境の保全に寄与する態度を養う」となっている。

▷13 なお新学習指導要領では，カリキュラム・マネジメントを除いて，コンピテンシーやアクティブ・ラーニングというカタカナ語は使用されなかった。

▷14 「健康な心と体」「自立心」「協同性」「道徳性・規範意識の芽生え」「社会生活との関わり」「思考力の芽生え」「自然との関わり・生命尊重」「数量や図形、標識や文字などへの関心・感覚」「言葉による伝え合い」「豊かな感性と表現」。

▷15 公立義務教育諸学校の学級編制及び教職員定数の標準に関する法律。

▷16 卒業認定・学位授与の方針、教育課程の編成・実施の方針、入学者受入れの方針。

　小学校にかかわることとして、(保)幼小連携に関して、以前から謳われていた小学校入学当初における生活科を中心とした「スタートカリキュラム」の充実のみならず、幼稚園教育要領において明確化された「幼児期の終わりまでに育ってほしい姿」を踏まえることが必要となった。

　また、とくに中学校にかかわることとして、部活動顧問制度による教師の長時間労働の問題などを背景に、部活動を教育課程外の学校教育活動として教育課程との関連に留意することや、社会教育関係団体などとの連携によって持続可能な運営体制とすることが、中学校学習指導要領総則に記された。教員の多忙化に関しては、16年ぶりの義務標準法改正による計画的な定数改善が図られるとともに、教師の授業準備時間の確保など新学習指導要領の円滑な実施に向けた指導体制の充実や、運動部活動ガイドラインの策定による業務改善などがいっそう推進されることとなっている。また、すでに行われている優れた教育実践の教材、指導案などを集約・共有化し、各種研修や授業研究、授業準備での活用のために提供するなどの支援が予定されている。

　高等学校については、高大接続改革という、高等学校教育を含む初等中等教育改革（教育課程の見直し、学習・指導方法の改善と教員の資質向上、多面的な評価の推進）、大学教育改革（「三つの方針」に基づく大学教育の質的転換、認証評価制度の改善）、そして両者をつなぐ大学入学者選抜改革（「大学入学テスト」の導入、個別入学者選抜の改革）の一体的改革のなかで実施される改訂となった。2015年の公職選挙法などの一部改正による選挙権年齢の引き下げにより、生徒にとって政治や社会がいっそう身近なものとなっているという前提から、高等学校については、小・中学校以上に、「社会で求められる資質・能力を全ての生徒に育み、生涯にわたって探究を深める未来の創り手として送り出していくこと」が強調されている。教科・科目の構成は、国語科における科目の再編（「現代の国語」「言語文化」「論理国語」「文学国語」「国語表現」「古典探究」）、地理歴史科における「歴史総合」「地理総合」の新設、公民における「公共」の新設、共通教科「理数」の新設など、大きな変化を遂げることとなった。小・中学校と異なる教育内容の改善事項として、主に(1)道徳教育の充実のために、各学校において校長のリーダーシップの下、道徳教育推進教師を中心にすべての教師が協力して道徳教育を展開することが総則に新たに規定されたこと、(2)道徳教育の充実のために、公民の「公共」「倫理」、特別活動が、人間としての在り方生き方に関する中核的な指導の場面であることが総則に明記されたこと、(3)外国語活動の充実のために、統合的な言語活動をとおして「聞くこと」「読むこと」「話すこと［やり取り・発表］」「書くこと」の力をバランスよく育成するための科目（「英語コミュニケーションⅠ、Ⅱ、Ⅲ」）や、発信力の強化に特化した科目が新設（「論理・表現Ⅰ、Ⅱ、Ⅲ」）されたこと、(4)職業教育の充実、をあげることが

できる。

　新学習指導要領では，教科・学問の固有の知識・理解の定着と2030年の社会に求められる新しいコンピテンシーの育成を相互に関連させながら促すことが意図されている。教育現場では，育成すべき資質・能力を意識したうえで，学習内容の本質に対する深い理解（各教科の特質に応じた「見方・考え方」）を追求する必要があるだろう。

　本章で見てきたとおり，21世紀に入り，マス・メディアを通じた世論の反応も受けながら，世界水準での学力向上が政治イシュー化し，教科の改編をはじめとした教育課程の改訂が矢継ぎ早に行われている。また，「学力」を説明するための概念も日を追って難解になり，教師としてこれらのキャッチアップに努める必要がある。さらに，教育課程の再編のたびに，教師としての専門性のアイデンティティが揺さぶられることも想定しておく必要があるだろう。

Exercise

① 1990～2000年代の「ゆとり教育」をめぐる議論を整理してみよう。
② 1989年改訂以後に新設された科目について，それが新設された背景や，親切後にどのような反応（批判も含む）があったかを自分なりに整理してみよう。
③ 時代に応じて「学力」の意味も変化してきている。現代で求められる「学力」とは何だろうか。文部科学省ホームページや関連図書を参照して議論してみよう。

📖 次への一冊

佐藤博志・岡本智周『「ゆとり」批判はどうつくられたのか──世代論を解きほぐす』太郎次郎社エディタス，2014年。
　　時代から要請された「ゆとり」路線が，「ゆとり世代」というレッテル貼りに帰結した経緯を知ることができる。
本田由紀『多元化する「能力」と日本社会──ハイパー・メリトクラシー化のなかで』中央公論新社，2011年。
　　評価される「能力」に，コミュニケーション能力のような捉えづらい能力まで含むようになった社会の「ハイパー・メリトクラシー」化を指摘している。
広田照幸『教育は何をなすべきか──能力・職業・市民』岩波書店，2015年。
　　戦後日本の教育観の変遷を軸とした論文集。教育と経済・政治・社会の関係性をつかむことができる。
佐藤卓巳編『学習する社会の明日』岩波書店，2016年。

「教養」も含め，教育・学習のあり方に対して大局的な理解を与えてくれる。
日本教育工学会監修，大島純・益川弘如編著『学びのデザイン：学習科学』ミネルヴァ書房，2016年。
　　新学習指導要領でも存在感を増している「学習科学」の発展の概要を知ることができる。

引用・参考文献

苅谷剛彦『階層化日本と教育危機』有信堂，2001年。
木村元『学校の戦後史』岩波書店，2015年。
佐藤学『「学び」から逃走する子どもたち』岩波書店，2000年。
高見茂・田中耕治・矢野智司監修，西岡加名恵編著『教職教養講座第4巻　教育課程』協同出版，2017年。
本田由紀『社会を結び直す』岩波書店，2014年。
水原克敏ほか『新版 学習指導要領は国民形成の設計書──その能力観と人間像の歴史的変遷』東北大学出版会，2018年。
ライチェン，D. S.・サルガニク，R. H. 編著，立田慶裕監訳『キー・コンピテンシー』明石書店，2006年。

第12章
教育課程をめぐる今日の動向（1）
―― 教育課程の研究校制度 ――

〈この章のポイント〉
　学習指導要領の改訂を含めた日本の教育課程に関わるさまざまな政策の提案は，教育理論や社会の要請を反映させるのみならず，学校現場における先進的な実証研究により，その教育的効果が実践的に裏づけられたものである。本章では1970年以降，教育課程やカリキュラム開発研究の重要性が学術的に注目され政策的に説かれるなかで，1976年に導入された研究開発指定校制度に始まり，現在に至るまで文部科学省によって導入されているさまざまな研究開発の諸制度と研究事例を概観する。そのことを通して教育課程の先進的な実践研究の意義について学ぶ。

1　日本における教育課程の開発と研究とは

1　国による教育課程の研究校制度導入の背景

　日本において学校が教育課程を編成するには，教育基本法や学校教育法，同施行規則といった法令や教育課程の基準を大綱的に定めた学習指導要領を踏まえなければならない。「小学校学習指導要領解説総則編」（2017年）によれば，教育課程を編成することとは法令で定められた「学校教育の目的や目標を達成するため」に，各学校が「教育の内容を児童の心身の発達に応じ，授業時数との関連において総合的に組織した教育計画」を策定することを意味するとされており，「学校の教育目標の設定，指導内容の組織及び授業時数の配当」が「編成の基本的な要素」であるとしている。「指導内容」の基準として学習指導要領が存在しており，「授業時数」として学校教育法施行規則の別表に標準時数の配当が示されている。
　本章ではこれらの基準や配当に準拠せずに教育課程を編成することを文部科学省が特例として認めている教育課程の制度を扱う。
　そもそも，なぜそうした特例が認められているのだろうか。この制度が戦後公的に導入された1976年5月の研究開発学校制度の発足時の目的は，次のように示されている（「研究開発制度の発足」『文部時報』第1191号，1976年8月，86ページ）。

> 　今日においては，社会の急激な変化や発展に伴い学校教育に対する社会的要請も多様となり，また，学校における教育実践の中からも種々の問題が指摘されている。それゆえ，学校教育の質的改善向上についての長期的な見通しに立って，このような社会的要請や教育実践の場から提起される教育上の課題にこたえ得る新しい教育課程や指導方法の研究開発を行い，将来の小学校，中学校，高等学校及び幼稚園の教育課程改善に備える必要がある。このため，研究開発学校を指定し，これらの学校において，新しい教育課程や指導方法の研究開発を進めようとするものである。

　学校教育の社会的要請や社会の変化への対応，そして現実の教育実践上で生じるさまざまな問題への対処は，いつの時代においても常に問われ続けねばならない課題である。上で述べられている目的は，現在においてもけっして古くはない。

　ここで注意しておきたいのは，当時においては，上の文言のなかの「教育課程改善」とは各学校によって編成される教育課程の「基準の改善」を意味している点である。

　これに関して，研究開発学校制度の発足に先立ち，1974年3月に東京で開催されたOECD—CERIの「カリキュラム開発に関する国際セミナー」の報告を見てみよう。このセミナーは「学校に基礎を置くカリキュラム開発（SBCD）」の考え方が紹介されたことにより，その意義が現在においても高く評価されている。その一方では国レベルによるカリキュラム開発の努力，例えば「選ばれた特定の実験学校ないし実験協力学校」による協力研究開発システム構築の必要性も論じられ，「それを抜きにして一般学校におけるカリキュラム開発を期待することは余り現実的とはいえない」と指摘されていた（文部省，1975，23ページ）。SBCDの実現において，日本の場合には国の基準が存在している以上，基準そのものの改善がSBCDに及ぼす影響は大きく，国の責任は重大である。その際，まずは実験学校により将来的な国レベルの基準の改訂を見越した実践を試みることで，一般学校への適用を検討するに値する資料を入手する必要があるということである。

　この点についてセミナーの報告では，それまでの国レベルで改訂される基準は「いつも，漠然とした現場と専門学者の意見を汲みあげ，参考とする行政的判断が主たるもの」で，「教育課程の開発・適用に伴う価値の問題および，内容の妥当性や効果が，具体的実験的成果をもたないまま，全国的に教育課程の実施に移される形態をとっていること」が「特に問題」とされ，「教育課程の基準を作成する過程で，専門的機関や実験学校において継続的に追求され，具体的に較量され，検証される試みがなければならない」という提案がなされていた（文部省，1975，262ページ）。

　さらに遡ること3年前の1971年6月の中央教育審議会答申「今後における学

▷1　OECD—CERI「カリキュラム開発に関する国際セミナー」
1974年3月18日〜23日にかけて東京で開催。日本と欧米の第一線のカリキュラムや教育方法の研究者が参加した。このセミナーではSBCDの発想や，カリキュラム開発のアプローチとして従来の工学的接近に対する羅生門的接近といった発想がもたらされ，日本におけるカリキュラムという用語の学術的な定着に大きな意味をもった。

校教育の総合的な拡充整備のための基本的施策について」において示された学校制度改革の「先導的試行」の説明では、「学問的に根拠のある見通しに立って、現行の学校教育体系の中ではじゅうぶんに検証することのできない人間の発達過程に応じた新しい学校体系の有効性を明らかにするため、学校制度上特例を設け」、「綿密な準備調査による科学的な実験計画を立案するとともに、その成果については、教育者・研究者・行政担当者の協力による専門的な組織によって継続的に厳正な評価が行われるような体制を整備する必要がある」こと、そのための「研究推進措置」がすでに構想されていた。

以上のことからわかることは、研究開発学校制度の発足には、これら70年代に先だって展開された2つの政策や研究の動向が反映しており、実験的な性格をもつ学校の存在意義がすでに確認されていたということである。

2 教育における実験と実証研究の意味

ここでたびたび登場している「実験学校」の「実験」の意味について言及しておきたい。過去の文書であることを勘案したとしても、生身の子どもを対象とした教育の場における「実験」という表現に違和感を抱いても不思議ではない。

この点について、上述した70年代の同時期に、梶田（1978）は『教育学大事典』の「教育実験」の項において、「厳密な法則性を求めようとして人為的非現実的な実験状況を設定し、要素主義的かつ部分的な因果関係の発見をもってよしとする」心理学等の「実験室法的実験」とは明確に異なり、「多数の変数が組み合ったまま進行していく現実の実践活動をそのまま全体として扱い、その実践をより有効なものにするためにのみ変数あるいは要因の操作がなされる、といった一つの実践研究である」と定義している。その際、教育の現場における実験であるからこそ、なにより重要なのは「研究成果と引き換えに、対象となった子どもたちにいささかなりとも悪しき効果」を与えてはならぬ点であるとしている。

特殊な環境の研究室で行われる非現実的な「実験」とは根本からその意味は異なり、現実の学校という場をそのまま尊重し、学校という複雑な要因が絡み合う場で、何らかの一つの条件を設定したうえで、子ども＝人間という存在対象をよりよくするために実践を行うのが教育における「実験」の意味であるということになるだろう。現在では教育における実践研究とその結果の検証＝実証研究という表現が妥当である。

そして、現下の国の基準では実施することができない新たな取り組みを行うこと自体が「実験」の意味であることは言うまでもなく、そのために特例が設けられ、実証研究を行うシステムが整えられているのである。

▷2 中央教育審議会「今後における学校教育の総合的な拡充整備のための基本的施策について」
1967年の剱木亮弘文部大臣による中央教育審議会に対する同諮問に対し1971年に応えた答申。中教審会長の森戸辰男は明治初年と第二次世界大戦後の過去の日本の教育の改革に次ぐ「第三の教育改革」であると位置づけた。「先導的試行」による6-3-3の学制改革を打ち出したことや高等教育改革、私学助成の強化、教員養成の改革等、広範囲に及ぶ提言は教育界に大きな議論を巻き起こした。

1976年の研究開発学校制度の発足以降，時代を追うごとにさまざまな特例の制度が導入されている。以下では代表的な研究制度をみてゆくこととする。

2　代表的な教育課程の研究制度(1)
——研究開発学校制度

1　研究開発学校制度の概要

1976年に導入された研究開発学校制度は，現在に至るまで，少しずつ申請・募集方法や実施形態を変更している。2018年には「幼稚園，小学校，中学校，義務教育学校，高等学校，中等教育学校，特別支援学校及び幼保連携型認定こども園の教育課程の改善に資する実証的資料を得る」ことを目的として，学校教育法施行規則第55条等，第85条等および第132条を適用し，文部科学省が研究開発学校を指定することになっている。

過去には学校やその設置者が主体的に課題を設定して申請する方式だった時期もあるが，現在は研究課題が設定され，それに応じて学校や設置者が申請する方式になっている。募集される研究課題は年によって少しずつ変化している。2018年度の募集課題は以下のとおりである（文部科学省「平成30年度研究開発学校の研究開発課題の設定について」をもとに作成）。

---

(1)　教科等を越えた全ての学習の基盤として育まれ活用される資質・能力を重視した教育課程の編成等による新たな教科等の枠組の構築や教科等の再編，教育目標・内容，指導方法及び評価の在り方に関する研究開発

(2)　現代的な諸課題を踏まえて求められる資質・能力を育むための新たな教科等の設置や教科等の再編，教育目標・内容，指導方法及び評価の在り方に関する研究開発

(3)　育成を目指す資質・能力との関連を重視した各教科等の内容の特質・構成・系統・指導方法および評価の在り方に関する教育課程の研究開発

(4)　発達の段階に応じた，学校段階間の連携による一体的な教育課程の編成及び実施，指導方法並びに評価の在り方に関する研究開発

(5)　障害のある子供たちの多様な教育的ニーズに対応できる学びの場を充実するための特別支援教育の教育課程の編成及び実施，指導方法並びに評価の在り方に関する研究開発

また，2022年度に実施される高等学校の新学習指導要領では複数の新教科が設置されることに応じて，2018年度限定で募集する「高等学校を対象とした特別の課題」として「高等学校において改善が求められている教科・科目等の在り方に関する研究開発」があげられている。

この高等学校の課題をはじめとし，2017年3月に公示された新学習指導要領で示されているポイント（「資質・能力」の育成）を踏まえた課題となっている

ことがわかるだろう。小学校は2020年度，中学校は2021年度から新学習指導要領に基づく教育が始まるため，これを具体化する取り組みが求められているということである。ただし，新学習指導要領下の教科の基準によらない「新たな教科等」の開発を課題のなかに同時に掲げていることが重要である。単に新学習指導要領の学校現場での円滑な実施・普及を図るための研究が求められているのではなく，その先の新たな基準づくりを見越した課題設定であることこそが，研究開発学校制度の存在意義である。

　採択される学校数は変動があり，40校近く指定を受けていた時期もあるが，2010年代以降の新規採択はおおむね10校程度になっている。研究期間は2013年度より，研究に取り組むプロセスの充実を図るため，それまでの3年間から4年間に延長されている。採択されると研究の必要経費が文部科学省より支出される。また，研究のプロセスのなかで文部科学省による実態調査が行われ，研究の遂行状態が確認される。研究開発学校では学校外の教育研究の専門家を組織した運営指導委員会が設置され，研究の改善と推進について指導助言を受ける。研究成果は毎年報告書を作成し文部科学省に報告する義務があるとともに，学校外部に対して積極的に成果の情報を発信することが求められており，地域の学校に対して，あるいは全国規模で公開研究会や授業研究会を開催している。

２　研究例――お茶の水女子大学附属小学校における生活科の開発研究

　研究開発学校制度の研究成果が国の教育課程の基準に与えた影響として，以下の研究があげられている（2014（平成26）年12月4日初等中等教育分科会教育課程部会参考資料）。

○小学校低学年における「生活」の導入（平成元年改訂）
・香川県坂出市立坂出幼稚園，中央小学校（昭和51～53年）
　　第1及び第2学年において，「社会」及び「理科」の代替として，子どもの生活を基盤にした「くらし」を実施。
・お茶の水女子大学附属小学校（昭和60～62年）
　　第1及び第2学年において，「社会」「理科」「道徳」「特別活動」及び「国語」等を包摂した「創造活動」を実施。
○「総合的な学習の時間」の導入（小学校及び中学校は平成10年，高等学校は平成11年改訂）
・滋賀県栗東町立治田小学校（平成2～4年）
　　第1及び第2学年においては「生活」，第3から第6学年においては全教科等から時数を削減し，「生活体験科」を実施。
・兵庫教育大学教育学部附属中学校（平成4～6年）
　　体験的・問題解決的学習等を行う「人間・環境科」を実施。
○高等学校における「情報」「福祉」の導入（平成11年改訂）

> - 三重県立名張西高等学校（昭和62～平成元年）情報化社会に対応できるよう「情報科学Ⅰ」「情報科学Ⅱ」を実施。
> - 埼玉県立不動岡誠和高等学校（平成3～5年）
>   「社会福祉科」を実施し，必修科目の種類，単位数などを検討。
>
> ○小学校高学年における「外国語活動」の導入（平成20年改訂）
> - 千葉県成田市立成田小学校，成田中学校（平成15～20年）
> - 沖縄県那覇市立小中学校53校（平成15～20年）

　このなかで，研究開発学校制度の導入された1976年から1987年の間の長期にわたる研究成果を受けて，教育課程の基準の変更につながったのが生活科の設置である。実際には，生活科の研究として上にあげられている2校はそれを代表する学校であり，76年の研究開発制度導入時から生活科の設置に至るまで，多くの研究開発学校が同様の取り組みを行っていた。

　本書を手に取る学生の多くは自身が生活科の授業を受けており，生活科の存在に違和感はないだろう。しかし，設置が公表された当時は，戦後からその存在が当たり前となっていた理科と社会科という教科が第1学年～第2学年で消滅するということで，賛否含め，教育課程の基準の変更をめぐり大変な注目を浴びた改革であった。生活科の設置が公表された当初は，1980年代末頃から世間に知られ始めた小1プロブレム対策といった受け止めもなされていたが，そうした風潮を受けて設置されたのではない。幼稚園と連絡した小学校の教育課程の要請と，それによる小学校第1学年～第2学年の教科の再編は1976年6月の中央教育審議会答申ですでに示されており，長年取り組み続けられてきた研究の成果に裏づけられたものであった。

　香川県坂出市立坂出幼稚園と中央小学校は1976年の研究開発学校制度発足時の研究課題の一つ「幼稚園及び小学校の連携を深める教育課程の研究開発」に応じたものであり，後年のお茶の水女子大学附属小学校（以下，お茶附小）も研究課題は同様である。ここでお茶附小の研究の経過を見てみたい。

　戦前より大正新教育を代表する学校の一つであり低学年の作業教育といった独自の実践研究に取り組んでいたお茶附小は，戦後，1952年に視聴覚教育，58・59年に低学年音楽教育の文部省実験学校[43]に指定されている。1977年には文部省より教育課程研究校に指定され「児童の具体的・総合的活動に着目した効果的な指導」の研究を行っていた。そもそも国立大の附属学校は研究・実験学校としての性格を有しており，お茶附小も1985年に研究開発学校に指定されるまでの間に，長きにわたり実践研究を行う経験が脈々と受け継がれていた。

　戦後から第1学年～第2学年の生活学習（生活の中で教科を学ぶ）を続け，1965年頃から自由の時間のシンボルとして時間割上に「○」とつけて子どもの自発的な活動を展開しており，1975年度からこれを「○の時間」として各学年

▷3　文部省実験学校
戦後の新たな教育体制化でのカリキュラム開発を試みる学校を文部省が指定したもので，その多くは戦前から研究実績のある師範学校の附属小学校が対象であった。

週1時間を教科の枠にとらわれない児童の自由な活動の時間として設定。翌76年度からこれを「創造活動の時間」と名付け第1学年～第2学年は週3時間、第3学年以上は週2時間をあてていた。77年に教育課程研究校に指定され、翌78年からは全学年週3時間に拡大して取り組んでいた。1985年の研究開発学校に指定されてからの実践研究には、これらの取り組みの成果が生かされている。

研究開発学校に指定された際、「研究のねらい」として「小学校低学年において、総合学習と教科学習を児童の発達や実態に即して編成し、実践的に考察する。その際、幼児教育の基礎基本の考え方や総合的扱いを生かし、関連をはかると共に、中・高学年への接続を含めて低学年の教育課程の再編成を行う」ことを掲げた。すでに取り組んでいた「創造活動」を研究の柱として展開させることとし、低学年ではこれを明確に体験活動を中心とした総合学習として位置づけ、教科学習と区別しつつもその関連を明確にした低学年教育課程の新たな編成を試みた。1985年の研究初年度は総授業時数のなかで「創造活動」と教科の時数の割合を第1学年4対6、第2学年3対7を目途にして実践を試みた。研究2年目は「創造活動」を理科・社会・道徳の時間・学級会の時間を総合した活動として再構成し、それ以外の教科（国語・算数・図画工作・音楽・体育）との時数の割合を算出。第1学年の「創造活動」は総授業時数の26％、第2学年は20％、それぞれ年間10～12単元に設定した。研究最終年度の1987年には「創造活動」の全授業時数に占める割合は第1学年で30％、第2学年で27％になっており、2年目よりも拡充させている。これは国語や図画工作が「創造活動」との関連が強いという判断で、一部の授業時数を含めたことによる。研究最終年度の「創造活動」の年間活動計画の単元名は以下のとおりである（お茶の水女子大学附属小学校『幼稚園及び小学校における教育の連携を深める教育課程の研究開発　昭和62年度（第3年次）報告書』をもとに作成）。

〈1年生の年間計画〉（○は大単元名，・は小単元名）

```
○がっこうってどんなとこ　・わたしをよろしく　・みんなのやくそく
　　　　　　　　　　　　・がっこうたんけん　・がっこうのひとたち
○みんな生きている　・わたしのアサガオ　・どうぶつ　・いまごろなにが
○水　・水あそび　・川あそび　・いろ水あそび
○大きくなる子　・わたしがうまれてから　・わたしのアルバム　・わたしのかぞく
　　　　　　　・「七五三」ってなあに　・アルバムかんせい
○わたしたちのお正月　・お正月しらべ　・お正月をむかえるために
　　　　　　　　　　・お正月あそび　・一年の初めに
○春をむかえる　・せつぶん　・ひなまつり会　・一年間のカレンダー
```

〈2年生の年間計画〉

○二年生の春　・2年生になって　・春　・本作り
○たいよう　　・ひまわり　・夏の学校　・たいようおもしろ大けんきゅう 　　　　　　・秋まつり
○学校から外へ　・学校のまわり
○いろいろなつたえ方　・オペレッタにちょうせん
○のりもの　・ぼくらのりものしゅざい記者　・お茶の水モーターショー 　　　　　・のりもの百科
○もうすぐ3年生　・2年生のまとめ　・もうすぐ3年生

　1989年に実際に設置された生活科の内容と比較すると，具体的な単元名にみられるレベルでの重複は多くはないものの，内容面では導入されて，現在の生活科にまで継承されている単元がいくつか含まれていることがわかるだろう。研究開発学校の実践研究の成果は，こうして教育課程の基準の改善に生かされているのである。

3　代表的な教育課程の研究制度(2)
　　　——教育課程特例校制度

1　さまざまな教育課程特例校制度の概要

　以下では，研究開発学校のように必ずしも国の教育課程の基準等の改善を目的としてはいないものの，特例をもって国が新たな教育課程の実施を認めたり，研究を推進している諸制度をみてゆく。こうした制度は2000年以降に積極的に導入されており，今日まで長い時間を経ていない。事業の成果の検証は今後の重要な課題となるであろう。

　文部科学省のホームページ（2011年7月26日掲載）には「学習指導要領等によらない教育課程編成を認める制度等について」として，研究開発学校制度の他，スーパーサイエンスハイスクール（SSH：2002年度～），目指せスペシャリスト（スーパー専門高校：2003年度～），教育課程特例校制度（2008年度～），不登校児童生徒等を対象とした学校の設置に係る教育課程弾力化事業（2005年7月～）があげられている。

　目指せスペシャリストは2003年度に始まり2011年度に終了しているが，同じく専門高校を対象とした産業教育振興の一環としての後継事業としてスーパー・プロフェッショナル・ハイスクールが2014年度から始まっている。一方，同ホームページには掲載時点で終了したために載せていない制度としてスーパー・イングリッシュ・ランゲージ・ハイスクール（SELHi：2002年度～

2009年度）があり，同ページ掲載以降に導入された制度としてスーパーグローバルハイスクール（SGH：2014年度〜）がある。2000年以降導入された制度の多くが高等学校を対象としていることが一目瞭然である。裏を返せば，過去，いくども高等学校の改革が提起されていながら進展していなかったということでもあり，先進的な取り組みを一気に加速化させているとも見ることができる。

そうしたなかで，教育課程特例校制度と不登校児童生徒等を対象とした学校設置に係る教育課程弾力化事業は，政府の規制緩和による行政改革の一環として2002年12月に成立した「構造改革特別区域法案」における教育に関わる事業（「教育特区」）の一部「構造改革特別区域研究開発学校」（「特区研発」）として2003年度に導入された制度の継承であり，高等学校中心の諸制度のなかでは異色といえる。「特区研発」は「地方公共団体が，学校教育法に示されている学校教育の目標等を踏まえつつ，適切な期間，教育課程の基準によらない教育課程を編成・実施することの可能化」を目的とし，研究内容として「小中高一貫教育等，学校種間のカリキュラムの円滑な連携，教育課程の弾力化，教科の自由な設定，学習指導要領の弾力化」が想定されていた。申請主体は地方自治体であり，認定は内閣総理大臣が自治体に対して下すものであった。「構造改革特別区域」の教育面での導入構想そのものの是非をめぐり議論がなされたが，「特区研発」事業には多数の自治体が申請し，2003年と2004年に認定されたのは56自治体。その後も増え続け，株式会社による学校設置や特定非営利活動法人（NPO）による学校設置（学校法人化）を認める規制緩和がなされたこともあり，シュタイナー教育といった独自の教育を行う学校も認められるようになった。

後継の教育課程特例校制度は学校教育法施行規則第55条の2等に，不登校児童生徒等を対象とした弾力化事業は学校教育法施行規則第56条等および第132条の2等に基づき，教育課程の基準によらない特例が認められている。「特区研発」と異なり，申請は学校や設置者が行い，認定は文部科学大臣が行う。教育課程特例校は2017年4月時点で指定件数が318件，指定学校数は3182校であり，文部科学省の分類によれば，取り組みの分類は小学校低・中学年からの英語教育の実施が233件で392校，「ことば」に関する取り組みが24件670校，ふるさとや郷土に関する取り組みが33件309校，他既存の教科内容の組み替えによる新教科等の実践である。これらの特例校には「特区研発」同様，研究開発学校と違い予算措置がなされない。その一方で，研究期間が定められていないことから，「特区研発」制度で2003年に認定されてから現在に至るまで事業を継続している学校もあり，その中には一見すると，研究開発学校よりも大胆な試みを行っている学校もある。

教育課程特例校制度となり申請主体が学校となったことで，「特区研発」当

▷4　構造改革特別区域法案
小泉純一郎内閣時（2001〜2006年）に政府の経済財政諮問会議が2002年に経済再生戦略の一環として打ち出した規制緩和政策。2003年4月1日に法施行された。産業活性化をはかるため，地域を限定して教育や農業，医療などの特定分野の規制を削減・緩和する制度。第一回認定自治体として群馬県太田市の外国語教育特区等が注目を浴びた。

▷5　シュタイナー教育
オーストリア生まれのルドルフ・シュタイナー（R. Steiner, 1861〜1925）の思想に基づき，独自の子どもの成長・発達過程段階理論に即した芸術的カリキュラムを特徴とする教育。世界中で展開されている。

時の規制緩和による競争的研究の性格をもつ制度と比較し，学校を基盤とする教育課程編成の創意工夫を促す制度となっていると見ることもできるだろう。

2 高等学校を対象とした特例制度——SSHとSGH

スーパーサイエンスハイスクール（以下，SSH）とスーパーグローバルハイスクール（以下，SGH）は学校教育法施行規則第85条等に基づく制度である。これまで複数の高等学校関係の事業が廃止されているなかで，SSHは導入されてから現在（2018年度）まで続いている。SGHは最も新しい制度である。

SSHは2001年6月の自由民主党文部科学部会に提出された報告書を発端としている。報告書では日本の青少年の「科学技術離れ」と「理科離れ」への懸念を踏まえ，科学技術と理科と数学教育を重点的に行う高等学校を「スーパー・サイエンス・ハイスクール」と名付けることが提案されていた（『内外教育』2001年7月6日号，8ページ）。事業としては「科学技術基本計画」の第2期基本計画（2001〜2005年）に合わせて導入が実現した。指定期間は2002年度から2004年度に新規指定を受けた場合3年間，2005年度以降は5年間と延長している。2002年度は25校の指定で始まり，各年度の新規指定校は概ね20校〜30校の間で推移している（2012年度のみ70校を越えている）。文部科学省の応募により学校が申請し，文部科学省が採択。指定を受けて以降は，科学技術振興機構（JST）が活動やそれに係る経費の支援を行う。

2018年度の実施要領には「高等学校及び中高一貫教育校における先進的な科学技術，理科・数学教育を通して，生徒の科学的能力及び技能並びに科学的思考力，判断力及び表現力を培い，もって，将来国際的に活躍し得る科学技術人材等の育成を図る」ことを趣旨とし，この「趣旨の達成に必要な高等学校等の理数系教育に関する教育課程等の改善に資する実証的資料を得る」ことが目的とされている。「教育課程の改善に資する実証的資料を得る」という点においては，研究開発学校の目的とも重なる。

指定された学校では，理数系に重点を置いた教育課程を開発し，大学や研究機関等と連携して，探究的で課題解決的な学習や体験的な学習に取り組み，科学技術系や理数系のコンテストに積極的に参加している。生徒の研究成果をコンテスト等を通じて外部に向けて積極的に発信することは，開発した教育課程の効果を示す指標にもなる。SSHに指定された各高等学校の生徒の活躍を見れば，一定の効果があるとも見える。さらに，新学習指導要領では高等学校の理数系科目で探究的な学びを行う改革や新教科が設置されることになっている。ここにSSH校の一定の成果が生かされていると言える。

ところで，制度導入の発端時には，「理科離れ」を防ぎ，将来の科学技術振興のためには，すでに研究者になっている者への支援にとどまらず，「研究者

▷6　科学技術基本計画
1995年11月に成立した科学技術基本法に基づき1995年より5年毎に策定することとされている。なお，2001年に文部省と科学技術庁が合体し文部科学省となったことも，科学技術面からの教育政策の実現に大きく寄与している。

第12章　教育課程をめぐる今日の動向（1）

の卵というべき初中等教育段階の児童・生徒の育成」に投資する必要が語られていた。また，ほぼ同時期のIEA（国際教育到達度評価学会）の国際数学・理科教育動向調査（TIMSS）による1999年調査では，小・中学校の成績は理科も算数・数学もトップクラスだったものの，理科への興味や関心や意欲は低レベルだったということも，初中等教育段階における理数系教育の充実へと拍車をかける要因だったとも言える。

しかし，2015年実施のTIMSSの調査では，成績は相変わらず上位に位置し，理科や数学への関心や意欲は以前の調査よりは向上を見せてはいるものの，依然，国際平均を下回り続けている。SSH校であることを意識し，そこを目指して進学する中学生は全国にどれほどいるのだろうか。SSH校は「理科離れ」という状況を打開する一つの策として導入されたが，そこに一握りの子どもが集中しているという現実もあろう。理数系教科への関心や意欲を高めることへの抜本的な教育改革は未だ途上であると言える。

次に，2014年度に導入されたSGHについて，やはり導入の経緯からみてゆく。SGHは2010年に閣議決定された新成長戦略実現会議の下，2011年5月に設置されたグローバル人材育成推進会議によって，2012年6月に出された最終報告書『グローバル人材育成戦略』を背景にもつ。

この最終報告書では「グローバル化が加速する21世紀の世界経済の中にあっては，豊かな語学力・コミュニケーション能力や異文化体験を身につけ，国際的に活躍できる「グローバル人材」を我が国で継続的に育てていかなければならない」という観点から，グローバル人材の育成と活用の仕組みの構築を目指した具体的な提案を，初中等教育，大学教育，産業界等にたいして包括的に行っている。なかでも，グローバル人材の概念を下記の3点に定義している点は注目される（グローバル人材育成推進会議『グローバル人材育成戦略』2012年6月4日，8ページ）。

要素Ⅰ：語学力・コミュニケーション能力
要素Ⅱ：主体性・積極性，チャレンジ精神，協調性・柔軟性，責任感・使命感
要素Ⅲ：異文化に対する理解と日本人としてのアイデンティティー

こうした背景をもつことにより，SGHでは単に語学力を向上させる，あるいは海外留学をさせるといった単純なプログラムではなく，教養豊かで他者と協力して積極的に課題解決をする力を育成するプログラムであることが求められることになった。

2018年度の実施要領には「グローバル・リーダー育成に資する教育を通して，生徒の社会課題に対する関心と深い教養，コミュニケーション能力，問題解決力等の国際的素養を身に付け，もって，将来，国際的に活躍できるグローバル・リーダーの育成を図る」ことが趣旨とされ，SSH同様，この趣旨を遂

▷7　TIMSS調査
IEA（The International Association for the Evaluation of Educational Achievementの頭文字の略）により実施される国際数学・理科教育調査。TIMSSはTrends in International Mathematics and Science Studyの頭文字を取っている。日本では小学校第4学年と中学生第2学年が対象学年であり，4年に1回実施されている。日本の子どもの成績は常に上位を占めているが，意欲や関心が他国と比較して常に低いことも明らかになっている。

げるために「教育課程等の改善に資する実証的資料を得る」ことが事業目的に掲げられている。また，「あわせて，グローバル・リーダー育成に資する教育に関する高大接続の在り方についても研究を行う」ことも掲げられている。これはグローバル人材育成戦略自体が大学教育も対象としていたことが背景にあるだろう。学校による申請に対して文部科学省が指定し，研究期間は5年間。1校あたり1600万円の予算措置がなされる。初年度は246校の応募があり56校が指定された。

　一例として，初年度に採択されたお茶の水女子大学附属高等学校の場合，「国際協力とジェンダー，経済発展と環境，国際交渉力の不足，異文化間の摩擦，資源・エネルギー，人口，貧困・格差など，グローバルな社会的課題に対する興味・関心を高め，問題を発見・解決する探究的な学習を通して，異なる文化的背景を持つ人々と共生，協働して，国際社会の平和と持続可能な発展に寄与する意欲と能力をもつ人材を育成する」ことを目指した教育課程として，①学校設定科目として1年次必修科目の探究的な学習を行う課題研究型授業「グローバル地理」，2年次と3年次の必修科目「持続可能な社会の探究Ⅰ・Ⅱ」，②課題研究型授業の選択必修科目として「グローバル総合」と，海外研修を含む「グローバル総合アドバンス」，③学校設定科目として確かな学力と幅広い教養の涵養を目指す「教養基礎」科目を編成した。語学力の向上を軽視しているわけではないが，『グローバル人材育成戦略』で掲げられた要素ⅡとⅢが中心になっていることがわかるだろう。①の科目群においては探究活動の方法の基礎を1年次で学び，2年次では課題発見・課題解決能力を育成，3年次ではコミュニケーション能力や論理的・批判的能力を高めるという，能力の育成を系統的に図る科目編成になっている。②の「グローバル総合」では「生命と環境領域」「文化と表現領域」「経済と人権領域」という領域ごとに，さらに具体的なテーマを設け，グループで協働して体験的に社会問題を解決するための探究的な学習に取り組む。

　取り組みが始まってからは，系統的な課題解決能力の形成につながる学習方法のあり方や評価のあり方，「グローバル総合」で設定する課題等をめぐり，年数回開催される外部評価委員からの指導を受け，前年度の反省を生かしつつ，教育課程に改善を加え続けている。

　採択されているSGH校全体が，探究的で体験的な課題解決型学習を教育課程の中核としており，従来の高等学校の教科単位の教育課程に基づく学習指導との違いは大きく，実施には少なからず困難に直面しているとみられる。取り組みは始まったばかりであり，グローバル化が加速的に進行してゆく社会において，今後のSGH事業の展開がどうなるのか，また高校教育の教育課程全体に与える影響があるのか，注視してゆかねばならぬだろう。

4　教育課程の開発研究の成果から学ぶ

　本章で取り上げてきた特例校は，自校の子どもの実態に即しつつ，国や社会の要請から独特の教育課程を編成することでSBCDを実践していると言える。教育課程の特例校の最終的な成果にも注目する必要はもちろんだが教育課程を創るという，まさにそのプロセスにも注目する必要がある。

　その際，自校の実践研究の途中経過において，あるいは最終的な成果をいかに正確に把握し，次年度の研究の改善に意識的に生かしているのかが重要となる。第1節で取り上げた梶田は実験の成果が現実の教育の改善に活用されるものとなるためには，「具体的な諸条件をできるだけ明確にすること」「客観性のある結論づけがなされること」「期待した成果が上がらなかった事例や，改善策を導入したために生じた予期せぬ副次的影響などを分析」することが必要であると指摘していた。現在の表現で言えば，いわゆる「カリキュラム評価」が適切になされているかということであり，研究学校が自身の取り組みについて的確に評価をしているかどうかが汎用化の鍵になるということである。根津（2001）は研究開発学校の報告書を分析し，カリキュラム評価が的確になされているか疑問を呈したうえで，「カリキュラム評価の手法を今まで以上に意識すべきである」「カリキュラム評価には，さまざまな評価視点を設ける配慮が必要である」「さまざまな人々による記述を盛り込むべき」「具体的な事実を理論化する作業が必要である」という4つの課題を指摘する。

　特例校でこそSBCDを実践しているとすれば，これらの学校におけるカリキュラム評価のあり方が，特例によらぬ学校の教育課程の編成とその改善のあり方に関して，模範や参考になるはずである。新学習指導要領ではカリキュラム・マネジメントの重要性が提起されている。特例校のSBCDのあり方に学ぶとともに，カリキュラム評価に基づくカリキュラム・マネジメントにいかに取り組んでいるのかについても注目してゆく必要がある。

Exercise

① 下記に示す文部科学省等のホームページから研究開発学校や教育課程の基準によらない教育課程の特例が認められている学校を探し，その学校の研究報告書を入手したり，学校の開設しているホームページを見て，現在，どのような実践研究が行われているのか調べてみよう。機会があれば実際に研究発表会等に参加し，研究の成果について考えることを勧めたい。
〇研究開発学校を紹介するURL　http://www.mext.go.jp/a_menu/shotou/

kenkyu/（2018年9月30日閲覧，以下同）
○教育課程特例校制度を紹介する URL　http://www.mext.go.jp/a_menu/shotou/tokureikou/index.htm
○スーパーサイエンスハイスクールを紹介する URL　https://ssh.jst.go.jp/
○スーパーグローバルハイスクールを紹介する URL　http://www.sghc.jp/

📖次への一冊

山口満編著『現代カリキュラム研究』学文社，2001年。
　　同書中，根津朋実による「第22章　研究開発学校におけるカリキュラム評価の実態と課題——研究報告書を手がかりとして」は学校の教師による実証研究の実態や困難さとともに，その困難さを乗り越える展望を具体的に論じている。
日本教育方法学会編『日本の授業研究　下巻』学文社，2009年。
　　同書中，久野弘幸による「第7章　研究開発学校と授業研究」では，研究開発学校の「試み」としての教育課程の開発研究において，授業研究が「試み」に「実像」を与える役割を果たすという関係について，具体例をもとに論じている。
吉富芳正・田村学『新教科誕生の軌跡』東洋館出版社，2014年。
　　戦後日本の義務教育の教育課程の教科編成の基準の大きな改革となった生活科の設置がいかにして実現したのか，そのプロセスを丹念に解明した研究。研究開発学校の成果も取り上げられている。
＊特例校は研究成果を出版社から著作物として出版している場合もある。ここでは特定の学校を取り上げないが，報告書と比較し入手は容易である。

引用・参考文献

梶田叡一「教育実験」細谷俊夫・奥田真丈・河野重男編『教育学大事典第3巻』第一法規，1978年，164〜165ページ。
「戦後日本教育資料集成」編集委員会『戦後日本教育史料集成　第10巻』三一書房，1983年。
『内外教育』2001年7月6日号。
日本カリキュラム学会編『現代カリキュラム事典』ぎょうせい，2001年。
日本教育方法学会編『日本の授業研究　下巻』学文社，2009年。
根津朋実「研究開発学校におけるカリキュラム評価の実態と課題——研究報告書を手がかりとして」山口満編著『現代カリキュラム研究』学文社，2001年。287〜300ページ。
文部省『カリキュラム開発の課題　カリキュラム開発に関する国際セミナー報告書』1975年。
山口満編著『現代カリキュラム研究』学文社，2001年。
吉富芳正・田村学『新教科誕生の軌跡』東洋館出版社，2014年。
＊なお，本文で引用している特例校の資料は各学校の報告書類を参照している。

第13章
教育課程をめぐる今日の動向 (2)
――多文化共生――

〈この章のポイント〉
　多文化共生を目指す教育は，外国につながりのある子どもの学習参加を促すと同時に，多様性を尊重する学校文化の創造を目的としている。この目的の実現に向けて，来日して間もない子どもにとっては，日本語習得が必要である。その一方で，出身国や民族の文化や歴史を学ぶことを通して，肯定的なアイデンティティを形成することも大切である。すべての子どもにとって差異との出会いは，視野を広げ自己を再構成する契機となる。本章では，多文化共生を目指す教育課程について学ぶ。

1　今日の学校が抱える課題
――外国につながりのある子どもをめぐって

1　日本の学校文化と多文化共生

　子どもたちには，さまざまな違いがある。教室には，算数が得意な子どももいれば，体育や音楽が好きな子ども，そしてLGBT，障がいのある子どもや外国につながりのある子どもなど多様な子どもがいる。多文化共生を目指す教育とは，こうした子どもの多様性に注目した教育である。その目的は，LGBT，障がいのある子ども，外国につながりのある子どものように，一般的にマイノリティと言われる子どもたちの教育機会を保障すること，そしてそれらの人々の自尊感情を育てアイデンティティを形成することである。多文化共生を実現するためには，それらの差異と共生することのできる日本人の子どもたちを育てることも必要である。

　本章では，子どもたちが多様性を尊重しつつ共に学ぶことのできる学級を目指して，どのような教育課程を構成することができるのかについて，日本の学校で取り組まれている教育実践を中心に理解を深めていく。ここでは，とくに，外国につながりのある子どもに焦点をあてた教育課程を対象とする。

　米国には，多文化教育（Multicultural Education）と呼ばれる考え方がある。多文化教育の考え方は，日本において多文化共生を目指す教育を考える際の一つの理論的な根拠となる。米国において多文化教育は，「子どもたちのジェン

ダー，性別，社会階層，民族，人種や文化的特徴に関わらず，すべての子どもたちが学校で学ぶための等しい機会を得ることを目指す教育である」と定義づけられている（Banks, 2013, p. 3）。この定義からは，多文化教育が学校で等しく学ぶ機会を保障することを目的とした考え方であることがわかる。この目的の実現に向けてまず必要なことは，すべての子どもたちが安心して学校に通い学ぶことのできる学級づくりである。

　ところが，マイノリティの子どもたちは，異質な存在であることから排除の対象となり，学習の機会が奪われることがある。川村は，出身国を「嫌い」と周囲の子どもたちに言われたことがきっかけとなって不登校になった外国につながりのある子どもを例にあげ，差異に対する不寛容が結果として学習の機会を奪うことを指摘している（川村，2014，34ページ）。

　このように教室において差異の排除が起こる背景には，日本特有の学校文化がある。恒吉は，日本の学校文化の特徴として「一斉共同体主義」をあげている。一斉共同体主義とは，「同質的で自己完結的な共同体を前提とした協調的共有体験，共感・相互依存・自発的な協調などの価値の共有に依拠する共同体的な特徴と，皆が，同時に，同じことをするという一斉体制とが一緒になることによって成り立っている」状態を意味する（恒吉，1996，231ページ）。恒吉が指摘するように，同質を重んじる学校文化において，異質な存在は排除の対象となる。言葉や考え方，習慣などが異なる外国につながりのある子どもは異質な存在である。こうして学校のなかで彼らが異質とみなされ排除の対象となった時，安心して学べる環境は脅かされてしまう。

　一斉共同体主義の状況を改め，子どもたちの多様性を認め合うことを目指す考え方は，日本において，多文化共生を目指す教育という言葉で表すことができる。多文化共生を目指す教育には，次の3つの目的に基づいた教育課程を編成することが必要となってくる（ゲイ，2014，336ページ）。

(1)外国につながりのある子どもを含むすべての子どもたちが等しく教育にアクセスできること。
(2)外国につながりのある子どもたちが自分自身のルーツを大切することを通してアイデンティティを形成できること。
(3)差異を尊重し，関わり合うことのできる子どもを育成すること。

　以上の3つの目的に基づいて，どのように教育課程を編成することができるのか，本章では，日本の小学校の事例を紹介しつつ，そのあり方を探求していきたい。

2 多文化共生を目指す教育課程の３つの類型

　外国につながりのある子どもは，増加の傾向にある。在日コリアン，そして近年，日本で暮らすようになったニューカマーの子どもたちを含めると，多くの外国につながりのある子どもたちが日本の学校で学んでいる。

　外国につながりのある子どものなかでも，日本に来て間もない子どもたちにとっては，日本語の習得が必要となってくる。こうした子どもに対して日本語指導を行うことは今日の教育における喫緊の課題である。その一方で，外国につながりのある子どものアイデンティティ形成や差異の尊重に関する教育実践も必要である。アイデンティティ形成に関しては，西日本を中心とした小中高等学校で取り組まれている。そのなかでも注目すべきであるのが大阪市の取り組みである。在日コリアンや中国やフィリピンなどの子どもたちが多く通う大阪市の学校には，教育課程外の活動として「国際クラブ」が設置されている。国際クラブでは，外国につながりのある子どもたちが出身国や民族に関する言葉，文化，歴史を学ぶことができる。国際クラブを設置している学校の多くは，全校行事である学習発表会において活動の成果を発表する。このように，国際クラブは，教育課程内の学校行事と関連づけられているのである。

　学習発表会に限らず，各教科や総合的な学習の時間，特別活動のなかでも外国につながりのある子どもたちの文化や歴史を位置づけることができる。例えば，第6学年社会の授業のなかで日朝関係史について学ぶことや，第1学年〜第4学年の特別活動や総合的な学習の時間において，いろいろな国の遊びを体験する活動などがある。多文化共生を目指す学校では，子どもたちが違いを尊重し，差異と関わりあうことができるようになることを目的とした学習が教育課程内に取り入れられているのである。

　以上のような日本における現状を踏まえると，多文化教育を目指す教育実践に関する教育課程は，大きく次の３つに分類することができる。それぞれの「類型」「対象」「特徴」は，表13−1のとおりである。

表13−1　多文化共生を目指す教育課程，３つの類型

類　型	対　象	特　徴
日本語指導のための教育課程	日本語指導が必要な子ども	子どもの能力に従った個別の教育課程（「特別の教育課程」）に基づく。
アイデンティティ形成に向けた教育課程	外国につながりのある子ども	教育課程外に国際クラブといった名称で活動する時間を設定する。
多文化共生を目指す教育課程	すべての子ども	各教科，総合的な学習の時間，特別活動といった教育課程内に，外国の文化や歴史の学習を位置付ける。

　表13−1における類型の一つ目は，「日本語指導のための教育課程」である。日本語指導は，日本語指導の必要な子どものために作成された「特別の教育課

▷1　文部科学省による2016（平成28）年5月の「日本語指導が必要な児童生徒の受入状況等に関する調査（平成28年度）」によると，日本語指導が必要な外国につながりのある子どもの数の増加が指摘されている。文部科学省ホームページ　http://www.mext.go.jp/b_menu/houdou/29/06/__icsFiles/afieldfile/2017/06/21/1386753.pdf（2017年12月18日閲覧）

▷2　1910年の韓国併合によって朝鮮より日本に渡航してきた人々および，1939年の朝鮮人労務動員計画以降，労働力不足を補うために朝鮮より動員された人々とその子孫を意味する。近年では日本国籍を取得や日本人と間に生まれたダブルの子どもも含め，多様化が進んでいる。

▷3　ニューカマーとは，1980年代以降に日本で暮らし始めた人々を意味する。

▷4　小学校の新学習指導要領の「第1章　総則」「第4　児童の発達の支援」の「2　特別な配慮を必要とする児童への指導」のなかに「(2)海外から帰国した児童などの学校生活への適応や，日本語の習得に困難のある児童に対する日本語指導」が示されている。

▷5　大阪市では国際クラブとして韓国・朝鮮，中国，フィリピンなどにつながりのある子どもたちが，それぞれの国の言葉，文化，歴史を学ぶ活動を教育課程外に設置している。2017年度，大阪市は，中国に関するクラスを4校，フィリピンに関するクラス

を1校設置した。京都市の2つの小学校では、韓国・朝鮮につながりのある子どもたちが学習する「コリアみんぞく教室」が設置されている。

▷6　特別の教育課程
文部科学省によると「児童生徒が学校生活を送る上や教科等の授業を理解する上で必要な日本語の指導を、在籍学級の教育課程の一部の時間に替えて、在籍学級以外の教室で行う教育の形態」を意味する。文部科学省ホームページ　http://www.mext.go.jp/a_menu/shotou/clarinet/003/1341926.htm　（2017年12月18日閲覧）

▷7　取り出し
在籍学級以外の教室で指導を受けることである。

程」に基づいて展開される。日本語指導の必要な子どもは、通常の子どもが授業を受けている間、「取り出し」として別室で指導を受ける。そこでは、個々の子どもの日本語能力に従って教材や教育内容が提供される。

　二つ目の類型は、子どもたちにつながりのある国や民族について学ぶことを通して自尊感情を育む「アイデンティティ形成に向けた教育課程」である。ここでは、同じ民族や出身国の子どもが、ルーツのある民族や国の言葉や文化、歴史を学ぶ。こうした活動は、教育課程外に国際クラブとして小学校の場合45分の活動を位置づけている。国際クラブは、週1回行っている学校もあれば、月に1回の学校もある。

　三つ目は、多様な国や民族出身の子どもたちがお互いの違いを尊重し共生を目指す「多文化共生を目指す教育課程」である。「多文化共生を目指す教育課程」は、「アイデンティティ形成に向けた教育課程」と同様、外国につながりのある子どもたちに関連する国や民族の遊び、文学、音楽、美術、歴史といった内容を各教科に位置づけ、アイデンティティ形成と同時に差異を認め合いよりよい人間関係を構築することを目指す。

2　外国につながりのある子どもをめぐる教育課程

1　日本語指導のための教育課程

　外国につながりのある子どものなかでも、来日して間もない子どもにとっての大きな課題は日本語の習得である。ニエト（S. Nieto）は、教育における主要な課題として次の2つに焦点を当てるべきであると述べている。それは、「すべての生徒の学業達成を改善し、かれらに公正で質の高い教育を提供すること」と「見識があり社会に貢献できる民主的社会の一員になるための教育の機会を生徒に提供すること」である（ニエト、2009、32ページ）。ニエトの指摘に従えば、日本の学校で学び、民主的社会を担う日本社会の一員として行動するためにも日本語の習得は必須である。

　外国につながる子どもの日本語指導は、特別の教育課程としてそれぞれの子どもに対応した教育課程に基づいて実施されている。中国につながりのある子どもの多い埼玉県川口市立仲町小学校（以下、仲町小学校と称す）には、「日本語指導教室」がある。仲町小学校の児童約480名のうち約70名が外国籍の子どもである。日本語指導教室には、2名の日本語指導対応の教師と中国語のできるアシスタントティーチャー1名が担当している。外国籍の子ども70名のなかでも日本語指導が必要な約20名の子どもたちが日本語指導教室に通っている。

　日本語指導教室は、取り出しで行われており、日本語指導対応の教師一人の

もとで１，２名の子どもが学んでいる。授業が取り出しの場合，多くの子どもは，国語の時間に，教室から離れ日本語指導教室で学習する。日本語レベルに応じて，週１時間通う子どももいれば，週５時間の子どももいる。日本語指導教室の目標は，あいさつをはじめとする日常生活で最低限必要な「サバイバル日本語」を経て，日常会話と授業での教師の言葉がある程度わかるようになることである。例えば，第６学年の子どもの45分の流れは表13－２のとおりである。

仲町小学校の「日本語指導教室」の主な学習は，第１学年の国語教科書を読むことから始める。ひらがな，カタカナ，第１学年担当の漢字から勉強を学習し，形容詞，動詞，名詞の順番で日本語を覚えていく。教師は，毎回の子どもの進度に応じて，教える内容を決めていく。このように，日本語指導のための教育課程は，サバイバル日本語の習得を目指し，個々の子どもの日本語能力に応じた特別の教育課程を編成することで実施されている。

表13－２　日本語指導教室における１時間の学習例

〔対象〕６年生　男子　１名
〔学習の流れ〕
1．昨日，今日，明日の日付を読む。一日，二日など日付の読み方を確認する。
2．今日の給食の献立を日本語で読む。（行事があるときについては日本語で行事について説明する）
3．絵本を読み聞かせする。
4．形容詞について学習する。（新しい，古い，難しいなどについて）
5．国語の教科書を音読する。内容を確認する。
6．文法「～で（by）」の使い方について学習する。（鉛筆「で」書きますなど）
7．食べ物カードで，食べ物の写真を見て名称を答える。

出所：2017年６月21日（水）２時間目の学習をもとに作成。

２　アイデンティティ形成に向けた教育課程

日本で暮らす限り，日本語によるコミュニケーション，そして日本の習慣や文化を身につけることは避けることができない。他方で，マイノリティである外国につながりのある子どもが自尊感情を育てることも必要である。太田は，母語を肯定的・積極的に使用することが難しい日本語だけの環境において，外国につながりのある子どもは母語の使用を避けようとすると指摘する（太田，2005，62ページ）。こうして出自を隠すことは，子ども自身の言葉や文化に「引け目」や「負い目」を感じさせることにつながるという（太田，2005，62～63ページ）。外国につながりのある子どもたちの自己肯定を促すためにも，日常生活のなかで自分自身のルーツを表現することができるような雰囲気づくりが教室において必要となってくる。

外国につながりのある子どもたちが，出身国や民族について学び，その良さについて気付くことができる活動の一つとして，大阪市の国際クラブをあげる

ことができる。大阪市は，65校の小学校と41校の中学校に国際クラブを設置している。朴によると在日コリアンを対象とした国際クラブは，「朝鮮にルーツを持つ子どもたちを対象に祖父母，父母の出身国の言葉や歴史，文化を学び，同じ立場の子どもたちと共につながりあうことによって，民族的アイデンティティを育み，自尊感情を形成する場」である（朴，2008，3ページ）。このことから，在日コリアンを対象とした国際クラブの目的が，韓国・朝鮮につながりのある自分自身について理解を深め，肯定的なアイデンティティを形成することであることがわかる。

　こうした考え方に基づいて，大阪市は，近年中国やフィリピンの人々の言葉や文化に親しむ活動も展開させている。その先駆的な教育実践を行っているのが大阪市立南小学校（以下，南小学校と称す）である。南小学校には，フィリピン，中国，韓国・朝鮮，インド，ガーナ，ブラジル，アメリカ，モルドバなどの国につながりのある子どもたちが通う（山崎，2017，2～3ページ）。南小学校は，こうした子どもたちの多様性の尊重に向けた多文化共生を目指す教育実践を行っている。そのなかの取り組みの一つが「スマイルクラス」である。「スマイルクラス」は，日本語学級に通級中，または終了した子どもたちが通う放課後の教育課程外の活動である。活動の目的の一つとして，外国につながりのある子どもたちのアイデンティティ形成が位置づけられている。

　活動は，原則として月に1回第一水曜日14時45分から15時30分に行われている。年間計画は，「自己紹介　わたしの国の言葉（カルタ）」（6月），「フィリピンデー」（7月），「工作（フィリピンのパロール〈クリスマスの飾り〉，中国のチェンズ〈羽蹴り〉など）」（9月），「中国デー」（10月），「学習発表会に向けて」（11月），「ワールドデー」（12月），「正月遊び」（1月），「わたしの国の遊び」（2月），「一年を振り返って」（3月）である。例えば，12月の「ワールドデー」の活動は表13-3のとおりである。

　ワールドデーにおいて，子どもたちは，文化にふれるだけではない。例えば食文化など，自分の出身国について語る場面もある。それは，ルーツのある国や民族の文化を表現し，そのよさや面白さをお互いに知らせ合う重要な機会となっている。さらに，全校行事である学習発表会において，スマイルクラスの子どもたちは，それぞれの国の言葉の挨拶や歌やダンスなどを表現し，全校生徒に向けて表現する。このように，国際クラブの活動成果が学習発表会といった教育課程内の学習と関連づけられていることによって，日本人の子どもたちは，身近な子どもたちのルーツに関わる表現にふれることができる。そのことは，日本人の子どもたちにとって，外国につながりのある人々とどのように関わり，共に暮らしていけばよいのかということを学ぶことができる重要な機会となっている。こういったことから考えても，スマイルクラスの学習成果を教

育課程内の活動に位置づけることは意義がある。

表13-3　ワールドデーの活動

1．参加人数　11名（韓国・朝鮮，ブラジル，ルーマニア，モルドバ，タイ出身の子ども）
2．活動の流れ
　①　世界の言葉であいさつ
　②　子どもたちの出身国（タイ，ルーマニア，モルドバ，ブラジル，韓国・朝鮮）に関するクイズ
　③　あそび
　　バレック（ブラジル），トゥホ（韓国・朝鮮），シャトロン（ルーマニア），クラシィキィ（モルドバ），ヨートルン（タイ）

出所：2017年12月6日（水）14時45分〜15時30分の「ワールドデー」の活動を参観し，その内容をもとに作成。

3　多文化共生を目指す教育課程
　　——大阪市立御幸森小学校の実践を中心に

1　大阪市立御幸森小学校と多文化共生を目指す教育

　大阪市立御幸森小学校（以下，御幸森小学校と称す）は，韓国・朝鮮の食材店や飲食店が並ぶコリアタウンのなかに所在する。2016年の調査によると，全校生徒のうちの約65％は，韓国・朝鮮にルーツのある子どもたちである。御幸森小学校は，2012年10月にユネスコスクールに認定されている。御幸森小学校は，ユネスコスクール認定申請の際，次の3つの研究活動に取り組むことを明らかにした。

(1)多文化共生教育を，すべての教育活動に位置づけて取り組む内容や方法の研究。
(2)世界の国々のさまざまな文化をはじめとした「多文化」を学ぶことで，自己のアイデンティティを確立し，命を尊び，たくましくしなやかに自己実現に向けて生きていける力をエンパワメントしていく実践内容とその支援についての研究。
(3)外国にルーツをもつ児童を中心とした異文化理解および6年間を見通した多文化共生教育につながる地域教材の充実と開発を推進する教育。

　以上のとおり，学校の教育活動全般に多文化共生を目的とした教育実践を取り入れることが御幸森小学校の教育目標として位置づけられている。御幸森小学校の学校区には，コリアタウンがあり，在日コリアンの人々が多く暮らす。

▷8　ユネスコスクール
ユネスコ憲章に示された理想を実現するために，平和や国際的な連携を目指し実践する学校である。文部科学省ホームページ http://www.mext.go.jp/unesco/004/1339976.htm（2017年12月16日閲覧）。

こうした地域の特徴に基づいて、御幸森小学校の多文化共生を目指す教育は、在日コリアンや韓国・朝鮮に関する文化や歴史を学習内容としている。多文化共生の実現に向けて、御幸森小学校は、教育課程内と教育課程外の双方に多文化共生を目指す3つの活動を位置づけている。それぞれの「名称」「対象」「概要」は、表13-4のとおりである。

表13-4　大阪市立御幸森小学校の多文化共生を目指す取り組み

名　称	対　象	概　要
外国人教育	すべての子ども（第1学年～第6学年）	【教育課程】 各教科、総合的な学習の時間、特別活動。 【目標】 ・日本人児童と韓国朝鮮人児童がお互いに「人権」を尊重しあい、「共生社会実現」に向けてともに学ぶ集団を育成する。 ・朝鮮人児童の「民族的自覚と誇り」を高め、本名（民族名）を名のる取り組みを進める。 ・日本人児童に正しい韓国朝鮮観を育て、本名（民族名）を呼ぶ取り組みを進める。 【教育内容】 韓国・朝鮮語の歌、在日コリアンの名前、日朝関係史、コリアタウンについての学習や朝鮮初級学校と交流、国際クラブ発表会の参加と鑑賞などを行う。
国際クラブ （民族学級）	在日コリアンの子ども（第1学年～第6学年）	【教育課程】 週1回の放課後の活動。 【目標】 ・母国の文字や言葉、文化等の学習を通して、朝鮮人児童の民族的自覚と誇りを育てる。 【教育内容】 本名を知り本名を読み書きする。民族楽器、民俗芸能、韓国・朝鮮語、遊び、歴史、食文化などについて学ぶ。6年生は、自分自身の未来について韓国・朝鮮とのつながりから考える。
ユネスコタイム	在日コリアン以外の子ども（第4学年～第6学年）	【教育課程】 週1回の放課後の活動。 【目標】 ・世界の国の言葉や習慣、文化を通して、国々の様子や違いを知る。 ・お互いの立場を理解し、国際友好の態度を育てる。 【教育内容】 韓国・朝鮮語、韓国・朝鮮の歴史、韓国・朝鮮の民俗芸能、韓国・朝鮮の文化、世界の正月、世界の様々な国、地域などについて学習する。

出所：大阪市立御幸森小学校『2016年度　外国人教育年間指導計画　民族学級年間指導計画　ユネスコタイム年間指導計画』をもとに作成。

表13-4のなかで、注目すべきであるのは、週一回の教育課程外の活動である国際クラブとユネスコタイムである。御幸森小学校の国際クラブは、在日コ

リアンの子どもを対象としており，韓国・朝鮮の文化や歴史を通して，自己への理解を深め，民族的なアイデンティティの形成を目指す。一方，ユネスコタイムは，世界の国々について学習するだけではなく，日本人として在日コリアンをはじめとする外国につながりのある人々とどのようにかかわり，共生を実現していくことができるのかについて学んでいる。

②　多文化共生を目指す教育課程の編成

御幸森小学校では，多文化共生を目指す教育実践を具体化するために，国際クラブ，ユネスコタイムといった教育課程外の活動と同時に，各教科，総合的な学習の時間のなかに，韓国・朝鮮と在日コリアンをめぐる地域の文化や歴史についての学習内容を位置づけた教育課程を編成している。こうした教育課程

表13-5　大阪市立御幸森小学校の外国人教育の教育課程（第6学年）

学年	月	時数	国際クラブ（民族学級）の講師の指導	教科等	主題
6	4	1		道徳	わたしたちの名前。
		2	○	総合	民族学校ってどんなとこ？
		0.5	○	音楽	歌「ヌンヌンヌン」。民族学級の始業式で歌う。
	5	2		総合	地域の歴史「猪飼野」について調べよう。
		2		社会・総合	倭国と朝鮮半島からの渡来人。
	6	1		社会	大陸とのつながり。
		2		社会・総合	秀吉の朝鮮侵略。
	7	2		道徳	名前について考えよう。
		1		体育	朝鮮初級学校とプール交流。
	9	4	○	総合	みゆきもりクムマダン。
		3	○	社会・総合	となりの国から来た「朝鮮通信使」。
	10	1		社会	朝鮮人の独立の戦い。
	11	0.5	○	音楽	発表会に向けて（歌，踊り）。
		2	○	道徳	本名（民族名）で生きることの意味。
	12	3		学校行事　国語	民族学級校内発表会の鑑賞。
		2		社会・道徳	強制連行と創氏改名。
		2	○	家庭科	韓国料理を作ろう。
	1	2		総合	在日1世との交流。
		2		体育	朝鮮高級学校ラグビー部との交流。
	2	0.5	○	音楽	歌「コヒャンエポム」。
		0.5	○	音楽	歌（修了式の歌）。
		0.5	○	音楽	歌「イムジンガン」。
	3	2	○	総合・道徳	民族学級修了式にむけて。1年間のまとめ。

出所：大阪市立御幸森小学校『2016年度　外国人教育年間指導計画　民族学級年間指導計画　ユネスコタイム年間指導計画』をもとに作成。

における取り組みは,「外国人教育」と呼ばれている。御幸森小学校の外国人教育については,第6学年の教育課程を例に,表13-5にまとめた。

表13-5の内容を踏まえると,御幸森小学校の外国人教育に関わる教育課程編成の特徴は,次の2点にまとめることができる。第一は,国際クラブの講師が教育課程の編成と指導にかかわっていることである。国際クラブの講師は,在日コリアンであり,韓国・朝鮮語,民俗芸能,日朝関係史といった韓国・朝鮮に関わる文化や歴史についての専門的な知識・技能を有する。こうした人物が指導者であることによって,授業では,在日コリアンの実際の習慣や考え方にもふれながら正確な情報を子どもたちに提供することができている。

さらに,教育課程を構成する段階において国際クラブの講師の意見を反映している点についても注目すべきである。ゲイは,多文化教育の教育課程において,子どもたちの文化に即した学習を行う「文化的に応答した指導(culturally responsive teaching)」を取り入れることの必要性を指摘している。

「文化的に応答した指導」には,2つの側面がある。一つ目は,民族それぞれの文化的コンテクストに関連づけた教材や教育方法を用いることである(Gay, 2010, p. 27)。二つ目は,ヨーロッパ系のマジョリティが構成した教育内容を批判的に捉え,考え,議論することである(Gay, 2010, pp. 37-38)。ゲイの考え方に基づくと,日本人だけで編成される教育課程を改め,日本においても,マイノリティの人々の必要とする教育内容や方法を,彼らの視点から提案し編成することが大切である。そういった点から考えて,御幸森小学校が国際クラブ講師の知識や考えを取り入れた外国人教育の教育課程を編成していることは,「文化的に応答した指導」としても注目すべきである。

御幸森小学校の教育課程の第二の特徴は,国際クラブとユネスコタイムを教育課程内の外国人教育と関連づけた教育課程を編成していることである。第6学年では,総合的な学習の時間のなかで,国際クラブが誕生した背景や歴史を学ぶ。一方で,例えば,音楽の授業では,国際クラブの始業式でうたう歌「ヌンヌンヌン」を学習するように,教科の学習と関連づけている。12月に行われる国際クラブ発表会において,国際クラブに参加する子どもたちが韓国・朝鮮の歌,舞踊,民俗芸能を表現する。国際クラブ発表会は,参加する教育課程内の全校行事である。ユネスコタイムに参加する日本人の子どもたちは,在日コリアンの子どもたちとどのようにかかわり合うことができるのか,そして差異を大切にするために自分たちができることは何かについて考えながら,国際クラブ発表会会場の展示物を作成する。こうした活動は,差異を大切にすることの意味や,外国につながりのある人々とのかかわり合い方を知る重要な機会となっている。

以上に加え,御幸森小学校の外国人教育では,「在日一世との交流」(総合),

「朝鮮初級学校とのプール交流」(体育),「朝鮮高級学校ラグビー部との交流」(体育)というように,地域に暮らす在日コリアンの人々との交流活動や,社会の授業で日朝関係史を学んでいる点も注目すべきである。

　以上のとおり,御幸森小学校は,教育課程外に行われている国際クラブとユネスコタイムを中核に位置づけ,各教科と総合的な学習の時間といった教育課程内に実施される外国人教育の学習と関連づけている。このような教育課程を通して,子どもたちは,身近に存在する差異について理解を深め,違いと関わり合うための知識や技能を習得しているのである。

4　多文化共生を目指す教育の実現に向けて
——教育課程の現状と課題

　来日して間もない日本語能力が十分でない子どもたちに対しては,特別の教育課程に基づいて日本語指導を行う必要がある。同時に,それらの子どもたちに対して,日本の学校生活に円滑に参加できるように「適応指導」が行われる。日常生活において,時間を守ることや忘れ物をしないことといった基本的な生活態度についての指導の必要性は言うまでもない。しかし,そこで,教師は,母語を用いることや出身国の習慣や考え方を隠し,無理に日本人と同じように振る舞わせようとしてはならない。

　そこで重要になってくるのが,外国につながりのある子どもたちが外国につながりのある自分を安心して表現できる学級づくりである。そういった学級を創造するために,教師は,差異の尊重と,子どもたちの肯定的なアイデンティティの形成に取り組む必要がある。そのために,外国につながりのある子どもがルーツのある国や民族の文化や歴史について学び表現する機会を得ること,そしてその表現をクラスあるいは学校全体で共有することのできる場を設定することが必要である。

　本章で取り上げた南小学校や御幸森小学校では,教育課程外の放課後の活動である国際クラブの学習成果を各教科や総合的な学習の時間と関連づけていた。教育課程内の学習において国際クラブに通う子どもたちの表現が認められることは,外国につながりのある子どもたちの肯定的なアイデンティティを形成するのと同時に日本の子どもたちの差異に対する意識の変容を促す可能性がある。

　多文化共生を目指す教育においては,学校や教室,地域の多様性を知り,差異と関わり合いよりよい関係を築くことは重要である。そこで課題となってくるのは,外国につながりのある人々への偏見と差別の排除である。池上は偏見と差別について,「他者の社会的属性や所属集団に基づく否定的イメージや悪

感情を偏見と称し，偏見に基づいて相手に危害を加えたり，不利な状況をもたらす行為を差別と捉え」ると述べている（池上，2014，5ページ）。外国につながりのある人々に対する否定的なイメージを修正するためには，まず，それらの国や民族の文化や歴史を正しく学ぶ機会を提供することが必要である。そのためには，各教科，総合的な学習といった教育課程内の学習のなかに，学校や地域に存在する外国の人々の文化や歴史を取り入れ，すべての子どもたちが多様な国や民族の文化を共有できる機会が必要である。具体的に，小学校では，外国につながりのある子どもの国や民族の歌（音楽），物語（国語），美術作品（図工），あそび（総合的な学習の時間），地域の外国につながりのある人々との交流（総合的な学習の時間）といった活動を通して，実践することができる。そして，御幸森小学校の第6学年の社会では，日朝関係史の学習を通して，日本と韓国・朝鮮との関係と，在日コリアンの歴史を学んでいた。外国につながりのある人々が多く暮らす地域では，こうした在日コリアンをめぐる教材に学び，中国やフィリピンの人々などの歴史や日本での暮らしを学習することのできる教育課程を編成することが，多文化共生を目指す学校づくりに向けて必要である。

　米国の多文化教育は，教育課程全体に多様な国や民族の文化や歴史に関する教育内容を位置づけ，それぞれの子どもたちにとって適切な指導方法を用いた授業実践の必要性が明らかにされている（Grant & Sleeter, 2013, pp. 49-50；Gay, 2010, p. 27）。一方で，米国の研究者によれば，マイノリティの人々に対する差別や偏見のない社会づくりに参加できる知識や技能の育成に向けた教育課程の編成も期待されている（Grant and Sleeter, 2013, pp. 50-52）。こうした米国の多文化教育の考え方，そして日本の教育実践の意義を認識し，教育課程について考えることは，日本における多文化共生を目指す教育の進展に向けての第一歩である。

Exercise

① 外国につながる子どもをめぐる教育課題を整理し，どういった目的を設定し多文化共生を目指す教育課程を編成することができるのかについて考えてみよう。
② 外国につながる子どもがルーツのある国や民族の文化や歴史について学ぶことの意味を明らかにしてみよう。
③ 多文化共生を目指す教育をどのように実践することができるのか，各教科，総合的な学習の時間を対象に，具体的な教育課程を提案してみよう。

📖 次への一冊

志水宏吉著，広田照幸監修『リーディングス 日本の教育と社会 17 エスニシティと教育』日本図書センター，2009年。
 グローバル化とエスニシティの観点から日本の教育について論じられた代表的な論文が収録されている。外国の子どもをめぐる教育について，多様な論者の観点から現状と課題について明らかにされた文献である。

多文化共生キーワード事典編集委員会『多文化共生キーワード事典』明石書店，2010年。
 多文化共生に関する基本的な用語について理解を深めるための文献である。多文化社会に関連する用語，国際化に関連する用語，自治体の施策などについての用語が解説されている。

塩原良和『共に生きる——多民族・多文化社会における対話』弘文堂，2012年。
 多文化共生とは何かについて著者の視点からわかりやすく論じられており，外国につながる子どもと教育を考える際の理論的基盤にもなる文献である。

加賀美常美代『多文化共生論——多様性理解のためのヒントとレッスン』明石書店，2013年。
 多様な人々が共に暮らしやすい社会づくりに向けて必要なことは何かについて，日本の現状を踏まえた多様な観点から論じられている。各章の終わりには，考えを深めることのできるポイントが示されており，ゼミでの議論や個人学習にも役立てることができる。

倉八順子『対話で育む多文化共生入門——ちがいを楽しみ，ともに生きる社会をめざして』明石書店，2016年。
 本書は，日本の多文化的な状況についての基礎的な知識を得られるとともに，実践を通してどのような取り組みをすることができるのか実践例を通して理解を深めることができる。

引用・参考文献

池上知子「偏見と差別の発生メカニズム」『教育と医学』62⑽，2014年，4〜13ページ。
稲富進，中村水名子編『ちがいを豊かさに——多文化共生教育の明日を拓く』三一書房，2008年。
大阪市立御幸森小学校『ユネスコスクール5年間のあゆみ 児童の自尊感情と郷土愛を養い，心豊かにしなやかに生きる力をはぐくむ——自主性，協調性があり，自立できる児童の育成 平成28（2016）年度』2016年。
太田晴雄『ニューカマーの子どもと日本の学校』国際書院，2000年。
太田晴雄「日本的モノカルチュラリズムと学習困難」宮島喬・太田晴雄編『外国人の子どもと日本の教育——不就学問題と多文化共生の課題』東京大学出版会，2005年，57〜75ページ。
川村千鶴子「学習権とは何か——多様な教育機会の実現とアクセスの平等」川村千鶴子編著『多文化社会の教育課題——学びの多様性と学習権の保障』明石書店，2014年，24〜61ページ。
ゲイ，G.，斎藤里美・布川あゆみ・本田伊克・木村江美・三浦綾希子・藤浪海訳「多様

性の教育と授業実践――アメリカ合衆国ワシントン州の事例」OECD 教育研究革新センター編著『多様性を拓く教師教育――多文化時代の各国の取り組み』明石書店，2014年。

田渕五十生「異文化間教育と人権教育のインターフェイス」『異文化間教育』34号，2011年，64～74ページ。

恒吉僚子「多文化共存時代の日本の学校文化」堀尾輝久・奥平康照他編著『学校という磁場』柏書房，1996年，215～240ページ。

ニエト，S.，太田晴雄監訳，フォンス智江子・高藤美千代訳『アメリカ多文化教育の理論と実践――多様性の肯定へ』明石書店，2009年。

朴正恵『この子らに民族の心を――大阪の学校文化と民族学級』新幹社，2008年。

山崎一人「多文化共生の学校へ街へ――『ちがい』があふれる学校現場から」『であい』No.662，2017年，2～13ページ。

Banks, J. A., "Multicultural Education: Characteristics and Goals," in J. A. Banks & C. A. G. Banks (Eds.), *Multicultural Education: Issues and Perspectives* (8 th ed.), Danvers, MA: Wiley, 2013, pp. 3-23.

Gay, G., *Culturally Responsive Teaching: Theory, Research, and Practice*, 2nd ed., New York, Teacher College Press, 2010.

Grant, C. A. and Sleeter, C. E., "Race, Class, Gender, and Disability in the Classroom," in J. A. Banks & C. A. G. Banks (Eds.), *Multicultural Education: Issues and Perspectives* (8 th ed.), Danvers, MA: Wiley, 2013, pp. 43-60.

付　録

学校教育法（抄） ……………………………………… *182*

学校教育法施行規則（抄） …………………………… *184*

地方教育行政の組織及び運営に関する
　法律（抄） …………………………………………… *188*

小学校学習指導要領　総則 …………………………… *190*

学校教育法（抄）

昭和22年3月31日法律第26号（平成29年5月31日改正）

第1章　総則

第1条　この法律で，学校とは，幼稚園，小学校，中学校，義務教育学校，高等学校，中等教育学校，特別支援学校，大学及び高等専門学校とする。

第2条　学校は，国（国立大学法人法（平成15年法律第112号）第2条第1項に規定する国立大学法人及び独立行政法人国立高等専門学校機構を含む。以下同じ。），地方公共団体（地方独立行政法人法（平成15年法律第118号）第68条第1項に規定する公立大学法人（以下「公立大学法人」という。）を含む。次項及び第127条において同じ。）及び私立学校法（昭和24年法律第270号）第3条に規定する学校法人（以下「学校法人」という。）のみが，これを設置することができる。

2　この法律で，国立学校とは，国の設置する学校を，公立学校とは，地方公共団体の設置する学校を，私立学校とは，学校法人の設置する学校をいう。

第2章　義務教育

第21条　義務教育として行われる普通教育は，教育基本法（平成18年法律第120号）第5条第2項に規定する目的を実現するため，次に掲げる目標を達成するよう行われるものとする。

一　学校内外における社会的活動を促進し，自主，自律及び協同の精神，規範意識，公正な判断力並びに公共の精神に基づき主体的に社会の形成に参画し，その発展に寄与する態度を養うこと。

二　学校内外における自然体験活動を促進し，生命及び自然を尊重する精神並びに環境の保全に寄与する態度を養うこと。

三　我が国と郷土の現状と歴史について，正しい理解に導き，伝統と文化を尊重し，それらをはぐくんできた我が国と郷土を愛する態度を養うとともに，進んで外国の文化の理解を通じて，他国を尊重し，国際社会の平和と発展に寄与する態度を養うこと。

四　家族と家庭の役割，生活に必要な衣，食，住，情報，産業その他の事項について基礎的な理解と技能を養うこと。

五　読書に親しませ，生活に必要な国語を正しく理解し，使用する基礎的な能力を養うこと。

六　生活に必要な数量的な関係を正しく理解し，処理する基礎的な能力を養うこと。

七　生活にかかわる自然現象について，観察及び実験を通じて，科学的に理解し，処理する基礎的な能力を養うこと。

八　健康，安全で幸福な生活のために必要な習慣を養うとともに，運動を通じて体力を養い，心身の調和的発達を図ること。

九　生活を明るく豊かにする音楽，美術，文芸その他の芸術について基礎的な理解と技能を養うこと。

十　職業についての基礎的な知識と技能，勤労を重んずる態度及び個性に応じて将来の進路を選択する能力を養うこと。

第3章　幼稚園

第22条　幼稚園は，義務教育及びその後の教育の基礎を培うものとして，幼児を保育し，幼児の健やかな成長のために適当な環境を与えて，その心身の発達を助長することを目的とする。

第23条　幼稚園における教育は，前条に規定する目的を実現するため，次に掲げる目標を達成するよう行われるものとする。

一　健康，安全で幸福な生活のために必要な基本的な習慣を養い，身体諸機能の調和的発達を図ること。

二　集団生活を通じて，喜んでこれに参加する態度を養うとともに家族や身近な人への信頼感を深め，自主，自律及び協同の精神並びに規範意識の芽生えを養うこと。

三　身近な社会生活，生命及び自然に対する興味を養い，それらに対する正しい理解と態度及び思考力の芽生えを養うこと。

四　日常の会話や，絵本，童話等に親しむことを通じて，言葉の使い方を正しく導くとともに，相

手の話を理解しようとする態度を養うこと。
　五　音楽，身体による表現，造形等に親しむことを通じて，豊かな感性と表現力の芽生えを養うこと。
第25条　幼稚園の教育課程その他の保育内容に関する事項は，第22条及び第23条の規定に従い，文部科学大臣が定める。

第4章　小学校
第29条　小学校は，心身の発達に応じて，義務教育として行われる普通教育のうち基礎的なものを施すことを目的とする。
第30条　小学校における教育は，前条に規定する目的を実現するために必要な程度において第21条各号に掲げる目標を達成するよう行われるものとする。
2　前項の場合においては，生涯にわたり学習する基盤が培われるよう，基礎的な知識及び技能を習得させるとともに，これらを活用して課題を解決するために必要な思考力，判断力，表現力その他の能力をはぐくみ，主体的に学習に取り組む態度を養うことに，特に意を用いなければならない。
第31条　小学校においては，前条第1項の規定による目標の達成に資するよう，教育指導を行うに当たり，児童の体験的な学習活動，特にボランティア活動など社会奉仕体験活動，自然体験活動その他の体験活動の充実に努めるものとする。この場合において，社会教育関係団体その他の関係団体及び関係機関との連携に十分配慮しなければならない。
第33条　小学校の教育課程に関する事項は，第29条及び第30条の規定に従い，文部科学大臣が定める。
第34条　小学校においては，文部科学大臣の検定を経た教科用図書又は文部科学省が著作の名義を有する教科用図書を使用しなければならない。
2　前項の教科用図書以外の図書その他の教材で，有益適切なものは，これを使用することができる。
3　第1項の検定の申請に係る教科用図書に関し調査審議させるための審議会等（国家行政組織法（昭和23年法律第120号）第8条に規定する機関をいう。以下同じ。）については，政令で定める。
第44条　私立の小学校は，都道府県知事の所管に属する。

第5章　中学校

第45条　中学校は，小学校における教育の基礎の上に，心身の発達に応じて，義務教育として行われる普通教育を施すことを目的とする。
第46条　中学校における教育は，前条に規定する目的を実現するため，第21条各号に掲げる目標を達成するよう行われるものとする。
第48条　中学校の教育課程に関する事項は，第45条及び第46条の規定並びに次条において読み替えて準用する第30条第2項の規定に従い，文部科学大臣が定める。
第49条　第30条第2項，第31条，第34条，第35条及び第37条から第44条までの規定は，中学校に準用する。この場合において，第30条第2項中「前項」とあるのは「第46条」と，第31条中「前条第1項」とあるのは「第46条」と読み替えるものとする。

第5章の2　義務教育学校
第49条の2　義務教育学校は，心身の発達に応じて，義務教育として行われる普通教育を基礎的なものから一貫して施すことを目的とする。
第49条の3　義務教育学校における教育は，前条に規定する目的を実現するため，第21条各号に掲げる目標を達成するよう行われるものとする。
第49条の5　義務教育学校の課程は，これを前期六年の前期課程及び後期三年の後期課程に区分する。
第49条の6　義務教育学校の前期課程における教育は，第49条の2に規定する目的のうち，心身の発達に応じて，義務教育として行われる普通教育のうち基礎的なものを施すことを実現するために必要な程度において第21条各号に掲げる目標を達成するよう行われるものとする。
2　義務教育学校の後期課程における教育は，第49条の2に規定する目的のうち，前期課程における教育の基礎の上に，心身の発達に応じて，義務教育として行われる普通教育を施すことを実現するため，第21条各号に掲げる目標を達成するよう行われるものとする。
第49条の7　義務教育学校の前期課程及び後期課程の教育課程に関する事項は，第49条の2，第49条の3及び前条の規定並びに次条において読み替えて準用する第30条第2項の規定に従い，文部科学大臣が定める。

学校教育法施行規則（抄）

昭和22年5月23日文部省令第11号（平成29年3月31日改正）

第1章　総則

第24条　校長は，その学校に在学する児童等の指導要録（学校教育法施行令第31条に規定する児童等の学習及び健康の状況を記録した書類の原本をいう。以下同じ。）を作成しなければならない。

2　校長は，児童等が進学した場合においては，その作成に係る当該児童等の指導要録の抄本又は写しを作成し，これを進学先の校長に送付しなければならない。

3　校長は，児童等が転学した場合においては，その作成に係る当該児童等の指導要録の写しを作成し，その写し（転学してきた児童等については転学により送付を受けた指導要録（就学前の子どもに関する教育，保育等の総合的な提供の推進に関する法律施行令（平成26年政令第203号）第8条に規定する園児の学習及び健康の状況を記録した書類の原本を含む。）の写しを含む。）及び前項の抄本又は写しを転学先の校長，保育所の長又は認定こども園の長に送付しなければならない。

第3章　幼稚園

第38条　幼稚園の教育課程その他の保育内容については，この章に定めるもののほか，教育課程その他の保育内容の基準として文部科学大臣が別に公示する幼稚園教育要領によるものとする。

第4章　小学校

第50条　小学校の教育課程は，国語，社会，算数，理科，生活，音楽，図画工作，家庭及び体育の各教科（以下この節において「各教科」という。），特別の教科である道徳，外国語活動，総合的な学習の時間並びに特別活動によつて編成するものとする。

2　私立の小学校の教育課程を編成する場合は，前項の規定にかかわらず，宗教を加えることができる。この場合においては，宗教をもつて前項の特別の教科である道徳に代えることができる。

第51条　小学校（第52条の2第2項に規定する中学校連携型小学校及び第79条の9第2項に規定する中学校併設型小学校を除く。）の各学年における各教科，特別の教科である道徳，外国語活動，総合的な学習の時間及び特別活動のそれぞれの授業時数並びに各学年におけるこれらの総授業時数は，別表第一に定める授業時数を標準とする。

第52条　小学校の教育課程については，この節に定めるもののほか，教育課程の基準として文部科学大臣が別に公示する小学校学習指導要領によるものとする。

第52条の2　小学校（第79条の9第2項に規定する中学校併設型小学校を除く。）においては，中学校における教育との一貫性に配慮した教育を施すため，当該小学校の設置者が当該中学校の設置者との協議に基づき定めるところにより，教育課程を編成することができる。

2　前項の規定により教育課程を編成する小学校（以下「中学校連携型小学校」という。）は，第74条の2第1項の規定により教育課程を編成する中学校と連携し，その教育課程を実施するものとする。

第52条の3　中学校連携型小学校の各学年における各教科，道徳，外国語活動，総合的な学習の時間及び特別活動のそれぞれの授業時数並びに各学年におけるこれらの総授業時数は，別表第二の二に定める授業時数を標準とする。

第52条の4　中学校連携型小学校の教育課程については，この章に定めるもののほか，教育課程の基準の特例として文部科学大臣が別に定めるところによるものとする。

第53条　小学校においては，必要がある場合には，一部の各教科について，これらを合わせて授業を行うことができる。

第54条　児童が心身の状況によつて履修することが困難な各教科は，その児童の心身の状況に適合するように課さなければならない。

第55条　小学校の教育課程に関し，その改善に資する研究を行うため特に必要があり，かつ，児童の教育上適切な配慮がなされていると文部科学大臣が認める場合においては，文部科学大臣が別に定めるところにより，第50条第1項，第51条（中学校連携型小学校にあつては第52条の3，第79条の9第2項に規

定する中学校併設型小学校にあつては第79条の12において準用する第79条の5第1項）又は第52条の規定によらないことができる。

第55条の2　文部科学大臣が，小学校において，当該小学校又は当該小学校が設置されている地域の実態に照らし，より効果的な教育を実施するため，当該小学校又は当該地域の特色を生かした特別の教育課程を編成して教育を実施する必要があり，かつ，当該特別の教育課程について，教育基本法（平成18年法律第120号）及び学校教育法第30条第1項の規定等に照らして適切であり，児童の教育上適切な配慮がなされているものとして文部科学大臣が定める基準を満たしていると認める場合においては，文部科学大臣が別に定めるところにより，第50条第1項，第51条（中学校連携型小学校にあつては第52条の3，第79条の9第2項に規定する中学校併設型小学校にあつては第79条の12において準用する第79条の5第1項）又は第52条の規定の全部又は一部によらないことができる。

第56条　小学校において，学校生活への適応が困難であるため相当の期間小学校を欠席し引き続き欠席すると認められる児童を対象として，その実態に配慮した特別の教育課程を編成して教育を実施する必要があると文部科学大臣が認める場合においては，文部科学大臣が別に定めるところにより，第50条第1項，第51条（中学校連携型小学校にあつては第52条の3，第79条の9第2項に規定する中学校併設型小学校にあつては第79条の12において準用する第79条の5第1項）又は第52条の規定によらないことができる。

第56条の2　小学校において，日本語に通じない児童のうち，当該児童の日本語を理解し，使用する能力に応じた特別の指導を行う必要があるものを教育する場合には，文部科学大臣が別に定めるところにより，第50条第1項，第51条（中学校連携型小学校にあつては第52条の3，第79条の9第2項に規定する中学校併設型小学校にあつては第79条の12において準用する第79条の5第1項）及び第52条の規定にかかわらず，特別の教育課程によることができる。

第56条の3　前条の規定により特別の教育課程による場合においては，校長は，児童が設置者の定めるところにより他の小学校，義務教育学校の前期課程又は特別支援学校の小学部において受けた授業を，当該児童の在学する小学校において受けた当該特別の教育課程に係る授業とみなすことができる。

第56条の4　小学校において，学齢を経過した者のうち，その者の年齢，経験又は勤労の状況その他の実情に応じた特別の指導を行う必要があるものを夜間その他特別の時間において教育する場合には，文部科学大臣が別に定めるところにより，第50条第1項，第51条（中学校連携型小学校にあつては第52条の3，第79条の9第2項に規定する中学校併設型小学校にあつては第79条の12において準用する第79条の5第1項）及び第52条の規定にかかわらず，特別の教育課程によることができる。

第57条　小学校において，各学年の課程の修了又は卒業を認めるに当たつては，児童の平素の成績を評価して，これを定めなければならない。

第58条　校長は，小学校の全課程を修了したと認めた者には，卒業証書を授与しなければならない。

第59条　小学校の学年は，四月一日に始まり，翌年三月三十一日に終わる。

第60条　授業終始の時刻は，校長が定める。

第61条　公立小学校における休業日は，次のとおりとする。ただし，第三号に掲げる日を除き，当該学校を設置する地方公共団体の教育委員会（公立大学法人の設置する小学校にあつては，当該公立大学法人の理事長。第三号において同じ。）が必要と認める場合は，この限りでない。
一　国民の祝日に関する法律（昭和23年法律第178号）に規定する日
二　日曜日及び土曜日
三　学校教育法施行令第29条第1項の規定により教育委員会が定める日

第62条　私立小学校における学期及び休業日は，当該学校の学則で定める。

第5章　中学校

第72条　中学校の教育課程は，国語，社会，数学，理科，音楽，美術，保健体育，技術・家庭及び外国語の各教科（以下本章及び第7章中「各教科」という。），特別の教科である道徳，総合的な学習の時間並びに特別活動によつて編成するものとする。

第73条　中学校（併設型中学校，第74条の2第2項に規定する小学校連携型中学校，第75条第2項に規定する連携型中学校及び第79条の9第2項に規定する小学校併設型中学校を除く。）の各学年における各教科，特別の教科である道徳，総合的な学習の時間

及び特別活動のそれぞれの授業時数並びに各学年におけるこれらの総授業時数は，別表第二に定める授業時数を標準とする。

第74条　中学校の教育課程については，この章に定めるもののほか，教育課程の基準として文部科学大臣が別に公示する中学校学習指導要領によるものとする。

第74条の2　中学校（併設型中学校，第75条第2項に規定する連携型中学校及び第79条の9第2項に規定する小学校併設型中学校を除く。）においては，小学校における教育との一貫性に配慮した教育を施すため，当該中学校の設置者が当該小学校の設置者との協議に基づき定めるところにより，教育課程を編成することができる。

2　前項の規定により教育課程を編成する中学校（以下「小学校連携型中学校」という。）は，中学校連携型小学校と連携し，その教育課程を実施するものとする。

第74条の3　小学校連携型中学校の各学年における各教科，特別の教科である道徳，総合的な学習の時間及び特別活動のそれぞれの授業時数並びに各学年におけるこれらの総授業時数は，別表第二の三に定める授業時数を標準とする。

第74条の4　小学校連携型中学校の教育課程については，この章に定めるもののほか，教育課程の基準の特例として文部科学大臣が別に定めるところによるものとする。

第75条　中学校（併設型中学校，小学校連携型中学校及び第79条の9第2項に規定する小学校併設型中学校を除く。）においては，高等学校における教育との一貫性に配慮した教育を施すため，当該中学校の設置者が当該高等学校の設置者との協議に基づき定めるところにより，教育課程を編成することができる。

2　前項の規定により教育課程を編成する中学校（以下「連携型中学校」という。）は，第87条第1項の規定により教育課程を編成する高等学校と連携し，その教育課程を実施するものとする。

第76条　連携型中学校の各学年における各教科，特別の教科である道徳，総合的な学習の時間及び特別活動のそれぞれの授業時数並びに各学年におけるこれらの総授業時数は，別表第四に定める授業時数を標準とする。

第77条　連携型中学校の教育課程については，この章に定めるもののほか，教育課程の基準の特例として文部科学大臣が別に定めるところによるものとする。

第79条の7　義務教育学校の教育課程については，この章に定めるもののほか，教育課程の基準の特例として文部科学大臣が別に定めるところによるものとする。

第79条の9　同一の設置者が設置する小学校（中学校連携型小学校を除く。）及び中学校（併設型中学校，小学校連携型中学校及び連携型中学校を除く。）においては，義務教育学校に準じて，小学校における教育と中学校における教育を一貫して施すことができる。

2　前項の規定により中学校における教育と一貫した教育を施す小学校（以下「中学校併設型小学校」という。）及び同項の規定により小学校における教育と一貫した教育を施す中学校（以下「小学校併設型中学校」という。）においては，小学校における教育と中学校における教育を一貫して施すためにふさわしい運営の仕組みを整えるものとする。

第79条の10　中学校併設型小学校の教育課程については，第四章に定めるもののほか，教育課程の基準の特例として文部科学大臣が別に定めるところによるものとする。

2　小学校併設型中学校の教育課程については，第五章に定めるもののほか，教育課程の基準の特例として文部科学大臣が別に定めるところによるものとする。

第79条の11　中学校併設型小学校及び小学校併設型中学校においては，小学校における教育と中学校における教育を一貫して施すため，設置者の定めるところにより，教育課程を編成するものとする。

付　録

別表第一（第51条関係）

区　分		第1学年	第2学年	第3学年	第4学年	第5学年	第6学年
各教科の授業時数	国　語	306	315	245	245	175	175
	社　会			70	90	100	105
	算　数	136	175	175	175	175	175
	理　科			90	105	105	105
	生　活	102	105				
	音　楽	68	70	60	60	50	50
	図画工作	68	70	60	60	50	50
	家　庭					60	55
	体　育	102	105	105	105	90	90
	外国語					70	70
特別の教科である道徳の授業時数		34	35	35	35	35	35
外国語活動の授業時数				35	35		
総合的な学習の時間の授業時数				70	70	70	70
特別活動の授業時数		34	35	35	35	35	35
総授業時数		850	910	980	1015	1015	1015

備考
一　この表の授業時数の一単位時間は，四十五分とする。
二　特別活動の授業時数は，小学校学習指導要領で定める学級活動（学校給食に係るものを除く。）に充てるものとする。
三　第50条第2項の場合において，特別の教科である道徳のほかに宗教を加えるときは，宗教の授業時数をもってこの表の特別の教科である道徳の授業時数の一部に代えることができる。（別表第二及び別表第四の場合においても同様とする。）

別表第二（第73条関係）

区　分		第1学年	第2学年	第3学年
各教科の授業時数	国　語	140	140	105
	社　会	105	105	140
	数　学	140	105	140
	理　科	105	140	140
	音　楽	45	35	35
	美　術	45	35	35
	保健体育	105	105	105
	技術・家庭	70	70	35
	外国語	140	140	140
特別の教科である道徳の授業時数		35	35	35
総合的な学習の時間の授業時数		50	70	70
特別活動の授業時数		35	35	35
総授業時数		1015	1015	1015

備考
一　この表の授業時数の一単位時間は，五十分とする。
二　特別活動の授業時数は，中学校学習指導要領で定める学級活動（学校給食に係るものを除く。）に充てるものとする。

地方教育行政の組織及び運営に関する法律（抄）

昭和31年6月30日法律第162号

第1章　総則
第1条　この法律は，教育委員会の設置，学校その他の教育機関の職員の身分取扱その他地方公共団体における教育行政の組織及び運営の基本を定めることを目的とする。

第2章　教育委員会の設置及び組織
第3条　教育委員会は，教育長及び四人の委員をもつて組織する。ただし，条例で定めるところにより，都道府県若しくは市又は地方公共団体の組合のうち都道府県若しくは市が加入するものの教育委員会にあつては教育長及び五人以上の委員，町村又は地方公共団体の組合のうち町村のみが加入するものの教育委員会にあつては教育長及び二人以上の委員をもつて組織することができる。
第4条　教育長は，当該地方公共団体の長の被選挙権を有する者で，人格が高潔で，教育行政に関し識見を有するもののうちから，地方公共団体の長が，議会の同意を得て，任命する。
2　委員は，当該地方公共団体の長の被選挙権を有する者で，人格が高潔で，教育，学術及び文化（以下単に「教育」という。）に関し識見を有するもののうちから，地方公共団体の長が，議会の同意を得て，任命する。
3　次の各号のいずれかに該当する者は，教育長又は委員となることができない。
　一　破産手続開始の決定を受けて復権を得ない者
　二　禁錮以上の刑に処せられた者
4　教育長及び委員の任命については，そのうち委員の定数に一を加えた数の二分の一以上の者が同一の政党に所属することとなつてはならない。
5　地方公共団体の長は，第2項の規定による委員の任命に当たつては，委員の年齢，性別，職業等に著しい偏りが生じないように配慮するとともに，委員のうちに保護者（親権を行う者及び未成年後見人をいう。第47条の6第2項第2号及び第5項において同じ。）である者が含まれるようにしなければならない。
第15条　教育委員会は，法令又は条例に違反しない限りにおいて，その権限に属する事務に関し，教育委員会規則を制定することができる。
2　教育委員会規則その他教育委員会の定める規程で公表を要するものの公布に関し必要な事項は，教育委員会規則で定める。
第17条　教育委員会の権限に属する事務を処理させるため，教育委員会に事務局を置く。
2　教育委員会の事務局の内部組織は，教育委員会規則で定める。
第18条　都道府県に置かれる教育委員会（以下「都道府県委員会」という。）の事務局に，指導主事，事務職員及び技術職員を置くほか，所要の職員を置く。
2　市町村に置かれる教育委員会（以下「市町村委員会」という。）の事務局に，前項の規定に準じて指導主事その他の職員を置く。
3　指導主事は，上司の命を受け，学校（学校教育法（昭和22年法律第26号）第1条に規定する学校及び就学前の子どもに関する教育，保育等の総合的な提供の推進に関する法律（平成18年法律第77号）第2条第7項に規定する幼保連携型認定こども園（以下「幼保連携型認定こども園」という。）をいう。以下同じ。）における教育課程，学習指導その他学校教育に関する専門的事項の指導に関する事務に従事する。
4　指導主事は，教育に関し識見を有し，かつ，学校における教育課程，学習指導その他学校教育に関する専門的事項について教養と経験がある者でなければならない。指導主事は，大学以外の公立学校（地方公共団体が設置する学校をいう。以下同じ。）の教員（教育公務員特例法（昭和24年法律第1号）第2条第2項に規定する教員をいう。以下同じ。）をもつて充てることができる。
5　事務職員は，上司の命を受け，事務に従事する。
6　技術職員は，上司の命を受け，技術に従事する。
7　第1項及び第2項の職員は，教育委員会が任命する。
8　教育委員会は，事務局の職員のうち所掌事務に係る教育行政に関する相談に関する事務を行う職員を

指定するものとする。
9　前各項に定めるもののほか，教育委員会の事務局に置かれる職員に関し必要な事項は，政令で定める。

第3章　教育委員会及び地方公共団体の長の職務権限
第21条　教育委員会は，当該地方公共団体が処理する教育に関する事務で，次に掲げるものを管理し，及び執行する。
一　教育委員会の所管に属する第30条に規定する学校その他の教育機関（以下「学校その他の教育機関」という。）の設置，管理及び廃止に関すること。
二　教育委員会の所管に属する学校その他の教育機関の用に供する財産（以下「教育財産」という。）の管理に関すること。
三　教育委員会及び教育委員会の所管に属する学校その他の教育機関の職員の任免その他の人事に関すること。
四　学齢生徒及び学齢児童の就学並びに生徒，児童及び幼児の入学，転学及び退学に関すること。
五　教育委員会の所管に属する学校の組織編制，教育課程，学習指導，生徒指導及び職業指導に関すること。
六　教科書その他の教材の取扱いに関すること。
七　校舎その他の施設及び教具その他の設備の整備に関すること。
八　校長，教員その他の教育関係職員の研修に関すること。
九　校長，教員その他の教育関係職員並びに生徒，児童及び幼児の保健，安全，厚生及び福利に関すること。
十　教育委員会の所管に属する学校その他の教育機関の環境衛生に関すること。
十一　学校給食に関すること。
十二　青少年教育，女性教育及び公民館の事業その他社会教育に関すること。
十三　スポーツに関すること。
十四　文化財の保護に関すること。
十五　ユネスコ活動に関すること。
十六　教育に関する法人に関すること。
十七　教育に係る調査及び基幹統計その他の統計に関すること。
十八　所掌事務に係る広報及び所掌事務に係る教育行政に関する相談に関すること。
十九　前各号に掲げるもののほか，当該地方公共団体の区域内における教育に関する事務に関すること。

第27条の5　都道府県知事は，第22条第3号に掲げる私立学校に関する事務を管理し，及び執行するに当たり，必要と認めるときは，当該都道府県委員会に対し，学校教育に関する専門的事項について助言又は援助を求めることができる。

第4章　教育機関
第33条　教育委員会は，法令又は条例に違反しない限度において，その所管に属する学校その他の教育機関の施設，設備，組織編制，教育課程，教材の取扱その他学校その他の教育機関の管理運営の基本的事項について，必要な教育委員会規則を定めるものとする。この場合において，当該教育委員会規則で定めようとする事項のうち，その実施のためには新たに予算を伴うこととなるものについては，教育委員会は，あらかじめ当該地方公共団体の長に協議しなければならない。
2　前項の場合において，教育委員会は，学校における教科書以外の教材の使用について，あらかじめ，教育委員会に届け出させ，又は教育委員会の承認を受けさせることとする定を設けるものとする。

第5章　文部科学大臣及び教育委員会相互間の関係等
第48条　地方自治法第245条の4第1項の規定によるほか，文部科学大臣は都道府県又は市町村に対し，都道府県委員会は市町村に対し，都道府県又は市町村の教育に関する事務の適正な処理を図るため，必要な指導，助言又は援助を行うことができる。
2　前項の指導，助言又は援助を例示すると，おおむね次のとおりである。
一　学校その他の教育機関の設置及び管理並びに整備に関し，指導及び助言を与えること。
二　学校の組織編制，教育課程，学習指導，生徒指導，職業指導，教科書その他の教材の取扱いその他学校運営に関し，指導及び助言を与えること。
三　学校における保健及び安全並びに学校給食に関し，指導及び助言を与えること。
四　教育委員会の委員及び校長，教員その他の教育関係職員の研究集会，講習会その他研修に関

し，指導及び助言を与え，又はこれらを主催すること。
五 生徒及び児童の就学に関する事務に関し，指導及び助言を与えること。
六 青少年教育，女性教育及び公民館の事業その他社会教育の振興並びに芸術の普及及び向上に関し，指導及び助言を与えること。
七 スポーツの振興に関し，指導及び助言を与えること。
八 指導主事，社会教育主事その他の職員を派遣すること。
九 教育及び教育行政に関する資料，手引書等を作成し，利用に供すること。
十 教育に係る調査及び統計並びに広報及び教育行政に関する相談に関し，指導及び助言を与えること。
十一 教育委員会の組織及び運営に関し，指導及び助言を与えること。

3 文部科学大臣は，都道府県委員会に対し，第1項の規定による市町村に対する指導，助言又は援助に関し，必要な指示をすることができる。
4 地方自治法第245条の4第3項の規定によるほか，都道府県知事又は都道府県委員会は文部科学大臣に対し，市町村長又は市町村委員会は文部科学大臣又は都道府県委員会に対し，教育に関する事務の処理について必要な指導，助言又は援助を求めることができる。
第51条 文部科学大臣は都道府県委員会又は市町村委員会相互の間の，都道府県委員会は市町村委員会相互の間の連絡調整を図り，並びに教育委員会は，相互の間の連絡を密にし，及び文部科学大臣又は他の教育委員会と協力し，教職員の適正な配置と円滑な交流及び教職員の勤務能率の増進を図り，もってそれぞれその所掌する教育に関する事務の適正な執行と管理に努めなければならない。

小学校学習指導要領　総則

平成29年3月告示

第1章　総則
第1　小学校教育の基本と教育課程の役割
1　各学校においては，教育基本法及び学校教育法その他の法令並びにこの章以下に示すところに従い，児童の人間として調和のとれた育成を目指し，児童の心身の発達の段階や特性及び学校や地域の実態を十分考慮して，適切な教育課程を編成するものとし，これらに掲げる目標を達成するよう教育を行うものとする。
2　学校の教育活動を進めるに当たっては，各学校において，第3の1に示す主体的・対話的で深い学びの実現に向けた授業改善を通して，創意工夫を生かした特色ある教育活動を展開する中で，次の(1)から(3)までに掲げる事項の実現を図り，児童に生きる力を育むことを目指すものとする。
(1) 基礎的・基本的な知識及び技能を確実に習得させ，これらを活用して課題を解決するために必要な思考力，判断力，表現力等を育むとともに，主体的に学習に取り組む態度を養い，個性を生かし多様な人々との協働を促す教育の充実に努めること。その際，児童の発達の段階を考慮して，児童の言語活動など，学習の基盤をつくる活動を充実するとともに，家庭との連携を図りながら，児童の学習習慣が確立するよう配慮すること。
(2) 道徳教育や体験活動，多様な表現や鑑賞の活動等を通して，豊かな心や創造性の涵養を目指した教育の充実に努めること。
学校における道徳教育は，特別の教科である道徳（以下「道徳科」という。）を要として学校の教育活動全体を通じて行うものであり，道徳科はもとより，各教科，外国語活動，総合的な学習の時間及び特別活動のそれぞれの特質に応じて，児童の発達の段階を考慮して，適切な指導を行うこと。
道徳教育は，教育基本法及び学校教育法に定められた教育の根本精神に基づき，自己の生き方を考え，主体的な判断の下に行動し，自立した人間として他者と共によりよく生きるための基盤となる道徳性を養うことを目標とすること。
道徳教育を進めるに当たっては，人間尊重の精神と生命に対する畏敬の念を家庭，学校，その他社会における具体的な生活の中に生かし，豊かな心をもち，伝統と文化を尊重し，それらを育んでき

た我が国と郷土を愛し，個性豊かな文化の創造を図るとともに，平和で民主的な国家及び社会の形成者として，公共の精神を尊び，社会及び国家の発展に努め，他国を尊重し，国際社会の平和と発展や環境の保全に貢献し未来を拓く主体性のある日本人の育成に資することとなるよう特に留意すること。
(3) 学校における体育・健康に関する指導を，児童の発達の段階を考慮して，学校の教育活動全体を通じて適切に行うことにより，健康で安全な生活と豊かなスポーツライフの実現を目指した教育の充実に努めること。特に，学校における食育の推進並びに体力の向上に関する指導，安全に関する指導及び心身の健康の保持増進に関する指導については，体育科，家庭科及び特別活動の時間はもより，各教科，道徳科，外国語活動及び総合的な学習の時間などにおいてもそれぞれの特質に応じて適切に行うよう努めること。また，それらの指導を通して，家庭や地域社会との連携を図りながら，日常生活において適切な体育・健康に関する活動の実践を促し，生涯を通じて健康・安全で活力ある生活を送るための基礎が培われるよう配慮すること。
3 2の(1)から(3)までに掲げる事項の実現を図り，豊かな創造性を備え持続可能な社会の創り手となることが期待される児童に，生きる力を育むことを目指すに当たっては，学校教育全体並びに各教科，道徳科，外国語活動，総合的な学習の時間及び特別活動（以下「各教科等」という。ただし，第2の3の(2)のア及びウにおいて，特別活動については学級活動（学校給食に係るものを除く。）に限る。）の指導を通してどのような資質・能力の育成を目指すのかを明確にしながら，教育活動の充実を図るものとする。その際，児童の発達の段階や特性等を踏まえつつ，次に掲げることが偏りなく実現できるようにするものとする。
(1) 知識及び技能が習得されるようにすること。
(2) 思考力，判断力，表現力等を育成すること。
(3) 学びに向かう力，人間性等を涵養すること。
4 各学校においては，児童や学校，地域の実態を適切に把握し，教育の目的や目標の実現に必要な教育の内容等を教科等横断的な視点で組み立てていくこと，教育課程の実施状況を評価してその改善を図っていくこと，教育課程の実施に必要な人的又は物的な体制を確保するとともにその改善を図っていくことなどを通して，教育課程に基づき組織的かつ計画的に各学校の教育活動の質の向上を図っていくこと（以下「カリキュラム・マネジメント」という。）に努めるものとする。

第2 教育課程の編成
1 各学校の教育目標と教育課程の編成
　教育課程の編成に当たっては，学校教育全体や各教科等における指導を通して育成を目指す資質・能力を踏まえつつ，各学校の教育目標を明確にするとともに，教育課程の編成についての基本的な方針が家庭や地域とも共有されるよう努めるものとする。その際，第5章総合的な学習の時間の第2の1に基づき定められる目標との関連を図るものとする。
2 教科等横断的な視点に立った資質・能力の育成
(1) 各学校においては，児童の発達の段階を考慮し，言語能力，情報活用能力（情報モラルを含む。），問題発見・解決能力等の学習の基盤となる資質・能力を育成していくことができるよう，各教科等の特質を生かし，教科等横断的な視点から教育課程の編成を図るものとする。
(2) 各学校においては，児童や学校，地域の実態及び児童の発達の段階を考慮し，豊かな人生の実現や災害等を乗り越えて次代の社会を形成することに向けた現代的な諸課題に対応して求められる資質・能力を，教科等横断的な視点で育成していくことができるよう，各学校の特色を生かした教育課程の編成を図るものとする。
3 教育課程の編成における共通的事項
(1) 内容等の取扱い
　ア 第2章以下に示す各教科，道徳科，外国語活動及び特別活動の内容に関する事項は，特に示す場合を除き，いずれの学校においても取り扱わなければならない。
　イ 学校において特に必要がある場合には，第2章以下に示していない内容を加えて指導することができる。また，第2章以下に示す内容の取扱いのうち内容の範囲や程度等を示す事項は，全ての児童に対して指導するものとする内容の範囲や程度等を示したものであり，学校において特に必要がある場合には，この事項にかかわらず加えて指導することができる。ただし，これらの場合には，第2章以下に示す各教科，道徳

科，外国語活動及び特別活動の目標や内容の趣旨を逸脱したり，児童の負担過重となったりすることのないようにしなければならない。
ウ 第2章以下に示す各教科，道徳科，外国語活動及び特別活動の内容に掲げる事項の順序は，特に示す場合を除き，指導の順序を示すものではないので，学校においては，その取扱いについて適切な工夫を加えるものとする。
エ 学年の内容を2学年まとめて示した教科及び外国語活動の内容は，2学年間かけて指導する事項を示したものである。各学校においては，これらの事項を児童や学校，地域の実態に応じ，2学年間を見通して計画的に指導することとし，特に示す場合を除き，いずれかの学年に分けて，又はいずれの学年においても指導するものとする。
オ 学校において2以上の学年の児童で編制する学級について特に必要がある場合には，各教科及び道徳科の目標の達成に支障のない範囲内で，各教科及び道徳科の目標及び内容について学年別の順序によらないことができる。
カ 道徳科を要として学校の教育活動全体を通じて行う道徳教育の内容は，第3章特別の教科道徳の第2に示す内容とし，その実施に当たっては，第6に示す道徳教育に関する配慮事項を踏まえるものとする。
(2) 授業時数等の取扱い
ア 各教科等の授業は，年間35週（第1学年については34週）以上にわたって行うよう計画し，週当たりの授業時数が児童の負担過重にならないようにするものとする。ただし，各教科等や学習活動の特質に応じ効果的な場合には，夏季，冬季，学年末等の休業日の期間に授業日を設定する場合を含め，これらの授業を特定の期間に行うことができる。
イ 特別活動の授業のうち，児童会活動，クラブ活動及び学校行事については，それらの内容に応じ，年間，学期こと，月ことなどに適切な授業時数を充てるものとする。
ウ 各学校の時間割については，次の事項を踏まえ適切に編成するものとする。
  (ア) 各教科等のそれぞれの授業の1単位時間は，各学校において，各教科等の年間授業時数を確保しつつ，児童の発達の段階及び各教科等や学習活動の特質を考慮して適切に定めること。
  (イ) 各教科等の特質に応じ，10分から15分程度の短い時間を活用して特定の教科等の指導を行う場合において，教師が，単元や題材など内容や時間のまとまりを見通した中で，その指導内容の決定や指導の成果の把握と活用等を責任をもって行う体制が整備されているときは，その時間を当該教科等の年間授業時数に含めることができること。
  (ウ) 給食，休憩などの時間については，各学校において工夫を加え，適切に定めること。
  (エ) 各学校において，児童や学校，地域の実態，各教科等や学習活動の特質等に応じて，創意工夫を生かした時間割を弾力的に編成できること。
エ 総合的な学習の時間における学習活動により，特別活動の学校行事に掲げる各行事の実施と同様の成果が期待できる場合においては，総合的な学習の時間における学習活動をもって相当する特別活動の学校行事に掲げる各行事の実施に替えることができる。
(3) 指導計画の作成等に当たっての配慮事項
各学校においては，次の事項に配慮しながら，学校の創意工夫を生かし，全体として，調和のとれた具体的な指導計画を作成するものとする。
ア 各教科等の指導内容については，(1)のアを踏まえつつ，単元や題材など内容や時間のまとまりを見通しながら，そのまとめ方や重点の置き方に適切な工夫を加え，第3の1に示す主体的・対話的で深い学びの実現に向けた授業改善を通して資質・能力を育む効果的な指導ができるようにすること。
イ 各教科等及び各学年相互間の関連を図り，系統的，発展的な指導ができるようにすること。
ウ 学年の内容を2学年まとめて示した教科及び外国語活動については，当該学年間を見通して，児童や学校，地域の実態に応じ，児童の発達の段階を考慮しつつ，効果的，段階的に指導するようにすること。
エ 児童の実態等を考慮し，指導の効果を高めるため，児童の発達の段階や指導内容の関連性等を踏まえつつ，合科的・関連的な指導を進めること。

4 学校段階等間の接続

　教育課程の編成に当たっては，次の事項に配慮しながら，学校段階等間の接続を図るものとする。

(1) 幼児期の終わりまでに育ってほしい姿を踏まえた指導を工夫することにより，幼稚園教育要領等に基づく幼児期の教育を通して育まれた資質・能力を踏まえて教育活動を実施し，児童が主体的に自己を発揮しながら学びに向かうことが可能となるようにすること。

　また，低学年における教育全体において，例えば生活科において育成する自立し生活を豊かにしていくための資質・能力が，他教科等の学習においても生かされるようにするなど，教科等間の関連を積極的に図り，幼児期の教育及び中学年以降の教育との円滑な接続が図られるよう工夫すること。特に，小学校入学当初においては，幼児期において自発的な活動としての遊びを通して育まれてきたことが，各教科等における学習に円滑に接続されるよう，生活科を中心に，合科的・関連的な指導や弾力的な時間割の設定など，指導の工夫や指導計画の作成を行うこと。

(2) 中学校学習指導要領及び高等学校学習指導要領を踏まえ，中学校教育及びその後の教育との円滑な接続が図られるよう工夫すること。特に，義務教育学校，中学校連携型小学校及び中学校併設型小学校においては，義務教育9年間を見通した計画的かつ継続的な教育課程を編成すること。

第3　教育課程の実施と学習評価

1 主体的・対話的で深い学びの実現に向けた授業改善

　各教科等の指導に当たっては，次の事項に配慮するものとする。

(1) 第1の3の(1)から(3)までに示すことが偏りなく実現されるよう，単元や題材など内容や時間のまとまりを見通しながら，児童の主体的・対話的で深い学びの実現に向けた授業改善を行うこと。

　特に，各教科等において身に付けた知識及び技能を活用したり，思考力，判断力，表現力等や学びに向かう力，人間性等を発揮させたりして，学習の対象となる物事を捉え思考することにより，各教科等の特質に応じた物事を捉える視点や考え方（以下「見方・考え方」という。）が鍛えられていくことに留意し，児童が各教科等の特質に応じた見方・考え方を働かせながら，知識を相互に関連付けてより深く理解したり，情報を精査して考えを形成したり，問題を見いだして解決策を考えたり，思いや考えを基に創造したりすることに向かう過程を重視した学習の充実を図ること。

(2) 第2の2の(1)に示す言語能力の育成を図るため，各学校において必要な言語環境を整えるとともに，国語科を要としつつ各教科等の特質に応じて，児童の言語活動を充実すること。あわせて，(7)に示すとおり読書活動を充実すること。

(3) 第2の2の(1)に示す情報活用能力の育成を図るため，各学校において，コンピュータや情報通信ネットワークなどの情報手段を活用するために必要な環境を整え，これらを適切に活用した学習活動の充実を図ること。また，各種の統計資料や新聞，視聴覚教材や教育機器などの教材・教具の適切な活用を図ること。

　あわせて，各教科等の特質に応じて，次の学習活動を計画的に実施すること。

ア　児童がコンピュータで文字を入力するなどの学習の基盤として必要となる情報手段の基本的な操作を習得するための学習活動

イ　児童がプログラミングを体験しながら，コンピュータに意図した処理を行わせるために必要な論理的思考力を身に付けるための学習活動

(4) 児童が学習の見通しを立てたり学習したことを振り返ったりする活動を，計画的に取り入れるように工夫すること。

(5) 児童が生命の有限性や自然の大切さ，主体的に挑戦してみることや多様な他者と協働することの重要性などを実感しながら理解することができるよう，各教科等の特質に応じた体験活動を重視し，家庭や地域社会と連携しつつ体系的・継続的に実施できるよう工夫すること。

(6) 児童が自ら学習課題や学習活動を選択する機会を設けるなど，児童の興味・関心を生かした自主的，自発的な学習が促されるよう工夫すること。

(7) 学校図書館を計画的に利用しその機能の活用を図り，児童の主体的・対話的で深い学びの実現に向けた授業改善に生かすとともに，児童の自主的，自発的な学習活動や読書活動を充実すること。また，地域の図書館や博物館，美術館，劇場，音楽堂等の施設の活用を積極的に図り，資料を活用した情報の収集や鑑賞等の学習活動を充実するこ

2 学習評価の充実
　学習評価の実施に当たっては，次の事項に配慮するものとする。
(1) 児童のよい点や進歩の状況などを積極的に評価し，学習したことの意義や価値を実感できるようにすること。また，各教科等の目標の実現に向けた学習状況を把握する観点から，単元や題材など内容や時間のまとまりを見通しながら評価の場面や方法を工夫して，学習の過程や成果を評価し，指導の改善や学習意欲の向上を図り，資質・能力の育成に生かすようにすること。
(2) 創意工夫の中で学習評価の妥当性や信頼性が高められるよう，組織的かつ計画的な取組を推進するとともに，学年や学校段階を越えて児童の学習の成果が円滑に接続されるように工夫すること。

第4　児童の発達の支援
1　児童の発達を支える指導の充実
　教育課程の編成及び実施に当たっては，次の事項に配慮するものとする。
(1) 学習や生活の基盤として，教師と児童との信頼関係及び児童相互のよりよい人間関係を育てるため，日頃から学級経営の充実を図ること。また，主に集団の場面で必要な指導や援助を行うガイダンスと，個々の児童の多様な実態を踏まえ，一人一人が抱える課題に個別に対応した指導を行うカウンセリングの双方により，児童の発達を支援すること。
　あわせて，小学校の低学年，中学年，高学年の学年の時期の特長を生かした指導の工夫を行うこと。
(2) 児童が，自己の存在感を実感しながら，よりよい人間関係を形成し，有意義で充実した学校生活を送る中で，現在及び将来における自己実現を図っていくことができるよう，児童理解を深め，学習指導と関連付けながら，生徒指導の充実を図ること。
(3) 児童が，学ぶことと自己の将来とのつながりを見通しながら，社会的・職業的自立に向けて必要な基盤となる資質・能力を身に付けていくことができるよう，特別活動を要としつつ各教科等の特質に応じて，キャリア教育の充実を図ること。
(4) 児童が，基礎的・基本的な知識及び技能の習得も含め，学習内容を確実に身に付けることができるよう，児童や学校の実態に応じ，個別学習やグループ別学習，繰り返し学習，学習内容の習熟の程度に応じた学習，児童の興味・関心等に応じた課題学習，補充的な学習や発展的な学習などの学習活動を取り入れることや，教師間の協力による指導体制を確保することなど，指導方法や指導体制の工夫改善により，個に応じた指導の充実を図ること。その際，第3の1の(3)に示す情報手段や教材・教具の活用を図ること。
2　特別な配慮を必要とする児童への指導
(1) 障害のある児童などへの指導
　ア　障害のある児童などについては，特別支援学校等の助言又は援助を活用しつつ，個々の児童の障害の状態等に応じた指導内容や指導方法の工夫を組織的かつ計画的に行うものとする。
　イ　特別支援学級において実施する特別の教育課程については，次のとおり編成するものとする。
　　(ア)　障害による学習上又は生活上の困難を克服し自立を図るため，特別支援学校小学部・中学部学習指導要領第7章に示す自立活動を取り入れること。
　　(イ)　児童の障害の程度や学級の実態等を考慮の上，各教科の目標や内容を下学年の教科の目標や内容に替えたり，各教科を，知的障害者である児童に対する教育を行う特別支援学校の各教科に替えたりするなどして，実態に応じた教育課程を編成すること。
　ウ　障害のある児童に対して，通級による指導を行い，特別の教育課程を編成する場合には，特別支援学校小学部・中学部学習指導要領第7章に示す自立活動の内容を参考とし，具体的な目標や内容を定め，指導を行うものとする。その際，効果的な指導が行われるよう，各教科等と通級による指導との関連を図るなど，教師間の連携に努めるものとする。
　エ　障害のある児童などについては，家庭，地域及び医療や福祉，保健，労働等の業務を行う関係機関との連携を図り，長期的な視点で児童への教育的支援を行うために，個別の教育支援計画を作成し活用することに努めるとともに，各教科等の指導に当たって，個々の児童の実態を的確に把握し，個別の指導計画を作成し活用することに努めるものとする。特に，特別支援学級

に在籍する児童や通級による指導を受ける児童については，個々の児童の実態を的確に把握し，個別の教育支援計画や個別の指導計画を作成し，効果的に活用するものとする。
(2) 海外から帰国した児童などの学校生活への適応や，日本語の習得に困難のある児童に対する日本語指導
ア 海外から帰国した児童などについては，学校生活への適応を図るとともに，外国における生活経験を生かすなどの適切な指導を行うものとする。
イ 日本語の習得に困難のある児童については，個々の児童の実態に応じた指導内容や指導方法の工夫を組織的かつ計画的に行うものとする。特に，通級による日本語指導については，教師間の連携に努め，指導についての計画を個別に作成することなどにより，効果的な指導に努めるものとする。
(3) 不登校児童への配慮
ア 不登校児童については，保護者や関係機関と連携を図り，心理や福祉の専門家の助言又は援助を得ながら，社会的自立を目指す観点から，個々の児童の実態に応じた情報の提供その他の必要な支援を行うものとする。
イ 相当の期間小学校を欠席し引き続き欠席すると認められる児童を対象として，文部科学大臣が認める特別の教育課程を編成する場合には，児童の実態に配慮した教育課程を編成するとともに，個別学習やグループ別学習など指導方法や指導体制の工夫改善に努めるものとする。

第5 学校運営上の留意事項
1 教育課程の改善と学校評価等
ア 各学校においては，校長の方針の下に，校務分掌に基づき教職員が適切に役割を分担しつつ，相互に連携しながら，各学校の特色を生かしたカリキュラム・マネジメントを行うよう努めるものとする。また，各学校が行う学校評価については，教育課程の編成，実施，改善が教育活動や学校運営の中核となることを踏まえ，カリキュラム・マネジメントと関連付けながら実施するよう留意するものとする。
イ 教育課程の編成及び実施に当たっては，学校保健計画，学校安全計画，食に関する指導の全体計画，いじめの防止等のための対策に関する基本的な方針など，各分野における学校の全体計画等と関連付けながら，効果的な指導が行われるように留意するものとする。
2 家庭や地域社会との連携及び協働と学校間の連携
教育課程の編成及び実施に当たっては，次の事項に配慮するものとする。
ア 学校がその目的を達成するため，学校や地域の実態等に応じ，教育活動の実施に必要な人的又は物的な体制を家庭や地域の人々の協力を得ながら整えるなど，家庭や地域社会との連携及び協働を深めること。また，高齢者や異年齢の子供など，地域における世代を越えた交流の機会を設けること。
イ 他の小学校や，幼稚園，認定こども園，保育所，中学校，高等学校，特別支援学校などとの間の連携や交流を図るとともに，障害のある幼児児童生徒との交流及び共同学習の機会を設け，共に尊重し合いながら協働して生活していく態度を育むようにすること。

第6 道徳教育に関する配慮事項
道徳教育を進めるに当たっては，道徳教育の特質を踏まえ，前項までに示す事項に加え，次の事項に配慮するものとする。
1 各学校においては，第1の2の(2)に示す道徳教育の目標を踏まえ，道徳教育の全体計画を作成し，校長の方針の下に，道徳教育の推進を主に担当する教師（以下「道徳教育推進教師」という。）を中心に，全教師が協力して道徳教育を展開すること。なお，道徳教育の全体計画の作成に当たっては，児童や学校，地域の実態を考慮して，学校の道徳教育の重点目標を設定するとともに，道徳科の指導方針，第3章特別の教科道徳の第2に示す内容との関連を踏まえた各教科，外国語活動，総合的な学習の時間及び特別活動における指導の内容及び時期並びに家庭や地域社会との連携の方法を示すこと。
2 各学校においては，児童の発達の段階や特性等を踏まえ，指導内容の重点化を図ること。その際，各学年を通じて，自立心や自律性，生命を尊重する心や他者を思いやる心を育てることに留意すること。また，各学年段階においては，次の事項に留意すること。
(1) 第1学年及び第2学年においては，挨拶などの基本

的な生活習慣を身に付けること，善悪を判断し，してはならないことをしないこと，社会生活上のきまりを守ること。
(2) 第3学年及び第4学年においては，善悪を判断し，正しいと判断したことを行うこと，身近な人々と協力し助け合うこと，集団や社会のきまりを守ること。
(3) 第5学年及び第6学年においては，相手の考え方や立場を理解して支え合うこと，法やきまりの意義を理解して進んで守ること，集団生活の充実に努めること，伝統と文化を尊重し，それらを育んできた我が国と郷土を愛するとともに，他国を尊重すること。

3 学校や学級内の人間関係や環境を整えるとともに，集団宿泊活動やボランティア活動，自然体験活動，地域の行事への参加などの豊かな体験を充実すること。また，道徳教育の指導内容が，児童の日常生活に生かされるようにすること。その際，いじめの防止や安全の確保等にも資することとなるよう留意すること。

4 学校の道徳教育の全体計画や道徳教育に関する諸活動などの情報を積極的に公表したり，道徳教育の充実のために家庭や地域の人々の積極的な参加や協力を得たりするなど，家庭や地域社会との共通理解を深め，相互の連携を図ること。

索　引

あ行

明石附小プラン　19, 129
新しい学力観　140, 147
アップル，M. W.　9, 10
アメリカ教育使節団　125, 126
アルチュセール，L.　9
家永教科書裁判　57
生きる力　69, 141, 145-147, 149
移行措置　92
板倉聖宣　134
イデオロギー　8, 9, 30, 129
異文化間コミュニケーション（能力）　82
イリッチ，I.　135
ウッズホール会議　131
梅根悟　129
『英語ノート』　87, 88
エンカレッジスクール　120
エンパワメント（スクール）　120, 173
大阪市立南小学校　172, 177
大阪市立御幸森小学校　173-178
オープンエデュケーション　40
落ちこぼれ（落ちこぼし）　135
お茶の水女子大学附属高等学校　164
お茶の水女子大学附属小学校（お茶附小）　158, 159

か行

外国語科　83
外国語活動　22, 81-83, 85-90, 92, 106, 149, 158
解放的教育学　10
香川大学教育学部附属高松小学校　25
各教科以外の教育活動　134
学習経験の総体　6
学習指導要領解説　58, 64
学制　2
学年制　109, 110, 119
学力テスト旭川事件（旭川学力テスト事件）　34
かこさとし　30
仮説実験授業　134
課題研究　118, 119
学科課程　2, 31
学校管理規則（管理規則）　47, 56

学校教育法施行規則　3, 34, 44, 45, 121, 133, 153, 156, 161, 162
学校設定科目　110
学校設定教科　22, 110, 118, 121
『学校と社会』　68
学校に基礎を置くカリキュラム開発（SBCD）　98, 154, 165
学校の設置者管理義務　46
学校の人間化　135
学校評価（ガイドライン）　40, 100, 107
学校法人　46
神奈川県立横浜修悠館高等学校　115
金沢大学人間社会学域学校教育学類附属高等学校　77
株式会社立学校（高等学校）　120
カリキュラム開発　69, 77, 78, 128, 153, 154
カリキュラム（の）政治学　8, 10
カリキュラムデザイン　32
カリキュラムの現代化　68
カリキュラムの社会学　9
カリキュラム評価　95, 96, 100-102, 104, 106, 107, 165
カリキュラム・マネジメント　3, 39, 50, 71, 74, 75, 95-102, 104, 107, 149, 165
カリタス小学校　23
苅谷剛彦　144
カルチュラル・スタディーズ　9
川口プラン　129
関心・意欲・態度　140, 141, 147
完全学校週5日制　141, 142, 147
観点別（学習，評価，状況）　73, 142
官報　33, 99, 130
企業内高等学校　113
基準性　29, 33-35
基礎・基本　141, 142, 146
期待される人間像　133
『きつねの窓』　12
技能連携制度　113, 114, 121
岐阜県関市立津保川中学校　75, 76
君が代　132
義務教育の目的　44, 45

義務教育の目標　45
義務教育費国庫負担　51
逆コース　129
キャリア教育　144, 147
教育委員　47
教育委員会　34, 43, 44, 46-48, 50, 51, 56, 63, 75, 101, 130, 145
教育委員会規則　47
教育課程　127
教育課程経営　96-98
教育課程審議会　33, 69, 127, 128, 132, 136, 140, 142
教育課程特例校　24, 41, 74, 75, 160, 161, 166
教育公務員特例法　51
教育再生実行会議　61, 83
教育刷新委員会　125
教育振興基本計画　146
教育センター　51
教育長　47
教育勅語　2
教育特区　161
『教育の過程』　131
教育（内容）の現代化　131-134
教育評価　100
教員（の）研修　44, 50, 51
教科　15
教科以外の活動の時間　127
教科化　81-83, 139
教科外活動　21
教科課程　2, 31, 126, 127
教科・科目　110, 111
教科カリキュラム　15
教科書（検定），教科用図書（検定）　8, 34, 50, 52, 53, 55-60, 63-66, 87, 97, 130
教科書調査官　50, 59
教科担任制　69
教科用図書採択地区　56
教材　6, 11, 22, 44, 50, 52, 55, 64, 87, 92, 93, 150
教材単元　17
『教室の危機』　135
教授細目　2
教職課程コアカリキュラム　100
共同採択地区　56

京都市立堀川高等学校　118
キルパトリック，W. H.　68
ギンタス，H.　9
勤評闘争　129
近隣諸国条項　58
グラムシ，A.　9
クリエイティブスクール　120
訓育　23
経験カリキュラム　15
経験主義　32, 33, 67, 125, 126, 130, 131, 134
経験単元　20
経験中心カリキュラム　19
系統（主義，性）　33, 73, 92, 125, 129-132, 134
研究開発学校　4, 24, 41, 78, 81, 87, 153-162, 165
研究開発指定校　153
顕在的カリキュラム　7
言説　10
権力　7, 9, 10, 56
コア・カリキュラム　19, 129, 130
広域通信制・狭域通信制　114
合科（学習，的な指導）　67, 68, 140
工学的接近　136, 154
高校三原則　115
皇国民の錬成　30
構造主義　9
行動主義（心理学）　6
高度経済成長　113, 115, 117, 125, 133, 135, 136
広領域カリキュラム　19
コース・オブ・スタディ　31, 126
ゴール・フリー評価　101
ゴール・ベースド評価　101
国際クラブ　169-172, 174-177
国際理解（教育）　81-84
告示　29, 32, 33, 56, 58, 83, 99, 125, 129, 130, 134
国民所得倍増計画　132
『心のノート』　61
国家防衛教育法　131
国旗・国歌　137, 140
（教育の）コペルニクス的転回　18
『ごんぎつね』　5
コンピテンシー　70, 143, 146-149, 151

さ行
再概念主義者　7, 11
再生産　9, 10
採択（教科書の）　56, 63, 64

埼玉県川口市立仲町小学校　170
埼玉県立伊奈学園総合高等学校　120
斎藤喜博　129
在日コリアン　169, 172-178
桜田プラン　19, 129
佐藤学　144
産学官連携　18
産業社会と人間　22, 116, 118
試案　3, 30, 31, 33, 42, 125-128, 130
思考力・判断力・表現力　72, 89, 90, 140, 146-149
しごと・けいこ・なかよし　129
資質・能力　36, 71, 72, 77, 90, 92, 93, 147-151, 156
実験学校　68
指導主事　43, 47, 48
指導，助言（又は）援助　47, 48
児童中心主義　126
指導要録　73, 126, 137, 142
市民科　24
諮問　33, 59, 83, 130, 132, 141, 142
社会に開かれた教育課程　74, 148
自由研究（教科）　126-128
習熟度別（学習，学級，指導）　120, 137, 140, 141, 143, 144
修身　2, 61, 125, 126, 130
授業研究　41
受験地獄　133
主体的・対話的で深い学び（アクティブ・ラーニング）　63, 89, 148, 149
シュタイナー教育　161
生涯学習（社会，体系）　139-141, 145
小学教則　2
小学校教則大綱　2
職業科（教科）　126, 128, 132, 134
職業学科　117, 118, 121
初任者研修　51, 141
私立学校　44
ジルー，H. A.　10
シルバーマン，C. E.　135
新幹線授業　135
審議会行政　33
新教育　18, 20
新教育指針　125
新自由主義　139, 141
人的能力（開発，政策）　132, 133
新日本建設の教育方針　125
進歩主義教育　32

水道方式　134
スタートカリキュラム　150
スプートニク・ショック　131
墨塗り（教科書）　125
生活科　69, 139, 140, 150, 157, 158, 160
生活単元学習　129
生活綴方　129
政令改正諮問委員会　32, 130
設置基準　52, 114, 116
専科教員　37
全国一斉学力テスト　133
全国学力・学習状況調査　70, 107, 145
潜在的カリキュラム（ヒドゥン・カリキュラム）　7, 13, 95, 96
全日制　110, 112-115, 119, 121
専門学科　21, 116-118
専門高校　117
相関カリキュラム　16
総合学習　68
総合学科　21, 116, 118-120
総合制　115
総合選択制　119
総合的・（教科）横断的な学習　67, 71, 72, 79, 139, 144, 149
総合的な学習（探究）の時間　22, 36, 67-75, 77-79, 81-85, 96, 97, 103, 110, 119, 139, 141-144, 147, 149, 157, 169, 174-178
創造活動　25
総則　3, 45, 58, 69, 74, 83, 98, 99, 117, 131, 134, 150, 153, 169

た行
対応理論　9
大綱化　33, 114, 136
大綱的基準　4, 35
第三の教育改革　136, 155
大正自由教育　68
『脱学校の社会』　135
タブラ・ラサ　18
多文化教育　167, 168, 176, 178
多文化共生　167-170, 172-175, 177, 178
単位（制）　109-113, 118, 119, 121, 122, 127, 134, 136
探究（的な学習）　67, 70-72, 74, 77-79, 144, 146, 147, 150, 162, 164
単元（計画，学習）　4, 6, 17, 68, 73, 77, 87, 88, 130, 149, 160
地域教育計画　129

索　引

チェックリスト　104, 105
知識基盤社会　145, 146
千葉県成田市立成田小学校　81
地方教育行政の組織及び運営に関する法律（地教行法）　34, 46, 47, 98, 130
チャレンジスクール　120
チャンツ　88
中央教育審議会（中教審）　35, 61, 83, 85, 98-100, 135, 141, 142, 145, 146, 148, 154, 155, 158
中心統合法　67
中等教育学校　112, 120, 121
調和と統一　133
通信制　110, 112-115, 119-121
つくばスタイル科　25
定時制　110, 112-114, 120, 121
デューイ，J.　6, 18, 32, 67
伝習館高校事件　34
答申　33, 35, 60, 69, 83, 86, 99, 100, 128, 130, 133, 136, 139-142, 145, 146, 148, 154, 158
道徳（教育）　33, 36-38, 45, 60-62, 128, 130-133, 136, 139, 147, 150
陶冶　23
遠山啓　134
特別教育活動　127, 128, 131, 134
特別の教育課程　169-171
トライネットスクール　120
取り出し　170, 171

な行
ナショナル・カリキュラム　2, 35
新潟県上越市立大手町小学校　78
日本教職員組合（日教組）　129, 133, 134, 141, 142
日本語指導　169-171, 177
日本生活教育連盟（日生連）　130
ニューカマー　169
年齢主義　38

は行
バーンスティン，B.　9
ハイ・タレント　133
這い回る経験主義　68, 130
発見学習　131
歯止め規定（はどめ規定）　35, 144
必履修（教科・）科目　110, 111
批判的教育学　10
批判的思考力　19

批判的リテラシー教育　10
広岡亮蔵　130
深い学び　72
部活動　147, 150
複線型教育制度　126
副読本　22, 44
普通科　21, 115-118, 132, 134
不当な支配　65
ブルーナー，J.S.　131
ブルデュー，P.　9
フレイレ，P.　10
プログラム評価　106
プロジェクトメソッド　68
文化的に応答した指導　176
分野　23
分離教科カリキュラム　16
ヘゲモニー　9
ボイテルスバッハ・コンセンサス　12
北条プラン　129
法的拘束力　29, 33, 34, 41, 58, 95, 130
ボウルズ，S.　9
ポートフォリオ　73
本郷プラン　129

ま行
マイノリティ　167, 168, 171, 176, 178
マクラーレン，P.　10
「学びのすすめ」　69, 143
学びの履歴　11
マルクス主義　9
見方・考え方　71, 90, 151
未履修問題　111
無償措置（教科書の），無償制度　52, 64
無着成恭　129
目標に準拠した評価　142, 145
本谷宇一　11, 12
問題解決（学習）　19, 26, 73, 130

や行
矢川徳光　130
融合カリキュラム　16
ゆとり（路線）　125, 136, 139, 141, 142, 145, 147, 148, 151
ゆとりの時間　136, 137
ユネスコスクール　173
ユネスコタイム　174-176
幼稚園教育要領　34, 150

横浜市立横浜商業高等学校　122
四六答申　136

ら・わ行
羅生門的接近　136, 154
履修と修得　109, 110, 114, 117, 134, 136
リテラシー　143, 147
留年（原級留置）　109, 110
領域　70, 81, 82, 85, 87, 89, 90, 92, 95, 96, 101, 127, 130, 132-134
履歴書　7
臨時教育審議会　120, 139-141
ルーブリック　73
レリバンス　135
『私たちの道徳』　61

欧文
ALT　85
CAPDサイクル　102
CEFR　90
CIE　30, 109, 125, 130
CiNii（サイニィ）　97
ESD　148
FLES　81
FLEX　81
GHQ　30, 125, 130
『Hi, friends!』　87, 88, 92
ICT　25, 40, 64
IEA　143, 163
JST（科学技術振興機構）　162
『Let's Try!』　92, 93
LGBT　167
OECD　136, 143, 146-148, 154
OECD-PISA　70, 143, 145-148
PDCAサイクル　99, 101, 126
PSSC（物理）　131
SELHi（スーパー・イングリッシュ・ランゲージ・ハイスクール）　160
SGH（スーパーグローバルハイスクール）　77, 161-164, 166
SMSG（数学）　131
SPH（スーパー・プロフェッショナル・ハイスクール）　160
SSH（スーパーサイエンスハイスクール）　160, 162, 163, 166
TIMSS　143, 163
『We Can!』　92, 93

《監修者紹介》
吉田武男(よしだたけお)（筑波大学名誉教授，関西外国語大学短期大学部教学担当顧問・教授）

《執筆者紹介》（所属，分担，執筆順，＊は編著者）
＊根津朋実(ねつともみ)（編著者紹介参照：はじめに・第8章）
竹川慎哉(たけかわしんや)（愛知教育大学教育学部准教授：第1章）
緩利　誠(ゆるりまこと)（昭和女子大学全学共通教育センター准教授：第2章第1節・第2節）
安藤福光(あんどうよしみつ)（兵庫教育大学大学院学校教育研究科准教授：第2章第3節・第4節）
緩利真奈美(ゆるりまなみ)（東京農業大学教職・学術情報課程助教：第3章）
石田有記(いしだゆうき)（文部科学省初等中等教育局教育課程課教育課程企画室長：第4章）
京免徹雄(きょうめんてつお)（筑波大学人間系准教授：第5章）
田村知子(たむらともこ)（大阪教育大学大学院連合教職実践研究科教授：第6章）
金　珝淑(キム　ヒョンスク)（聖徳大学教育学部准教授：第7章）
遠藤宏美(えんどうひろみ)（宮崎大学教育学部准教授：第9章）
歌川光一(うたがわこういち)（聖路加国際大学大学院看護学研究科准教授：第10章・第11章）
冨士原紀絵(ふじわらきえ)（お茶の水女子大学基幹研究院人間科学系教授：第12章）
磯田三津子(いそだみつこ)（埼玉大学教育学部准教授：第13章）

《編著者紹介》

根津朋実（ねつ・ともみ／1969年生まれ）
　早稲田大学教育・総合科学学術院教授
　『カリキュラム評価の方法』（多賀出版，2006年）
　『カリキュラム評価入門』（共編著，勁草書房，2009年）
　『教育内容・方法　改訂版』（共編著，培風館，2019年）
　『カリキュラムの理論と実践』（共著，放送大学教育振興会，2021年）

MINERVAはじめて学ぶ教職⑩
教育課程

2019年2月28日　初版第1刷発行　　〈検印省略〉
2024年3月10日　初版第5刷発行

定価はカバーに表示しています

編　著　者　　根　津　朋　実
発　行　者　　杉　田　啓　三
印　刷　者　　藤　森　英　夫

発行所　株式会社　ミネルヴァ書房
607-8494　京都市山科区日ノ岡堤谷町1
電話代表　（075）581-5191
振替口座　01020-0-8076

©根津朋実ほか，2019　　　　　亜細亜印刷

ISBN978-4-623-08486-9
Printed in Japan

MINERVA はじめて学ぶ教職

監修　吉田武男

「教職課程コアカリキュラム」に準拠　　　全20巻＋別巻1

◆　B5判／美装カバー／各巻180〜230頁／各巻予価2200円（税別）　◆

① 教育学原論
　滝沢和彦 編著
② 教職論
　吉田武男 編著
③ 西洋教育史
　尾上雅信 編著
④ 日本教育史
　平田諭治 編著
⑤ 教育心理学
　濱口佳和 編著
⑥ 教育社会学
　飯田浩之・岡本智周 編著
⑦ 社会教育・生涯学習
　手打明敏・上田孝典 編著
⑧ 教育の法と制度
　藤井穂高 編著
⑨ 学校経営
　浜田博文 編著
⑩ 教育課程
　根津朋実 編著
⑪ 教育の方法と技術
　樋口直宏 編著
⑫ 道徳教育
　田中マリア 編著
⑬ 総合的な学習の時間
　佐藤真・安藤福光・緩利誠 編著
⑭ 特別活動
　吉田武男・京免徹雄 編著
⑮ 生徒指導
　花屋哲郎・吉田武男 編著
⑯ 教育相談
　高柳真人・前田基成・服部環・吉田武男 編著
⑰ 教育実習
　三田部勇・吉田武男 編著
⑱ 特別支援教育
　小林秀之・米田宏樹・安藤隆男 編著
⑲ キャリア教育
　藤田晃之 編著
⑳ 幼児教育
　小玉亮子 編著
＊＊＊
別 現代の教育改革
　吉田武男 企画／德永保 編著

【姉妹編】
MINERVA はじめて学ぶ教科教育　全10巻＋別巻1

監修 吉田武男　B5判美装カバー／各巻予価2200円（税別）〜

① 初等国語科教育
　塚田泰彦・甲斐雄一郎・長田友紀 編著
② 初等算数科教育
　清水美憲 編著
③ 初等社会科教育
　井田仁康・唐木清志 編著
④ 初等理科教育
　大髙泉 編著
⑤ 初等外国語教育
　卯城祐司 編著
⑥ 初等図画工作科教育
　石﨑和宏・直江俊雄 編著
⑦ 初等音楽科教育
　笹野恵理子 編著
⑧ 初等家庭科教育
　河村美穂 編著
⑨ 初等体育科教育
　岡出美則 編著
⑩ 初等生活科教育
　片平克弘・唐木清志 編著
別 現代の学力観と評価
　樋口直宏・根津朋実・吉田武男 編著